国学会心录

杨义 著

图书在版编目（CIP）数据

国学会心录／杨义著．—北京：生活书店出版有限公司，2014.9
ISBN 978－7－80768－057－4

Ⅰ．①国… Ⅱ．①杨… Ⅲ．①国学－研究
Ⅳ．①Z126

中国版本图书馆 CIP 数据核字（2014）第 203785 号

责任编辑 廉 勇
装帧设计 罗 洪
责任印制 常宁强
出版发行 生活書店出版有限公司
（北京市东城区美术馆东街 22 号）
邮　　编 100010
经　　销 新华书店
印　　刷 北京隆昌伟业印刷有限公司
版　　次 2014 年 9 月北京第 1 版
2014 年 9 月北京第 1 次印刷
开　　本 635 毫米 × 965 毫米 1/16 印张 22
字　　数 265 千字
印　　数 0,001 － 6,000 册
定　　价 42.00 元
（印装查询：010－64002717；邮购查询：010－84010542）

目　录

第三辑　经典论要

第四辑　现代大国学

第五辑　精神谱系学

第六辑　治学路径

小　序

这个集子收录的二十余篇文字，是我近二十年来的短文、答问和一些讲演，多是随意而谈，随兴发挥，兴尽而止，少有拘束，家常话而已。这二十年类似的文字，粗算一下，有百余篇，选取与国学有关者，裒辑成册。

这二十年是我的学术大跨度转移的时期，在古今贯通，探究叙事学、诗学的基础上，兼及少数民族文学，并落脚于诸子学。因此我涉及的国学，是投入现代创新意识的，是“中学”，却又是“新学”，不像清末民初那样把国学等同于“旧学”。同时它又是大视野的，既是古今贯通，诗歌与小说、历史与思潮贯通，又是汉民族与少数民族、中国与外国贯通。所以我讲的国学，只能是“现代大国学”，国学是它的根基，现代是它的属性，大是它的模样。

我曾经说过，文章之结构，是人与天地之道签订的秘密契约。在全书的结构上，我把“现代大国学”一辑放在腰腹部，是气归丹田之处。在以答问方式谈了“现代大国学”与国学热以及“现代大国学”的内涵和魄力之后，选了四个具体的案例。《〈格萨尔〉千年纪念》彰显的是，国学不能只顾汉族而忘记少数民族、只顾文献传统而忽视源远流长的口头传统。《五四：一种新文化哲学的考察》，强调的是国学形态的现代转型，突出新的文化哲学。《鲁迅与孔子沟通说》突出了国学形态之现代转型的过程中，如何处理传统与现代的关系，是一个关键，唯有“海纳百川，有容乃大”，才是大国气象。《钱锺书与现代中国学术》则推许“打通之学”，打通诗文、小说、杂著，打通文史哲宗教，打通中国与外国。“现代大国学”的形态、内涵和方法，也就蕴含其中了。

这股丹田之气贯穿全身，形成了有机的生命整体。“大国学术风范”为首辑，是全书的头脑，讲的是一个现代大国如何把握国学的方向、流程，及应具有的胸襟、魄力。“游弋子海”一辑居其次，对中国文化的源头水域进行巡阅，这是深入国学研究的根本，离开群经诸子，不足以言国学，因而这一辑是全书的心脏所在。“经典论要”一辑，是考察国学的流脉，由汉到清，绵延不绝，所辑包括汉、唐、宋、清，虽然不够丰厚，亦可窥豹一斑。再到“现代大国学”，这属于丹田之气的一辑，已是气脉打通，因而再来“精神谱系学”一辑，就进入文化血脉源流的考究了。古人重谱系，《唐六典》说：“谱系，以纪氏族继序。”郑樵《通志·氏族略》又说：“自隋、唐而上，官有簿状，家有谱系，官之选举必由于簿状，家之婚姻必由于谱系。……所以人尚谱系之学，家藏谱系之书。”郑樵《通志》著录谱系凡六种一百七十部，都是家族血缘生长的大树。明人胡应麟《诗薮》云“古诗浩繁，作者至众。虽风格体裁，人以代异，支流原委，谱系具存”，已经把谱系树移植于文学领域。“治学路径”一辑殿后，自省是如何进入国学天地的，其中尤为强调“眼学、耳学、手学、脚学、心学”五学并用，探讨了国学与我的个性化问题。

会心，就是将国学的根系与自我之心对撞，迸发出生命的火花。“心热皆因火，花开不待春”，心有所感，不待时而发，因而没有正襟危坐的典重，少了装腔作势的刻板。我曾经说，对于经典，应在以史解经的基础上，强化以礼解经、以生命解经，这个集子在某种意义上说，是我以生命解经的操练，读者或能从中窥见我的一些思想的最初萌芽和它们的生长过程。

（2014 年 2 月 23 日）

第一辑

大国学术风范

现代大国应对自己的文化深入还原

一个现代大国需要对自己的文化经典进行还原研究，清理原始经典的知识发生的根源、思想者的文化生命基因、文本背后的文化意义密码以及诸多被历史烟尘遮蔽的千古之谜。要弄清自己的家底，激活这份深厚家底的文化生命，我们才能有根有据、底气深厚而又潇潇洒洒地开展新的文化创造。对自己家底做一个明白人，是莫大的幸运而快乐的事啊！连祖宗的遗产都是一笔糊涂账，时时聚讼纷纭，道不清一个子丑寅卯，又如何去说服别人呢？现代大国只有责无旁贷地应对自己的基本经典和文化伟人，给出一个原创性的、既根基牢靠又生趣盎然的说法，才能形成自己的最为根本的文化软实力。

还原就是寻找中国文化之原本，寻找它的思想力和生命力发生及存在的本真。还原，似乎是一个二律背反的命题：一方面历史是不可能原原本本、百分之百地重新复原的，历史进入人们的记忆和记录，都是要经过筛选和叙说，这就要有所删除，有所聚光。不要说二三千年前的历史，就是昨日发生在另一房间的事情，你派人现场记录，再来向你复述的时候，已经不能丝毫不差、任何细节都不遗漏地重现出来。另一方面，还原又是非常必要，对于一个文化而言具有根本性的意义。虽然你不可能重现你被孕育的全部细节，但通过 DNA 的检测和分析，你还是可以指认出你的亲生父母的。经典是人书写和编纂的，那里蕴含着人的生命痕迹，可以追问著作者是谁，为何把书写成这个样子，其中的知识如何发生，思想如何被原创和接受。推求原始，辨析原委，走近诸子，触摸他们的体温，还原历史现场，是艰难的，但也是必要和具有可能性的。

我们应该重温刘知几《史通·书志篇》提到的两个掌故，其中说："帝王苗裔，公侯子孙，余庆所钟，百世无绝。能言吾祖，郯子见师于孔公；不识其先，籍谈取诮于姬后。故周撰《世本》，式辨诸宗；楚置三闾，实掌王族。逮于晚叶，谱学尤烦。"中国人重视谱系学，不应仅限于家族谱系，更重要的是要弄清自己的文化谱系、精神谱系。孔子向东夷酋长郯子请教远古的文字记载之外的职官制度和图腾崇拜，打通了民族间隔，打通了文献传统和口头传统的间隔，并且发出"吾闻之：天子失官，学在四夷，犹信"的感慨。可见二十七岁的孔子问礼还原远古的礼制，采取了何种开放的胸襟。

另一个反面的掌故，发生在此前两年，《左传》鲁昭公十五年（公元前527年）记载：这年的十二月，晋国的荀跞去洛阳，参加穆后的葬礼，籍谈作为副使。葬礼完后，周景王以鲁国进贡的酒壶斟酒，宴请晋国的使臣。宴席间，周景王问籍谈：诸侯都有礼器进贡王室，为何独独晋国没有？籍谈回答："诸侯受封，都在王室接受明器的赏赐，用来镇抚社稷，所以能够把彝器进贡给天子。晋国居住在深山，与戎狄为邻，远离王室。天子的赏赐达不到，拜见戎狄还来不及，又怎能进贡礼器？"周景王反问，你忘了晋国始祖唐叔是成王的同胞兄弟，受赏怎能没有份儿？并且列举了历朝赏赐给晋国的车马、斧钺、皮甲、香酒、弓箭，这些都是晋国要记录在册，用来彰显荣耀、教育子孙的。籍氏是因官职得姓氏的，从你的九世祖以来，就管理晋国的典籍，作为籍氏子孙，为何连这些都忘了呢？客人离开后，周景王说：这就是"数典忘祖"。这里涉及封建制度、赏赐制度、进贡制度、丧礼制度、书籍制度，作为籍氏后人竟然忘记了掌管的典籍，忘记了典籍背后的祖先。这与孔子的文化旨趣绝然相反，孔子倡导“礼失而求诸野”，在这“失”与“求”之间，是要聚合各种生命痕迹、缀合各种文化碎片，以还原文化的根本的。

正是基于这么一种文化思路，我近年潜心于“先秦诸子还原”研究。其旨趣，就是要在文本、生命、文献、民俗、考古等多个学术维度上追求一种学术境界，透视诸子创造学说的生命过程，对诸子学说进行文化基因的分析，以疏通中华民族在其思想文化史上生长起来的文化精神脉络。令人深感遗憾的是，在诸子学研究中，一些文献根柢相当好的学者，经常忽略了文献之中、典籍之中蕴含着的著作者的生命。这种生命，使典籍得以发生；对这种生命的寻求和激活，又使古今可以进行对话，古今可以共享智慧。《礼记》记载，孔子临终对子贡说：“丘，殷人也。”这是追述和强调他的祖籍在宋，是殷人后裔。既然孔子这样强调了，弟子对孔子的丧葬就要按照殷礼实行。众弟子在孔子墓前庐墓守心孝，就是仿照商朝初年太甲到成汤、太丁在桐宫的墓地庐墓守孝的殷人丧葬之礼来执行的。集体守孝，奏乐成礼，斋戒祭祀，孝心互相感应，夫子的音容笑貌出现在面前，并与弟子对话，这就是“祭如在”。以礼解经，就会发现，《论语》材料的最初回忆记录，就发生在庐墓守心孝的三年（二十五月）的历史现场。如果众弟子分散前的这二十五个月，不对夫子进行深切的追思和编纂追思录，那么对于事师如事父的弟子而言，又怎么面对孔子反复对他们讲的“三年无改于父之道，可谓孝矣”呢？这就印证了汉儒所讲，《论语》第一次编纂发生在“夫子既卒”（鲁哀公十六年，公元前 479 年）的时候，如《汉书·艺文志》所说：“《论语》者，孔子应答弟子时人及弟子相与言而接闻于夫子之语也。当时弟子各有所记。夫子既卒，门人相与辑而论纂，故谓之《论语》。”

以礼解经，就是以当时士人行为规范来把握他们的办事方式，它应该与以史解经、以生命解经相互配置。由此又可以推导出《论语》第二次编纂，发生在庐墓守心孝结束，子夏、子张、子游推举有若主持儒门（鲁哀公十八年，公元前477年）的很短时间内，这在《论语》文本中留下足够的生命痕迹；第三次编纂发生在曾子死（鲁悼公三十五年，公元前432年）后不久，这是柳宗元在《论语辨》中考证出来的，宋儒程朱辈也认同这个说法，《论语》文本中也留下足够的生命痕迹。第一次编纂的主持者，据郑玄说，是仲弓、子游、子夏，这条线索经过荀子，通向汉儒；第三次编纂的主持者是子思及乐正子春等曾门弟子，这条线索经过孟子，通向宋儒。二千年儒学的汉、宋两大学派，在《论语》于春秋战国之际五十余年间的三次编纂中，埋下了它们最初的源头。

这也告诉我们，东周秦汉的书籍制度与宋以后的刻本制度存在着实质性的差异，它往往不是一次编成的，或先有一个祖本，然后在多次编纂中有所调整、有所增删；或组简传抄、单篇别行，抄录、口传、汇集、整理交叉进行，从而在不同时间、不同地域、不同学派的手中，形成了类乎考古学的“历史文化地层叠压”。研究者不应抓住后来叠加和扰乱的某些痕迹，就攻其一点不计其余，轻易地斥之为“伪书”；也不应由于记载很早，就忽略有晚出的材料掺入并叠加于其中。认真的态度，应该是细心辨析文本中的裂缝，各家记载的差异，材料沾染的飘尘，推究不限于真伪的多种可能性，究其发生，察其原委，从字里行间窥见生命的脉动。若要形容这种研究方式，当可用得上“披沙拣金，集腋成裘”八个字。《太平御览》卷八一一引《岭表录异》，有唐末郑玘的《伤淘者》诗：

“披沙辛苦见伤怀，往往分毫望亦乖。力尽半年深水里，难全为一凤凰钗。”也就是说，这种在战国秦汉典籍中辨析“历史文化地层叠压”的工作，是非常辛苦的。

我常有一种感慨，在材料的缝隙中发现古人生命的存在，或者说“以迹求心”，是需要悟性，需要敏锐的眼光的；而某些科班训练却钝化了被训练者的悟性和眼光，把材料当成死材料，对其中蕴含着的生命脉动视而不见。在这一点上，有些学者简直不如一个破案的警察，一个有经验的警察看到入室盗窃者的一个脚印，如获至宝，知道上面隐藏着人的生命信息，从中可以分析出入窃者的年龄、身高、胖瘦、走路姿态，给破案提供八九不离十的参考。但是按照这些学者的方法，只要拿尺子量量脚印的方位和尺寸大小，就心满意足，觉得非常“实证”了。许多人读《史记》，连“老子者，楚苦县厉乡曲仁里人也”，都不问一问老子仅是“周守藏室之史”，对于如此官阶，先秦的官方文字会把他的里籍记录得如此详细吗?《史记》记载那么多人，里籍记得最详细的，只有三个人，一是《本纪》中的刘邦，“高祖，沛丰邑中阳里人”；二是《世家》中的孔子，“孔子生鲁昌平乡陬邑，其先宋人也”；第三个就是《列传》中的老子了。这说明了什么？说明老子的详细里籍，应是司马迁二十岁远游所得，《史记·太史公自序》说：他“二十而南游江、淮，上会稽，探禹穴，……北涉汶、泗，讲业齐、鲁之都，观孔子之遗风，乡射邹、峄。戹困鄱、薛、彭城，过梁、楚以归”。他到过刘邦、孔子的故乡，而“过梁、楚以归”，是指他过大梁之墟，观秦引黄河水灌大梁而灭魏的遗迹，以及信陵君拜访岩穴隐士，不耻下交的城东之夷门；而又经过“楚”，按照他回洛阳、长安的路途计，这个楚只能是“陈楚”，即老子的家乡。

既然司马迁到过老子家乡，又公布了老子家族一直传到西汉文、景之世的家谱，那么他对老子传的书写对象，是清楚的，并不像某些疑古者戴着有色眼镜说的，分不清老聃、老莱子、太史儋。司马迁是警惕有人将老聃混同于老莱子、太史儋，才把他们与老聃著书不同，游说秦君并非隐士，进行分别辨析。司马迁心里明白，老子就是在传记末了又强调的“李耳无为自化，清静自正”；就是《太史公自序》说的“李耳无为自化，清净自正；韩非揣事情，循埶理，作《老子韩非列传》第三”。

至于梁启超发现，老子传八代就到文、景之世，而年少于他的孔子传了十三世；尤其是老子之子李宗为“魏将”，如果按照周烈王于魏文侯四十三年（公元前403年）承认魏、赵、韩为诸侯来算，距老子出生已经一百六七十年了，因此他的儿子无论如何是够不上的。新发现的唐朝墓碑中，有《唐右骁卫朔坡府故折冲都尉段公墓志铭》，其中记载：“公讳会，字志合，淄州邹平人也。其先颛顼之苗裔。盖李宗自周适晋，仕魏献子为将有功，赐邑封段干大夫。孙木，文侯之师，偃息藩于王室，因地命氏，遂立姓焉。”这块墓碑照顾到李宗够不上魏文侯，就把他为魏将的时间上推了百年左右，安置在魏献子执政晋国的时期（公元前514—前509年），这倒是对上榫卯了。

但是以下六代，又如何能够延展到文、景之世？问题在于老子出关隐居的时候，已是起码六七十岁的高龄，他的儿子辈是不可能把他抛下，出山应聘为将的；经过三四代之后，耐不得寂寞的后人出山求职，才在事理之中。细读《老子列传》，既然老子出关后“莫知其所终”，那么谁又能知道“盖老子有百六十余岁，或言二百余岁，以其修道养寿也”？如果抽掉插入的老莱子、太史儋两则材料，接下来的就是老子之子李宗为魏将。揆之情理，这个李宗实际上是老子的三四代孙，他出山后凭着何德何能被聘为魏将？最好的办法就是自称老子之子，老头子还活着，已经一百六十多岁了，甚至后来还活到二百多岁。战国初年，老子的“长生久视”之学已经流行，说他“修道养寿”，成了活神仙，当是令人惊叹的奇迹。后人如此神化祖宗，也就抬高了自己的身价。

战国神仙信仰的风气中，并非李宗一人要弄“年龄崇拜”的戏法。大梁人尉缭于秦王政十年（公元前237年）游说秦王，但他写的《尉缭子》一开头就是：“梁惠王问尉缭子曰：‘黄帝《刑德》，可以百胜，有之乎？’尉缭子对曰云云。”梁惠王在位时间是公元前369—前319年，即便尉缭二十岁，在梁惠王最后一年与他对话，那么他拜见秦王政时也已经一百零三岁了，又怎么能接受秦王政的挽留，当上秦国的将军，帮其规划消灭六国的军事谋略呢？于是乎，人们就只能猜测大梁人有两个尉缭了。其实，这是掉入了古人利用年龄崇拜所设下的文化陷阱。这就是孟子为何说“尽信书，则不如无书”了。古人也是人，他为何这样说、这样写，必须看透他的内心，才能解读他的生命密码。退而言之，事物是存在着多种可能性的，为何人们只是质疑认认真真地搜集材料、想为世间留下信史的太史公，而不去质疑历史上那些求职者、游说者呢？这是一时风行的思维定势在作怪。

这样，我们就面临着如何对待前人成果的问题。两千年来，无论汉儒、宋儒、清儒或民国前辈学人，研究六经诸子都积累了丰厚的成果，许多建树都可以成为我们进一步探本寻源的前阶，这不是一日半日讲得透彻的。现在严峻的思维定势是，有相当一些学问不可谓不博的学者，每每将前人的成果当成压抑自身创造力的负担，离开前人扔下的拐杖就不会走路，遮蔽了以明敏的眼光直探原始典籍之本原的视野。而一代学术气象，并非是只靠一味仰脖子就可以开创出来的。过度的崇圣或过度的非圣，能够当“敲门砖”，能够制造思潮，但是与现代大国的学术风范存在着错位。现代大国学术可以接纳前贤，却又必须超越前贤，才能与当代世界进行广泛的对话。清学是古学的集大成，在文字、版本、校勘、辑佚上，其功至伟，不容狂妄抹杀。但是任何一代学术都有其强项和短板，我曾经分析过“清学三弊”，一是在文化高压下不敢讲民族问题，而中华民族文化共同体的精神谱系，离开汉胡或华夷的互动，是讲不清楚的；二是贬抑民间口头传统，只有经传神圣，民间文学不够“雅驯”；三是他们没有看到近百年的考古发现，对战国秦汉许多要籍的形成、演变或缺环，只能在因袭多于发明的注疏中兜圈子。至于民国学术，引进新学理，开拓新学科，做了许多得风气之先的奠基工作。但是疑古过度，是否反映了弱国心态，值得思考。辨伪，提出了许多新锐的问题，但由于没有大量的出土材料的参照，往往容易以宋元以下的版本知识，去评判战国秦汉属于另一种书籍制度的典籍之真伪，因而新出土的材料每每令之陷入尴尬。这样说现代大国学术，并不是存心菲薄前人，而是为了解放今人，只有认识前人的不足处、薄弱处，才能拓展今人的原创空间。

既然我们有志于开创现代大国的一代学术风范，就应该更新我们的思想方法。思想方法的更新，可以使我们看到经典的新的侧面和层面，从这些新发见的侧面、层面触摸生命的温度，直抵意义的本真。于此我们有必要对经历种种劫难而传世的典籍，葆有一份尊重、一份敬意，才能动用一切资源，对先秦诸子进行深度还原。如果我们依然相信老子晚于庄子，老子的家乡是赖乡，所以老子是老莱子这类说法，就会连累到大量记录在案的老子先于庄子的材料，被废置不用；老子其人的面目也会在重影恍惚中变得模糊不清。类似的过度疑古的说法尚多，导致触目皆是“伪书”，这就可能在传统材料不同程度碎片化的情形下，陷入更深程度的空心化。比如孔子适周问礼于老子，在战国秦汉的儒家典籍、道家著述、诸子记述、史家叙事，甚至汉画像石中，都是没有怀疑的。但是由于孔子随行弟子较少，没有录入《论语》，儒学后来做大，难以忍受自己的祖师前面还有一个道家的祖师，有碍于道统的纯粹，因而使得本是先秦诸子光彩夺目的“老孔会”的开幕式，就“雾失楼台，月迷津渡”了。

《史记》在《孔子世家》、《老子列传》中，以互见法记载“老孔会”，《仲尼弟子列传》也有所涉及，一个卓越的历史学家如此使用材料，说明他对此事发生过是坚信不疑的。但他并没有准确地考明“老孔会”发生的具体时间，对于《左传》鲁昭公七年记述孟僖子安排鲁昭公由楚归鲁的礼仪，紧接着记述孟僖子病将死，遗嘱孟懿子、南宫敬叔向孔子学礼，二者相距十七年，《史记》却没有仔细辨析，造成了史源学上的混乱，导致后世即便相信孔子适周问礼于老子者，对他们相会的年份，却出现五花八门的说法，谁也说服不了谁。

其实，只要将散落在《左传》、《礼记》、《史记》、《说苑》、《孔子家语》等典籍中的材料碎片，考之以史，辨之以礼，贯之以生命脉络，再对当时列国的治乱形势加以核对排除，尤其是把握住《礼记·曾子问》中孔子与老子参加一次出殡而遭遇日食这个关键，就可以缀合材料碎片，发现孔子适周问礼的时间是：鲁昭公三十一年（公元前511年），孔子四十一岁。《礼记·曾子问》记载，孔子曰：“昔者吾从老聃助葬于巷党，及堩，日有食之，老聃曰：‘丘！止柩就道右，止哭以听变。’既明反，而后行，曰：‘礼也。’反葬，而丘问之曰：‘夫柩不可以反者也。日有食之，不知其已之迟数，则岂如行哉！’老聃曰：‘诸侯朝天子，见日而行，逮日而舍奠。大夫使，见日而行，逮日而舍。大柩不蚤出，不莫宿。见星而行者，唯罪人与奔父母之丧者乎！日有食之，安知其不见星也？且君子行礼，不以人之亲痁患。’吾闻诸老聃云。”从这则记载“柩不蚤出，不暮宿”，可知周人出殡是在上午。

考证的细节于此不遑备述，有兴趣的读者，可参阅我已经出版的《老子还原》，及将要出版的《论语还原》二书。经过严密的史源学、文献学、考据学、历史编年学的辨析所得出的结论，不妨以现代天文学加以验证，查《夏商周三代中国十三城可见日食表（食分食甚）》及 Five Millennium Canon of Solar Eclipses：－1999 to ＋3000（2000BCE to 3000CE）（五千年日食表：公元前 1999 至公元 3000 年），可知在洛阳可见的日食的准确时间是鲁昭公三十一年（公元前 511 年），在公历 11 月 14 日上午 9 点 56 分前后。《仪礼·既夕礼》记述入葬之日，“厥明，陈鼎五于门外”，举行郑重而简单的祭奠哭踊礼仪之后，“主人拜送，复位，杖，乃行”，可知按照周制，葬礼是在上午举行。因为葬礼之后还有虞祭，《礼记·檀弓下》云：“日中而虞。葬日虞，弗忍一日离也。”疏曰：“虞者，葬日还殡宫安神之祭名。”《释名·释丧制》又云：“既葬，还祭于殡宫曰虞。谓虞乐安神，使还此也。”因此孔子从老聃助葬所遇到的日食，应发生在上午 10 时左右，正好符合周朝礼制。若再考证其他年份，出殡遇日食的时刻皆不合周朝礼制。由此证得，孔子适周问礼于老子，在鲁昭公三十一年秋冬之际。

从散落多处的材料碎片中还原古老的生命活动，既是对古人的尊重，也是对自身学术敏感力和解释力的试炼。我有一种感受，抱着一种尊重心，对散落的碎片精思明辨，穷原竟委，进行认真、审慎、科学的复原性缀合，乃是还原诸子生命的有效方法。这就有若考古学上将出土的陶片按其出土的地层、方位，及其形状、纹饰、弧度、断口诸要素，进行科学的组拼，在缺失部分补充石膏，复原出古陶罐的全型。许多国内外博物馆中那些令人震撼的大型陶罐，多是这样缀合复原的，不经过这番缀合复原，它们只不过是堆存在库房里的杂乱碎片而已。缀合材料碎片，还原典籍和古人活动的生命，比起复原一个陶罐艰难得多，复杂得多。这不仅是技术问题，关键的还是一种文化态度。这是一个艰难而浩大的以碎求全的“逆向工程”，不是将已经碎片化的历史残片再捣成粉末，而是聚精会神、锱铢必较又呕心沥血地还原典籍的生成、历史的现场、古贤的情感生命，破解诸多千古谜团。唯有通过还原诸子经典的本义，还原诸子思想发生的生命性和过程性，还原中国文化完整的而不是碎片化的生命过程，进而破解历史公案，释疑千年谜团，才能使我们的文化根柢牢固、根脉舒展，从而开启古今互通智慧的闸门，为现代大国的文化创造输入丰沛的元气。

（2012 年 12 月 10 日）

我是如何还原诸子的？

读书，要有一种“有感觉的思想”，同时也要有一种“有思想的感觉”。没有感觉的思想是苍白的；没有思想的感觉则是稍纵即逝的，形不成自己的学理体系。这种感觉是一种灵感、一种直觉、一种悟性，它不是材料的堆积，而是一个生命的投射和流贯的过程。

我愿意和年轻人聊一聊我在学术上的一些新方法和新体会。这两年，我的主要精力都在研究先秦诸子上，这是我的学术由现代到古代、由叙事到诗、由汉族到少数民族、由文学到融通文史哲的必然结果，这和最近的国学热也有一定的关系。

国学热不是一种简单的思潮，或者一个简单的时髦。中华民族发展至今，需要我们重新认识自身文化，重新树立文化创造的信心，弄清楚我们的文化精神的家园，这是一次对中华文化根脉的深刻清理。目前，国学研究有了很大成绩，但是，这里面有泡沫，也有伪知识，这两种现象应该警惕和反省。作为当代学者，我们有责任强调国学研究的“原创之深刻”，将之做得更加博大精深。这就是说，要建立“现代大国学”。

一　为什么要还原诸子?

只有站在贯通古今、会通多域的角度，才能揭示中华民族共同体的整个精神谱系是如何发生、如何形成以及如何变异的，在这个基础上来思考中华文化的生命力和包容性，思考国学的深层脉络及其精神内核，才是有理有据的。

深化国学和还原诸子是中国社会科学院对当前国学思潮的一种积极反映。一个时代有一个时代的学问。我们这个时代的国学的形态应该如何，是市场化的国学，还是精深研究的国学，这是我们思考的核心。另外，就我本人的学术经历而言，我觉得还有空间来把诸子学做成一门真正原创性、有创造力的学问。这是为现代大国在思想文化上立根基的大事情。如王国维早就预言:“论为学之次第，固宜循小、中、大学之序。……兹事体大，固不可一日缓矣。”

我原来研究的是中国现代文学，后来转而研究古典文学也已经有二十年，所以韩国和新加坡的教授都曾经以为中国有两个杨义，一个是搞现代文学的，一个是搞古典文学的，后来一起开会的时候，才知道是同一个人。进入古典文学领域，我先从熟悉的小说着手，我觉得，既然进入一个全新的研究领域，就一定要认认真真地去做，呕心沥血地去做，这是一个动真功夫、动硬功夫的过程。那时候很艰苦，条件很差，写文章，别人下十分的功夫，自己就要下十二分，写到别人不再吹毛求疵，说不出话来。

当时，我的《古典小说史论》在《中国社会科学》上发过六篇文章，在《文学评论》、《文学遗产》上也都发表过文章，人大复印资料转载过三十多万字，恐怕很少有哪一本书有过这样的经历。我读过一篇报道说，近年来，古典文学领域以小说研究的成就斐然，在全国文学博士点“百年古典文学回顾”的学术会议上，学者们把《古典小说史论》排在第一位，说来惭愧，这说明我的研究还是被大家认可的。一个东北地区的古典文学方面的博士生导师幽默地说，我们古典文学领域出了一个老手。

要想真正了解中国文化，还必须研究中国的诗文。所以，我研究了李杜诗学和楚辞诗学，研究了宋元时期包括少数民族在内的文学，在先秦、魏晋、唐宋、明清分别“打了几个桩”之后，我又开始思考文学的整体观问题，进入对文学的整体研究当中。贯通古今学问，必须集多种专家之学，使之互相参证，把关节点打通，做一种有根底的通，而不是毫无退路的通。

中华民族是个多民族共同体，只讲汉族，不讲少数民族，很多问题是讲不清楚的；而像鲜卑、突厥、契丹、党项这些少数民族中有相当一部分人已经都融到汉族里来了，所以只讲少数民族，不讲汉族，也不行。因此，我对少数民族文学也很重视，读了很多少数民族的材料，把它们也纳入到研究视野之中。只有站在贯通古今、会通多域的角度，才能揭示中华民族共同体的整个精神谱系是如何发生、如何形成以及如何变异的，在这个基础上来思考中华文化的生命力和包容性，思考国学的深层脉络及其精神内核，才是有理有据的。

二　大大方方地面对自己的传统

在中华民族共同体全面振兴的背景下，我们要弄清楚中华文化的根脉，不是抱着一种完全颠覆的态度，也不是一种完全崇拜的态度，而是把传统作为深刻的现代性对话之伙伴的态度，既敬重之，又诠释点化之。

清代学者研究学问有一种集大成的风范和功力，但我们也不必一味地仰脖子，有作为的学者应该看透他们的成就中也包含着弱点。首先，他们回避民族问题，不敢讲胡汉问题或者华夷问题。编撰《四库全书》的时候，乾隆皇帝曾下令改掉书中所有的“胡”字。李学勤先生曾和我交流过，这是清人的禁区。其次，清人认为只有圣经、贤传和正史才是可信的、有价值的，而民间市井的东西是很低级的，是不雅训、不可信的，而且价值观是边缘化的。不打破这种雅俗分割，就不可能还原中国文化及其经典的发生学过程。发现前人的弱点，就是发现今人可以开拓的空间。

正史以它的官方意识形态来过滤材料，那些没有获得话语权的知识，就留在了民间，没有被记载下来，但它们对整个民族文化的发生和生成，却有着泉流不绝、潜移默化的作用。没有被记载的东西要远远比记载下来的多得多，没有记载不意味着就不存在，它们一直在民间生长着，只是不知道什么时候被关注和记录下来。做学问有必要在文献丰厚处着力，又在文献空白处运思。老子不是说过，天地之间就像一个大风箱吗？我们应该把握着拉杆活塞或皮囊的实处，又使之反复运行于箱内的空虚处，这才能获得鼓风吹火的意义。

清代的毛奇龄曾说，《诗经》和《尚书》中没有“骑”字，但是这不意味着春秋以前的人不会骑马。他还讲了一句很幽默的话“六经无髭髯”，六经中没有记载“髭髯”，难道就说中国人的胡子是汉代才长出来的吗？这显然是不可能的，只能说此前没有人关注过这个问题。关注不关注，存在着一个时代兴趣的问题，一个价值观的问题。《左传》不记孔子当中都宰，却记他当司寇，尤其是协助鲁定公与齐景公的夹谷会盟，写得绘声绘色。

在上古社会，许多部族的祖先事迹、迁徙、战争、世系，都是靠巫史口传和歌唱流传下来的。民间的传说，在世代口耳相传的过程中，的确产生了一些添油加醋的成分，但它毕竟还有个底子在那儿，并非完全空穴来风。过去我们觉得“禹会诸侯于涂山”好像只是个传说，但是，经考古发现，在安徽的涂山脚下有个“禹会村”，四千多年前这里确实有部落活动的遗迹，从而证明了这段历史有它真实性的由头。

近百年来的考古发现，使我们看到了大量的前人不及见到的材料，也预示着我们对祖先的认识，对传统经籍的解读，将有可能超越前人。多少年来，学人好辨伪，但多是以宋以后刻板印刷的书籍版本制度的理解，去挑剔战国秦汉的简帛抄本的个别字句。出土的简帛告诉我们，古老的抄本存在着抄录者、整理者的某种介入，个别地方不排除出现类乎考古学的历史文化“地层叠压”的现象。战国秦汉的书籍版本制度，与宋以后的书籍版本制度存在着本质性的区别。后来的研究，与其说要辨其真伪，不如说要考其原委。对于经历千年风霜的古籍，挑剔它们的头发白了，脸上有皱纹，那是容易的，但直指其本原，还原其知识发生的历史现场，解读出古今可以共享的智慧，则是需要下一番工夫的。

在当今中华民族共同体全面振兴的背景下，我们要弄清楚中华文化的根脉，不是抱着一种完全颠覆的态度，也不是一种完全崇拜的态度，而是要大大方方地、以大国的风度去面对自己的传统，把传统作为我们现代性对话的伙伴，敬重之，理解之，阐释之，转化之，使我们的现代性能够扎下根来。我们对六经、诸子的态度和过去有所不同了，这就导致眼睛所看到的东西不一样了。宋人惠洪《冷斋夜话》说：“（苏）东坡游庐山，至东林（寺），作偈曰：‘溪声便是广长舌，山色岂非清净身？夜来八万四千偈，他日如何举似人？’”又有诗曰：“横看成岭侧成峰，远近看山了不同。不识庐山真面目，只缘身在此山中。”（黄庭坚）鲁直曰：“此老人于般若横说竖说，了无剩语。非其笔端，能吐此不传之妙哉!”苏轼《题西林壁》一诗，渗入禅悟，它启发人们，思想方法和姿态角度的调整，是可以使人们在同一材料中，发现新的生命和意义的。

三　经典是一个民族的底气所在

> 经典不只是故纸堆，它是历史曾经从中汲取养分而生长，至今还汲取养分而得以延续的充满智慧的泥土。有了这些经典，精神才得以升华，才能找到自己的归属感，才能找到自己的精神支柱和心灵的维系。

先秦诸子不是读了西方哲学史才写书的，他们也不了解柏拉图和亚里士多德的理论。还原诸子，先不要急于比附，先要了解其本质。他们生逢乱世，著书立言，是为了给国君提供一个应对乱世的方案，使乱归治，使所在的国家强盛起来；或叩问天地之道，为自己寻找安身立命的根据。由于没有多少前人的资源可以借鉴，他们必须把人类原始的生存智慧、原始的信仰和原始的风俗转化为思想，这种充满智慧的思想具有原型性，存在着古今相通的脉络。今天，我们就是要还原这些经典，而不是要把中华文化的根脉连根拔起，加以废弃。

阐释经典主要有三种态度。第一种，崇古的态度。崇拜古人、崇拜圣人，当古人的奴隶，即所谓“注不驳经，疏不破注”。第二种，崇我的态度。用六经来注我，让古人当奴隶，它们只不过是随意的材料，这样也很难恢复我们民族的根基。第三种，就是对话的态度。强调有根底、知彼此、重创造，以这种对话的态度，对经典进行实事求是的还原，考察它的发生学、形态学、智慧学，考察其每一个文化因素的由来和转借。这就要把古老的经典看作生命的痕迹，进行生命的追问和解读。

经典是活人写的，要作为“活的经典”来读，读出古人的体温、气息，读出他们的浩然长叹，读出他们的刻骨铭心。古人的创造不能代替我们的创造，但是我们的创造也不要去曲解古人的创造，要采取一种平等对话的态度。这种态度也是一种阐释学的姿态，在这样一种姿态下，去考察先秦诸子的发生原因、学术形态以及智能方式，就能勘破许多千古之谜。

我认为，还原经典的意义主要是精神上的而非商业上的。如果没有经典，人和动物的状态差不多，尊严与智能无从谈起。读书识字是人的标志，一个孩子拿着一本《论语》和一只猴子拿着一本《论语》，意义是不一样的。每个人都要了解本民族的经典，因为它们已经融合到你内在的血脉、你的灵魂之中。在某种意义上说，阅读诸子，就是阅读“我们的心”。

同时，文明要成为文明，也离不开经典。为什么中华文明博大精深？就是因为有这些经典的存在，文明才有了它的旗帜和崇高感。最后，经典使精神成为精神。有了这些经典，精神才得以升华，才能找到自己的归属感，才能找到自己的精神支柱和心灵的维系。经典就是一个民族的底气，没有了它们，人不会成为人、文明不会成为文明、精神也不会成为精神。

四　嫦娥不是维纳斯

一个民族有一个民族的美，不能用一个民族的美去取代另一个民族的美，正是因为存在着这些差异，世界才会如此五彩斑斓、旖旎多姿。

从阐释学的角度来说，我们不可能完全还原到诸子当时的状态，因为有大量的历史是没有被记录下来的，记录下来的又有大量散佚了，而这些保留下来的东西，又有很多被几千年历史的灰尘蒙住了真相。对于一件事，可能有各种各样的解释，还原它，远比复原一件出土的残破的陶器要难得多，但是我们必须朝这个方向走。我们不能肆意地把这些古陶碎片打得更碎，而应珍惜这些古老生命的痕迹，抱着有生命感的科学态度，将散布于各种古籍和出土文献中的碎片，按照它的地层、方位、材质、形制、弧度、纹饰、断口，在缺失处按其合理的可能性，加以填补和缀合，从而使一些古陶残片恢复成相对完整的陶罐。

阐释的过程是对话，阐释的结果是一种合金。不是要封闭地回到古人那里，同时也不是空泛地赶个时髦，而是在融合之中产生出一种新的深刻。可以说，这是一种新的思想高度，是把古人的智慧和今人的智慧合在一起，在互相较量、互相克服、互相碰撞、互相融合的过程中，激发出来的一种新的智慧。

进行这种对话，我们需要有两个维度。西方人重分析，但是相对而言，他们缺了一个东西，就是感悟。将分析式的阐释和感悟式的阐释加在一起，才能够揭示古人的生命，才能把文化的碎片黏合成陶罐，黏合成一条绵延不绝的血脉。古人留下的财富不是货舱里死的货物，而是他们生命的痕迹，我们要把他们的 DNA 采出来，让他们复活。所以我们的阐释既是分析的，又是感悟的，是这两个维度的交叉，追踪他们的知识来源，分析他们的体系，感悟他们的生命。这样才能做到实事求是、有血有肉地还原。

西方的概念不可能完全涵盖我们的内容，嫦娥要是用维纳斯的标准去衡量，她必须要去做手术，把鼻子垫高，把霓裳羽衣脱下来，但是如果真的这么做了，她也就不是嫦娥了。嫦娥和维纳斯是两种不同类型的美，一个民族有一个民族的美，虽然可以相互借鉴，融合创新，但不能用一个民族的美去取代或抹掉另一个民族的美。我们应该为人类多留几份精彩，正是因为存在着这些差异，世界才会如此五彩斑斓、旖旎多姿。

我们对诸子作还原研究，就是要通过先秦诸子学发生的过程，来感受一个血肉丰满的文化中国。从中华文化的深处，探究出中华民族共同体形成的真实的血脉，所以，我们要动员文献学和考古学，运用文史哲、案头作业和田野作业、四库之学和四野之学等多种学问知识，一块去研究诸子。

五　考证不是为了填个表

研究文学的人考察历史，比研究考古的人更重体温、更重人的考释，考古学家关注的是器物本身，而我们则关注这个器物是谁做的，他为什么要这样做。

以前研究哲学和朴学的人往往忽视了一个问题——诸子思想发生的根源是什么？过去也有些记载姓氏谱系的书，讲到庄子是楚庄王的后代，但仅此而已，没有再深入下去。考证不是为了填一个表，我们不是人事科长，我们是人文学者，祖宗根脉的考得不是终点，而是起点，要由此探索他们著作中的生命痕迹、解密文化的DNA。我觉得，研究文学的人去考察历史，比研究考古的人更重体温、更重人的考释，考古学家关注的是器物本身，而我们则关注这个器物是谁做的，他为什么要这样做。

还原诸子，我觉得可以从五条“脉络”入手，分别是家族脉络、地理脉络、诸子游历的脉络、年代沿革的脉络以及诸子的编辑学。

家族脉络，即血缘脉络。诸子生命的生成和诸子的家族文化基因存在着深刻的关系，为什么会形成这样或那样不同的生存状态，就是因为他们有着不同的家族渊源。

以庄子为例，关于他的身世，一直存在诸多疑问。他出生在宋国蒙地，但《史记》只说他是“蒙人”，并不说他是“宋蒙人”，与其他诸子都称国族，存在着差异。他为什么有楚国的思想；在宋国只是个漆园吏，为什么楚威王会请他去做卿相；作为一个穷人，为什么有那么高的文化修养，“其学无所不窥”，文章充满奇思妙想，卓尔不群，当时“学在官府”，普通百姓是没有机会受教育的；他是个小吏，为什么却可以和魏国的王侯将相、宋国士大夫对话……想要解释这些千古之谜，首先就要了解先秦的姓氏制度、家族制度。

战国以前的姓氏制度和秦汉以后不同，当时有以地名得姓的、以封号得姓的、以谥号得姓的、以职务得姓的等多种情况。司马迁在写《史记》的时候，庄子不显，对庄子的评价不算很高，所以没有给他专门立传，只是将其附在《老子韩非列传》中，没有讲到他的家族血脉。在庄子的时代，最好客的诸侯是齐宣王和梁惠王，但是他们都没有延请过庄子，可见庄子和他们没什么交情。反而是楚威王，这个没有什么好客的名声的国王，派使者邀请庄子去楚国当官，这里面必定有一个特殊的原因。

据《史记》的另一处记载，楚威王时期的将军庄蹻是楚庄王之苗裔，印证了庄姓得自于楚庄王的谥号，可见，庄子也是楚庄王疏远的后代。后来，在残酷的政治事件中，庄子的祖辈受到迫害，逃到宋国，所以庄子出生在宋国。时隔多年，楚威王想重新召回当年的一些公族的后代为国家效力，就想到了庄子，但是，庄子却以一句“子独不见郊祭之牺牛乎?”拒绝了楚威王，他说，与其回去当一头祭祀用的牛，还不如做一只在泥地里爬的乌龟。这里面包含了对家族历史的痛苦体验，所以庄子不愿意回楚国。

在庄子的作品中，我们也可以找到一些楚国的风俗习惯以及他和楚国之间千丝万缕的联系。比如，楚人崇凤，庄子曾自比为凤凰；像“浑沌”是楚人的信仰，“儵忽”是楚国的方言，只在《楚辞》中出现过，别的先秦文献里都找不到；在“南方有鸟，其名曰鹓雏……发于南海而飞于北海”这句话里，实际是暗含着庄子的家族迁徙史；庄子的老婆死后，庄子鼓盆而歌，这是楚国的丧葬风俗，现在南方的一些地区还保持着这种习俗，孟子曾说，丧事和祭祀的仪式是不能随便改的，跟鬼神交通，是要按照老祖宗的规矩办的，所以身在宋国的庄子依然保持着楚国的风俗。诸子善于从原始信仰和风俗中发掘和创造性地转化出原型的思想。

庄子对自然万物有着超乎常人的敏感和想象力，林中之鸟，水中之鱼，都是他关照的对象，他把蜗牛的两个角想象成是两国打仗，并且伤亡惨重，伏尸数万，这些都是孩子的神奇想象，大人不会有这样的想法。在庄子的文字中，我们似乎可以看到一个孤独的流亡贵族少年的身影，徘徊在山川林野间，独与天地精神相往来。

还有一个突出人物就是孙武，他到吴国时才三十多岁，没有打过仗的记录，但是他写的《孙子兵法》竟然成为千古兵家的圣典，奥妙在哪儿？答案就是他的家族渊源。孙武本是属于由陈国逃亡到齐国的田氏家族，后来，其祖父打了胜仗，赐姓孙。孙武的伯祖父是司马穰苴，是个大将军，兵书《司马兵法》挂上他的名号，也是因为立了军功，以大司马的职官得姓。在这种背景下，孙武从小耳濡目染，所以年纪轻轻就写出了《孙子兵法》这部奇书。司马穰苴诛杀齐国一个违犯军纪的宠臣，称说“将在军，君命有所不受”，孙武诛杀吴王两个把练兵当儿戏的宠姬，也说出同样的理由。这分别见于《史记》卷六十四《司马穰苴列传》，以及卷六十五《孙子列传》。这不是由于司马迁用语重复，而是因为孙武和司马穰苴是一个家族的，本来都姓田，只是后来各自改了姓，所以之前没有人把他们联系到一起。《孙子兵法·九变篇》也说过："途有所不由，军有所不击，城有所不攻，地有所不争，君命有所不受。"

六　地缘文化给老子、荀子、孟子的学说带上南腔北调

家族的迁移、人才的流动和客卿制度对民族共同体的形成起了很大的作用，研究先秦诸子，弄清楚地理渊源和家族脉络很重要。只有这样，才能使诸子学接上"地气"。

人类与地理存在着天然的地缘关系，先秦时各个方国的文化景观和地理文化特征造就了诸子思想的独特性，也为文学与地理的有机融合提供了佐证。像老子和庄子同为南方文学的代表，都是楚国人的创造，代表了楚国的文化，但是老子和庄子的思想却不尽相同，这和他们的身世和生活的地理环境的差异有很大关系。

老子生活在陈楚交界地区，在现在的河南和安徽交界的鹿邑地区，这里是楚国政治力量很薄弱的地方，存在着和首都不同的社会政治状况，社会结构非常松散。所以当时陈楚边缘之地还存在着一些母系氏族部落，过着小国寡民的生活，人们老死不相往来，没有战争的硝烟，生活得既平静又满足，就像我们过去山区的老百姓一样，吃个窝窝头就丰衣足食了。老子的小国寡民思想也正源于此。

先秦诸子中，唯有老子存在着女性主义思想，他曾说："谷神不死，是谓玄牝。玄牝之门，是谓天地根。"老子的女性思想如何而来？我认为，他很可能就出生在一个母系氏族的部落里。《史记》中查不到关于老子父亲的记述，只在唐人的《索隐》中引证过去的

材料，说老子的母亲姓李，老子因母得姓；另一种说法是老子的母亲生了老子之后，指着门口的李树，给他起的姓，因草木而得姓，无论是哪一种，都体现了母系氏族的姓氏制度的特征。

荀子在邯郸学的儒学，他的儒学是赵国的儒学，这和鲁国的经典儒学有着明显的区别，带有法家的过渡色彩，这也是为什么荀子的弟子后来都成了法家的原因。一般认为，荀子的生卒年是公元前313—前238年，那么在他的童年时代，赵武灵王十九年（公元前307年）就推行胡服骑射的改革，改变服饰、改变军队的组织形式，大规模的马仗就是从这时开始的。赵武灵王不法先王而法后王的做法实际上是非儒的。五年后又命令将军、大夫、嫡子、代吏也穿胡服，这种改革带有法家色彩，突破了儒家不能以夷变夏的礼制。荀子的祖辈很多都是将军，连荀子的父辈也穿上胡服了。荀子的儒学体系有着鲜明的地域色彩，其形成过程与赵国的政治形势和文化体系密不可分。

孔子西游不到秦，北游不到晋，他没有去过赵国，荀子也没有去过鲁国，他五十岁去齐国稷下之前没有离开过赵国。但是，荀子的祖先曾经到过鲁国，并且受到了特殊的待遇，这成为整个家族的美好记忆，荀子从小就从父辈的口中了解了鲁国的一些事情。经历过赵武灵王进行胡服骑射改革的荀子，并不认为秦国尚武有问题，只是认为秦国缺了点儒。在这种情况下完成的荀子儒学，其学派色彩可见一斑，虽然还是儒学，却是赵国化的儒学，可以说，荀子把儒学做大了，同时也把儒学做变味了。荀子将儒学体系化了，实践化了，变成了北方之学，使之成为可以应对挑战、有实用性的儒学。

民族共同体在形成和发展的过程中，随着家族和士人的大量迁徙，不断地冲击和融合。《吴太伯世家》是《史记》三十世家的第一篇，如果按照官本位或者是中原为大的标准，应该把《齐太公世家》和《鲁周公世家》放在前面。司马迁这样安排，除了从辈分上考虑到吴太伯是周文王的伯父之外，显然也考虑到了地域文化的因素。太伯到了尚属蛮荒的吴地，是华夏蛮夷化；经过兴修水利，发展农业，至吴王阖闾称霸时，吴地实力大大提升，交通中原，还出现了季札这样精通诗礼的贤人，即蛮夷中原化了。蛮夷化中原，中原化蛮夷，这种双向互动互化，乃是中华民族形成过程的一个缩影。

家族的迁移、人才的流动和客卿制度对民族共同体的形成起了很大的作用，研究先秦诸子，必须要看到地域问题和人才流动问题，弄清楚地理渊源和家族脉络是很重要的。只有这样，才能使诸子学接上“地气”。士阶层的流动，使中华文化在无形之中产生了融合，诸子流动的过程实际上也就是诸子学派逐渐形成和突出的过程。孔子死后，弟子中只有曾子留在鲁国，曾子学派逐渐在鲁国兴起，后来曾门还出了“亚圣”孟子，而其他弟子则将孔子的儒家思想传到了别的国家。

诸子在游历中增长了不少见识。孟子著名的《齐人有一妻一妾》讲的虽然是齐国的故事，但“齐人”的人物原型却是源于邹国或鲁国的生活体验。孟子从小生活在邹鲁之地，和母亲曾经住在坟墓的旁边，他看到过有人向祭墓者乞酒肉，一处不足，又去他处求乞，定要吃得满嘴流油才回家的情景。后来到了齐国他又看到一些人在拍马屁、走门路、升官发财之后，对自己的妻妾摆谱的现象，才描述这个在墓地上乞食而吃得满嘴流油的角色摇摇晃晃地从外面回来，“骄其妻妾”的嘴脸。这是孟子把邹鲁的生活素材和齐国的生活体验结合在一起，写成的一个具有喜剧性的故事。东汉赵岐注《孟子》，认为：“用君子之道观之，今求富贵者，皆以枉曲之道，昏夜乞哀而求之，以骄人于白日。此良人为妻妾所羞而泣伤也。几希者，言今苟求富贵，妻妾虽不羞泣者，与此良人妻妾何异也。”这个注解多少触及了孟子写这个故事的动机。

七 《吕览》纪年隐藏的惊天大秘密

《吕氏春秋》将吕不韦主谋灭周之后作为秦纪年的开端，其居功拿大，为统一天下制作“一代大典”的不臣野心昭然若揭。

人文地理学和历史编年学，是我们研究诸子学术的两只炯炯有神的眼睛，二者缺一，就可能成为“独眼龙”。我国的年代学起源甚早，司马迁早在两千多年前就认识到了年代学的重要性，他做出了十二诸侯年表和六国年表，而西方的年代学到了19世纪才兴起。虽然后人将《史记》与汲冢出土的竹简对照，发现司马迁的年表有些错误，但是他毕竟给中国思想的轴心期定出了一个框架，是中国思想文化的大功臣。

纪年的情况往往会透露出编者的真实用心。吕不韦不惜重金供养三千门客为其编写《吕氏春秋》，在秦国对外战争、对内政治都异常紧张的局势下编一本杂学之书，若说没有个人的如意算盘，那是不可思议的。吕不韦是个精明的生意人，凡事都讲高回报，甚至超级回报，他也是战国时期要银子要得最出彩的人，为什么会这么做？

据记载，《吕氏春秋》写成于“维秦八年，岁在涒滩”。汉高诱注，维秦八年，即秦王政八年。后来大多数的学者都沿袭这个说法。但是“岁在涒滩”是在申年，申年是秦王嬴政六年（庚申），而不是八年（壬戌），这显然是个错误。清代学者也发现了这个问题，却只是提出质疑，做出校正，没有想到更深层的意义。

其实，《吕氏春秋》的年代不是按照秦王嬴政的纪年来编的，而是向前推了两年，即秦始皇的父亲庄襄王执政的最后两年。当时，吕不韦是丞相、文信侯，并灭了周，这就是《史记·六国年表》在秦庄襄王元年所记载的，“吕不韦相，取东周”，周的纪年从此断了。而《吕氏春秋》将吕不韦自己主谋灭周之后的一年，即秦庄襄王二年（公元前248年）作为秦纪年的元年，既与秦庄襄王的纪年不合，又与秦王政的纪年不合，而与吕不韦灭周的纪年相契合，可见吕不韦居功拿大的不臣野心昭然若揭。

秦王嬴政十三岁登基，仲父吕不韦大权在握，他编撰《吕氏春秋》的时候，就已然看到秦国有朝一日会一统天下。为了将来能够坐拥江山，吕不韦殚精竭虑，不失时机地为自己统一六国制造舆论，制作统一天下的“一代大典”。从这部书的“十二纪、八览、六论”的结构体例，纪所统子目六十一，览所统子目六十三，论所统子目三十六，实一百六十篇，备天地万物古今之事，就可以看出其心志的宏大。儒家、墨家都是“非兵”的，吕不韦却提出“义兵说”，称颂“义兵之为天下良药也亦大矣”，他最推崇商汤、周武的“征不道”，他还推崇齐桓公、晋文公。吕不韦在咸阳市的大门上挂出一块广告，号称能够增删一字者，赏千金。他这么做不是给门客们做面子，而是给将来的皇朝大典做面子。战国时期，最会做广告的就是吕不韦，他追求的是广告效应。

八　古今应互通智慧

时代变了，孔夫子也没有遇到过经济危机，或者说，他遇到的“经济危机”只不过是周游列国一行人的陈蔡绝粮，与当今的全球化的经济危机迥然有异，因而现代人应该有自己的充分的创造空间。

关于《论语》的编撰问题一直都存在争议，如果按照宋儒的说法，是曾子的弟子们编的，有很多问题解释不了。比如，为什么颜回和子路有那么多鲜活的材料，他俩都没有私家弟子，而且到了曾子的弟子时，已经是五十年后了，不会有人记得那么多的故事。又如，为什么“四科十哲”中没有曾子，如果真是曾子的弟子编撰，是不会出现这种情况的。其实，《论语》经过三次重大编撰，第一次是仲弓等人负编撰的责任，第二次是有若、子张等人负编撰的责任，最后一次是曾子的弟子编撰的。三次编撰，都不可避免地留下了编撰者的价值取向和生命痕迹，形成了“历史文化地层叠压”。要对之进行条分缕析，是需要深厚的学力和敏锐的眼光的。第一次连着汉儒的源头，第三次连着宋儒的源头，中国这两个最重要的儒学流派，其不同之处，在编撰《论语》时已然初露端倪。

围绕孔子的评价问题，有各种各样的说法。“天不生仲尼，万古如长夜”，这是一种；“其流毒诚不减于洪水猛兽”，这是又一种。此外还有第三种、第四种，不一而足。把握世界的文化姿态不同，必然导致被把握到的世界的不同。就好像一桩姑妄言之的苏东坡与佛印公案所说，佛印看东坡坐姿像一尊佛，东坡却把佛印坐姿嘲弄为“一堆牛粪”，从禅宗的话头“心中有佛则众生皆佛，心中有屎则众生皆屎”来看，恰好证明东坡心中有牛粪。这是禅宗的“垢净观”。其实，人的心理结构是复杂而且不断发展变化的，“心中有”不等于“心中皆是”，超凡入圣的纯粹佛光和万恶不赦的纯粹屎橛，是很难见到的，对复杂人生的考察应有多层次、多维度、多情境的历史理性意识。

以往的历史观多是一维的，从汉到清，绵延两千年，都在崇圣，都仰着头看圣人；到了民国，又是疑古为尚，以为喊着“打倒孔家店”就行了。单维态度容易造声势，但我们现在更需要的是多维、动态、开放、创新的文化态度，还原中讲究创新，同情中知所超越，将文化遗产梳理出脉络和生趣。我的历史观是不要古今互相埋怨，而是要古今互通智慧，还古人以他应有的伟大，同时给现代人以充分的创造性的空间。孔子做了他那个时代应做的事情，他的思想是伟大的，也代表着当时的最高水平。但是，现在的形势已经变化了，孔子毕竟未曾经历全球化和现代化，也没有遇到过金融危机。孔子生前遭遇的最大危机，是周游列国途中的陈蔡绝粮，孔子处理的方法，就是鼓励弟子提升气节："岁寒，然后知松柏之后凋也。"再就是派子贡去游说楚昭王起兵解围。《庄子·让王篇》记载："孔子穷于陈、蔡之间，七日不火食，藜羹不糁，颜色甚惫，而弦歌于室。颜回择菜，子路、子贡相与言曰：'夫子再逐于鲁，削迹于卫，伐树于宋，穷于商周，围于陈蔡，杀夫子者无罪，藉夫子者无禁。弦歌鼓琴，未尝绝音，君子之无耻也若此乎？'颜回无以应，入告孔子。孔子推琴喟然而叹曰：'由与赐，细人也。召而来，吾语之。'子路、子贡入。子路曰：'如此者可谓穷矣。'孔子曰：'是何言也！君子通于道之谓通，穷于道之谓穷。今丘抱仁义之道以遭乱世之患，其何穷之为？故内省而不穷于道，临难而不失其德，天寒既至，霜雪既降，吾是以知松柏之茂也。陈、蔡之隘，于丘其幸乎！'孔子削然反琴而弦歌，子路扢然执干而舞。子贡曰：'吾不知天之高也，地之下也。'"

《庄子》这条材料应是来自七十子后学的忆述竹简，因此《吕氏春秋·孝行览》也采用这则忆述材料："孔子穷于陈、蔡之间，七日不尝食，藜羹不糁。宰予备矣。孔子弦歌于室，颜回择菜于外，子路与子贡相与而言曰：'夫子逐于鲁，削迹于卫，伐树于宋，穷于陈、蔡。杀夫子者无罪，藉夫子者不禁，夫子弦歌鼓舞，未尝绝音。盖君子之无所丑也若此乎？'颜回无以对，入以告孔子。孔子憱然推琴，喟然而叹曰：‘由与赐，小人也。召，吾语之。’子路与子贡入，子贡曰：‘如此者，可谓穷矣。’孔子曰：‘是何言也！君子达于道之谓达，穷于道之谓穷。今丘也拘仁义之道，以遭乱世之患，其所也，何穷之谓？故内省而不疚于道，临难而不失其德。大寒既至，霜雪既降，吾是以知松柏之茂也。昔桓公得之莒，文公得之曹，越王得之会稽。陈、蔡之阸，于丘其幸乎！’孔子烈然返瑟而弦，子路抗然执干而舞。子贡曰：‘吾不知天之高也，不知地之下也。’”这则材料也以比较完整或相当残碎的方式，见于《淮南子·俶真训》和东汉应劭《风俗通义》卷七。孔子说“大寒既至，霜雪既降，吾是以知松柏之茂也”，不一定是他们的周围有霜雪松柏，而是对《诗经·小雅·天保》“如南山之寿，不骞不崩；如松柏之茂，无不尔或承”的诗行的断章取义，引诗为证。因为楚昭王发兵相救是在这年的秋七月，如《左传》鲁哀公六年（公元前489年）记载：“秋七月，楚子在城父，将救陈。”《春秋》同年记载：“秋七月庚寅（十六日），楚子轸（昭王）卒。”也就是说，陈蔡绝粮，只能发生在孔子六十三岁那年的七月上中旬，是看不到“大寒既至，霜雪既降”的。但是孔子这句话编入《论语·子罕篇》时，主持编撰的弟子已经按照编撰体例删除讲话的场合，并且润色为“岁寒，然后知松柏之后凋也”。这种润色增添了不少精神。孔子激励气节的话，至今还存在着启发的意义。但今日之中国面对全球化的机遇和挑战，应对现代性的进取和危机，不能因袭旧套，应该有完全原创的新思想、新智慧和新胆识。因此现在的我们如果没有充分的创造空间和强烈的创造欲望，没有新的思维方式和新的实践方式，又何以重振大国风范，又何以面对千古文明、大千世界、万里鹏程？

（2011年5月，杨阳根据采访录音和记录整理）

先秦诸子发生学

引 言

先秦诸子的研究，是对中国文化根本的研究。根本的研究，需从根本入手，来清理现代大国文化的本源和根脉。《淮南子·缪称训》云：“根本不美，枝叶茂者，未之闻也。”[1]我反复谈论先秦诸子还原，就是要原原本本地深入探究诸子的发生学和生命本质，这是大国文化的根本所在。在这里需要念一部“本”字经，探究原本、本质、本源。

那么，研究先秦诸子，首先的着力点应该在哪里？我觉得，首先的着力点应该是它的发生学，就是探明（一）诸子到底是谁？（二）他们的知识来源何处？（三）他们在什么情境下展开思想？（四）他们为何把书写成这个样子？研究先秦诸子的发生学，就是从起源上通解中国文化史的原创时代或“轴心时代”。“轴心时代”是德国哲学家雅斯贝尔斯的说法。在两千五百年前，世界上一些重要的文明，一些古老智慧的民族，于此前后都产生了很多影响深远的重要思想家。中国的孔孟、老庄、孙武、韩非，都是思想原创期的巨人。我们有责任通解思想原创期或轴心时代的巨人文化，通解诸子的民族、部族、家族，通解诸子的思想及生命体验，与他们的生活形态的原初关联。只有这种原原本本的研究，才能够触摸到诸子的体温，感受到他们思想发生的真实过程，为我们民族的文化生命，清理它最初的思想根系。研究先秦诸子发生学宗旨，可以概括成两句话，一是触摸诸子的体温，二是破解诸子文化的DNA。两千年来诸子学史和经学史在注疏诠释上做了许多基本性的工作，这方面的成果可谓汗牛充栋。但受到崇圣或疑古思潮的影响，在发生学上依然存在着许多缺陷、疏略、误区和盲点。因此，我们必须以发生学、过程性作为根本的切入口，研究诸子的生命形态和思想生成。

研究一门学问，首先要叩问这门学问的本质，同时也要叩问前人对这个本质的认识，他们有哪些进展，哪些局限，哪些偏离，哪些迷失。这就是回到原本，把归本阐释作为研究的首要任务。祝允明（枝山）有《苏武慢》词说："树上菩提，台端明镜，不是浊铜枯杪。可惜尘埃，等闲斤斧，都把那些忘了。霎时间、返本还原，这个法儿谁晓？"[2]力返本原，务求实地，是大国文化打根基的事业。失掉根本，最是研究的大忌。我们为什么要把发生学首先作为研究的着力点呢？这是源于对先秦诸子本质的认识，就是说，从本质上来看，诸子是什么？如果研究诸子学说，总是急不可待地把他们和西方的一些哲学家相联系，这当然可以收到比较之功，拓展视野；但也容易造成诸子纸片化、脱根化，脱离诸子本有之根，把诸子看成纸片人。先秦诸子不是读了西方的哲学史，不是读了苏格拉底、柏拉图、亚里士多德的书，或者读了康德、尼采、海德格尔、萨特、哈贝马斯的书，才写他们的文章的。诸子的原创另有知识来源、问题渠道、思想方式，这是别人无以代替的。忽视这一点，就忽视了中国思想原创的专利权。

端正一个现代大国与世界对话的姿态，应是最关键的思想逻辑的一个出发点。在我看来，诸子的本质有两点值得重视。第一点，诸子是在充满动荡的大转型的时代，在应对国家、家族、个人的生存危机的时候，对中华民族及其所属的列国的出路和命运，进行道义关怀和理性思考，由此而印证天道、世道和人道的思想成果，这是诸子学的本质。第二点，诸子是以自己的切身体验，把人类最原始的生存智慧、最原始的民俗信仰，转化为思想，因而转化出来的思想具有原型性和仪式化的特征。原型思想，是原创性的思想，是常解常新的。因此是可以生长的思想，存在着古今相通的潜在可能性，加以解释之后，又具有中外共享的普泛性。所以这种原型思想的原则，有如马克思在一封书信中所说的："向现实本身去寻找思想"〔3〕，而不是把一种现成的思想套在现实本身。

基于对先秦诸子本质的这种认识，对其发生学的研究，就必须掌握三个关键点：第一个关键点，深化对先秦诸子生命的验证。诸子书是古老智者的生命痕迹，应该在生命体验证中，尽量还原出有血有肉、能歌能哭，可以和今人进行生命交流的诸子来。第二个关键点，就是以多种方法的综合，深化对诸子的文本和多种材料内在脉络的清理，探究其知识来源。从国族、家族、民俗沉积、文化流动中，通过多重互证，解读和指认诸子文化的DNA。第三个关键点，就是在深入清理大国文化根基的基础上，发现诸子以生命拥抱文化的深层意义，揭示中国智慧的独特风貌和原创的专利权。这三个关键点，蕴含着诸子生命和思想的运作机制。

一　对先秦诸子的生命验证

第一个关键点，深化对先秦诸子的生命的验证。研究先秦诸子的发生学，必须接近和把握先秦诸子的生命形态，尤其是他们的学术生命形态。学术形态，必须在生命形态中获得验证和说明。我们可以充分利用各种资料，包括历史文献、出土文物、口头传统以及文化人类学的资源，用多维的方法，包括历史考证、简帛释证，还有民族学、家族制度、姓氏制度（姓氏制度很重要，因为，先秦的姓氏制度和汉以后的相沿至今的姓氏制度是不一样的）、民俗学、礼学制度、年代学等诸多研究方法，尽可能地透过历史的烟尘，包括材料的聚散、解释的龃龉所形成的碎片，去追问诸子是谁，这是发生学的第一个关键点。就是说，书是人写的，有人的生命痕迹。我们吃鸡蛋，还要考究下蛋的母鸡。种豆得豆，种瓜得瓜，只有知道这个豆和瓜的种子的性质，才能知道在这样的土壤、水分、阳光中，它长出来的是什么样的瓜，什么样的豆。清初艾衲居士编《豆棚闲话》引古语云："种瓜得瓜，种豆得豆"〔4〕，分明见天地间阴阳造化俱有本根。

具体到庄子。朱熹尝了《庄子》这枚鸡蛋，从其中的滋味，朱熹就感觉到："庄子自是楚人，想见声闻不相接。大抵楚地便多有此样差异底人物学问。"〔5〕司马迁离庄子更近，他这样评议下了《庄子》这只蛋的母鸡："庄子者，蒙人也，名周。周尝为蒙漆园吏。"〔6〕汉人明明知道，蒙地属于宋国，但司马迁偏偏就吝惜那个"宋"字，没有说庄子是"宋蒙人"。但宋国人怎么有楚国的思想？清末民初的学者刘师培，写了一篇《南北文学不同论》，就把老子、庄子归为南方的学术，把荀子、韩非归为北方的学术。他说，庄子是宋人，思想是楚国的思想，理由是宋国离楚国比较近。朱自清的《经典常谈》，总结前人的研究结果，也说庄子是宋人，但思想是楚国的思想。这使我们有很多迷惑，宋国人怎么有那么深的楚国情结？太史公写《史记》的时候，庄子不显，因为西汉前期是黄老的天下，将老子和黄帝结合在一起，阐发为帝王术。司马迁的父亲司马谈讲《六家要旨》，认为道家“其为术也，因阴阳之大顺，采儒墨之善，撮名法之要，与时迁移，应物变化，立俗施事，无所不宜”〔7〕，讲的是黄老道术，而不是魏晋以后的老庄道家。所以庄子在《史记》中就没有专传，甚至也不是合传，只是列入《老子韩非列传》中作为附传，对庄子的祖宗脉络，就没有交代清楚，只交代他在蒙地做过漆园吏，漆园吏就是种漆和制漆的地方作坊里的小官吏。

《史记》没有记载清楚庄子的祖宗脉络，两千年来人们也只顾读庄子潇洒美妙的文章，却对大树一样的庄氏家族谱系的根没有很用心。我们都满足于当魏晋时候的陶渊明，“好读书，不求甚解，每有会意，便欣然忘食”。〔8〕这就给庄子与《庄子》一书的生命联系，留下了两千年未解的三个谜：第一个谜，是《史记》中特意交代，《庄子》也两次讲过，楚威王派使者去请庄周到楚国当大官，庄子拒绝了，说你们庙堂上供祭祀用的那头牛，吃的好饲料，披着五颜六色的彩衣，但是要屠宰它做祭祀的贡品时，它连当小猪的资格都得不到。再看河沟里的乌龟，“曳尾于涂”，拖着尾巴在泥泞里打滚，但它自由自在，你说我是当那头牛好呢，还是当这只乌龟好？派来的使者心照不宣，就回去了。

人们可能会说，这是“庄周寓言”，都是随意编造的。这就有意无意地把庄子看歪了，寓言允许想象，但一旦涉及身世，就要有底线，不能胡编乱造，不然就有骗子之嫌。楚威王聘请过庄周，就是添油加醋也无妨，如果根本没有此事，就是招摇撞骗了。《史记》专门提到庄子“与梁惠王、齐宣王同时”〔9〕，齐、魏这二位以好客驰名的国君都没有聘请庄子，偏偏没有好客名声的楚威王聘请他，还郑重地派两个大夫请他，并委任重要的实职，这种破格之举，为列国罕见。可见庄子与楚国定有特殊的因缘。楚国在楚威王时是一等强国，有什么理由去聘请宋国一个芝麻大的小吏？你既无政绩，学问也无安邦治国的效能，更不是弟子如云。孟子游说诸侯，凡出行，“后车数十乘，从者数百人，以传食于诸侯，不亦泰乎！”[10]与孟子同时的庄子，是没有这番派头的。庄子回绝楚王使者，理由是不当祭祀的牺牲，宁可在河沟泥泞里打滚，这是什么话啊？听话要听音，略有社会阅历的人，都可以感觉到这话里包含着杀机，而且这种杀机与祭祀亡灵有关。庄子拒绝楚王之聘，透露了许多扑朔迷离的消息，庄子与楚国因缘很深，因缘中包含的痛苦或恐惧也很深。

第二个谜，《庄子》是一部博学、多智、富有才华的书，《史记》专门点出“其学无所不窥，然其要本归于老子之言”。[11]这也是很有深意的，他提醒人们去思考，庄子“无所不窥”的学问从何而来？知识来源，是发生学的根本性问题。当时列国实行贵族教育，连图书也藏在官府，庄子作为宋国蒙地一个穷得借粟下锅的“涸辙之鱼”般的穷人，从何获得属于贵族特权的教育资源呢？人们常说，孔子一个大的贡献，就是把官学变成私学，有教无类，但是孔门再传弟子并没有招收庄子为徒，甚至连孔门所谓“三千弟子，七十二贤”，也没有人写出一部《庄子》这样的书啊！

第三个谜，庄子既然是漆园吏，是地方上种漆树、顶多还制造一点漆器的小作坊的记账先生，从《庄子》书看，他对这行园艺和工艺并无多少专业知识。那么，就凭这种卑微的身份，又有什么资格去跟那些诸侯、跟那些将相来打交道呢？现在一个普通老百姓，要找市长，可能门房就把你挡住了。那个时候可是等级森严的军事时代，你有什么身份去找魏王，找魏、宋等国的将相级别的高官？而且还穿得破破烂烂，衣冠不整，说话傲气无顾忌，门房不阻挡你，卫兵也不把你赶跑或拘捕，这份道性是哪里来的？

这些千古之谜如果不破解，我们读《庄子》，就不知道是谁在对我们说话了。中国是把姓氏置于人名之前的国家，可见古代以姓氏规范的家族文化，是植入子孙血脉的文化基因。这就需要从先秦时代的家族制度、姓氏制度入手，考证庄子的家族之根，认清庄子是谁，才能进一步触摸到他的体温，分析庄子文化的 DNA。关键在于对庄氏家族的姓氏来源，建立一个可靠的证据链。最明确地记述庄氏来源的文献，是南宋郑樵的《通志·氏族略》，其中说："生有爵，死有谥，贵者之事也，氏乃贵称，故谥亦可以为氏。庄氏出于楚庄王，僖氏出于鲁僖公。康氏者，卫康叔之后也。宣氏者，鲁宣伯之后也。"〔12〕其后又具体解释："庄氏：芈姓。楚庄王之后，以谥为氏。楚有大儒曰庄周，六国时尝为蒙漆园吏，著书号《庄子》。齐有庄贾，周有庄辛。"〔13〕郑樵特别标示，庄氏是楚庄王的后代，也就是说，楚庄王的直系子孙是楚国的国王，旁系或者庶出的子孙，到了孙子这代，就可以用祖宗的谥号作自己的姓氏。郑樵，是12世纪福建莆田人，年青时就在家乡的夹漈山搭建草堂，闭门苦读三十年书，谢绝人事。接着出外访书十年，遇藏书家必借住，读尽乃去。自称："樵生为天地间一穷民，而无所恨者，以一介之士，见尽天下之图书，识尽先儒之阃奥，山林三十年，著书千卷。"〔14〕包括"集天下之书为一书"〔15〕的这部《通志》。因此郑樵言之凿凿地说庄氏出自楚庄王，应是有唐以前的谱牒作根据。这种判断，在唐宋人的姓氏书中得到印证：庄子是楚庄王的支系后裔。

楚庄王是春秋五霸之一，楚国最杰出的政治家，他有一个著名的故事：三年不鸣，一鸣惊人；三年不飞，一飞冲天。他曾经兼并了汉水流域的许多小国，把势力范围拓展到黄河洛水流域，在洛阳郊区举行阅兵式，问东周的九鼎轻重。"问鼎中原"，是和楚庄王有关的成语。所以楚庄王的后代用他的谥号作姓氏，是非常光荣的事情。我们再回过头来看《史记》，它在《西南夷列传》中记述云贵川一带的蛮夷部族历史，其中写了一个叫庄蹻的将军："始楚威王时，使将军庄蹻将兵循江上，略巴、蜀黔中以西。庄蹻者，故楚庄王苗裔也。蹻至滇池，地方三百里，旁平地，肥饶数千里，以兵威定属楚。欲归报，会秦击夺楚巴、黔中郡，道塞不通，因还，以其众王滇，变服，从其俗，以长之。"〔16〕庄蹻率领军队去经略楚国西部的巴蜀黔中，一直进军到云南滇池一带。由于秦军占领了楚国西部，回不来了，所以在那里当起滇王。《史记·西南夷列传》说庄蹻是"故楚庄王苗裔也"，印证了庄氏是楚庄王的苗裔。经过这番梳理，我们获得了一些直接或间接的证据，构成了一条证据链：《史记》庄子传认为庄子是蒙人而隐去"宋"字，明确记述楚威王派两大夫迎聘庄子——《通志·氏族略》明确记载庄氏出自楚庄王，战国有庄周——《史记·西南夷列传》记述庄蹻是楚庄王苗裔。尤其是《通志》的说法，不是泛泛而论，具有专指性质。

然而，庄子距离楚庄王已经二百多年，足有七八代以上，已经是相当疏远的旁系贵族的后代。那么，为何庄子出生在宋国蒙地呢？这家疏远的贵族，为何流亡异国呢？这就要从楚威王（公元前339—前329年在位）继位初年派使迎聘庄子往上推，考察楚国发生了什么事件，导致这个家族逃亡。上推四十二年，就遇上楚悼王任用吴起实行变法，引人注目的是这场变法废除贵族世卿世禄制度，对已传三代的封君取消爵禄，降为平民；将贵族迁到新开拓的边境，充实广虚之地；裁减冗官，选贤任能；削减官吏的俸禄，厚赏战斗人员。这使得楚国国力大增，"于是南平百越，北并陈蔡，却三晋，西伐秦。诸侯患楚之强"。〔17〕但是吴起变法严重损害了三代以上的疏远贵族的既得利益，这也包括庄氏家族在内。这些贵族恨透了吴起，到楚悼王一死，就发动叛乱，追杀吴起，吴起逃跑到楚悼王的灵堂里，扑在楚悼王的尸体上。这些贵族大闹灵堂，射死了吴起，也射中了楚悼王的尸体。按照楚国的法律，射中国王尸体是大逆不道，要灭族的。所以楚悼王的儿子楚肃王继位后，就灭了跟这个事件关联的七十多个家族。庄氏家族受这个事件的牵连，逃亡到宋国荒远的蒙地住下来。过了十几年，这家疏远的流亡贵族，生下了庄周。

如果这番考证被认可，前面所讲的三个千古之谜，就可以迎刃而解。吴起之变已过去四十二年，楚国王位在悼王、肃王之后，又经过宣王，传到威王。当年被整肃的七十个家族的社会关系盘根错节，连庄氏家族的庄蹻都还在任将军。这些人不断在新继位的楚威王面前为那些被整肃的家族伸冤，散布要落实政策，平反冤案，把他们的优秀子弟征聘回国。这才出现《史记》记载的“楚威王闻庄周贤，使使厚币迎之，许以为相”。〔18〕庄子对家族悲剧未能忘怀，又顾忌楚国政局变幻，还是顺着自己心意，“自适其适”，〔19〕拒绝了楚国的聘请。庄子虽是流亡贵族之后，但还有不少关系在楚国，楚王还聘请他，这种身份足以使魏、宋等国的高层，对他另眼相看。庄子于学无所不窥的知识，也顺理成章地找到了贵族家世的文化血脉来源。

人文学者考证庄子的国族、家族身世，不只是为他填一张履历表，是为了触摸思想者的体温，破解《庄子》一书的生命密码，或文化 DNA。既然把《庄子》当成庄子本人和他的学派的生命的痕迹，我们就可以通过《庄子》的文化 DNA 的取样检测，反证庄子的国族、家族身世。上面以《史记》、《通志》等文献作证，属于外证；《庄子》的文化 DNA 取样检测，属于内证。内外两个证据链的贯串吻合，就形成相对周圆的证据环。

对《庄子》文本进行文化 DNA 的取样，需要我们架起精神现象学的显微镜。这就是从《庄子》文本中撷取他的心灵脉动的样本，考察他在遭遇世界时如何表达自我意识，实现他的个体性的生命形态、生存趣味和表达策略，集合所有这些环节、要素中所体现出来的精神丝缕，重建庄子自我诉求、自我认识和自我发展的主体同一性。《庄子·秋水篇》里，写了一个凤凰鸟和猫头鹰的故事。这只凤凰鸟叫做“鹓雏”。《山海经·南山经》说：南禺之山“有凤皇、鹓雏”。郭璞注鹓雏：凤属也。[20]唐人张鷟《朝野佥载》卷三说：“凤之类有五：其色赤者文章，凤也。青者，鸾也。黄者，鹓雏也。白者，鸿鹄也。紫者，鸑鷟也。”[21]庄子这个故事很有名，说是有只凤凰鸟非甘泉不喝，非竹实不吃，高贵得很；猫头鹰抓了一个死老鼠，怕凤凰鸟抢它，就吓那凤凰鸟。李商隐诗云：“不知腐鼠成滋味，猜意鹓雏竟未休。”[22]元人王结《贺新郎》词云：“腐鼠饥鸢徒劳吓，回首鹓雏何处。记千古南华妙语。”[23]使用的典故都来自庄子这个故事，在这里庄子自比凤凰鸟，这是楚人的习惯，楚人是崇凤的。汉司马相如《子虚赋》就把鹓雏凤凰，与楚王并列：“其上则有赤猿蠼蝚，鹓雏孔鸾，腾远射干。……楚王乃驾驯驳之驷，乘雕玉之舆，……左乌号之雕弓，右夏服之劲箭。”[24]楚人崇拜凤凰，有荆州出土文物为证，那里的博物馆藏有漆雕虎座立凤、虎座凤架鼓，丝绣图案也有凤斗龙虎纹样。

关键在于庄子是如何讲故事的。如何讲，是对讲什么的精神因子进行编码。庄子说：“南方有鸟，其名鹓雏，子知之乎？夫鹓雏，发于南海，而飞于北海。”[25]这只凤凰是南方的鸟类，“生于南海飞于北海”，跟庄氏家族的根系和迁移轨迹可以合璧。故事是对老朋友惠施讲的，惠施因为促成了魏惠王和齐威王在徐州（不是今徐州，是滕州东南的舒州）相会，互相承认称王，就当了魏国的相二十多年。魏惠王后元一年（公元前 334 年），惠施当相不久，听说庄子要谋他的相位，就在大梁搜查庄子三天三夜。庄子就跟惠施讲了这个猫头鹰用死老鼠来吓凤凰鸟的故事。此事离楚威王元年（公元前339年）派使迎聘庄子，遭到庄子拒绝，才有五年，惠施曾与庄子结伴濠梁观鱼，是知道庄子此事的。庄子的意思是，惠施老友，我是南方的鸟，楚国请我都没有应聘，还会谋你的死老鼠吗？以鸟自喻，是楚人的习俗。庄子的远祖楚庄王解释谜语“有鸟在于阜，三年不蜚不鸣，是何鸟也？”说是“三年不蜚，蜚将冲天。三年不鸣，鸣将惊人”。〔26〕屈原楚辞的《九章·抽思》，自称“有鸟自南兮，来集汉北”。王逸注：“屈原自喻生楚国也。”〔27〕《太平御览》卷九百一十五引《庄子》逸文，有老子叹曰：“吾闻南方有鸟，名为凤，所居积石千里。天为生食。其树名琼枝，高百仞，以璆琳、琅玕为宝。”〔28〕因此庄子以“南方有鸟”的鹓雏自喻，属于楚文化的DNA。

提取的另一个样品，是《庄子·至乐篇》的著名故事“鼓盆而歌”。庄子的老婆死了，惠施去凭吊，看见庄子非常放松地叉着一双脚丫子，敲盆唱歌。以往解释“鼓盆而歌”，就觉得庄子对死亡很超脱，庆祝自然辩证法的胜利。但是从发生学上考察，“鼓盆而歌”是楚国的风俗。《明史》卷二百八十一说：“楚俗，居丧好击鼓歌舞。”〔29〕这种楚国风俗起源非常原始，在唐宋元明的笔记中都有记述，湖北中西部县份和江南许多省县的地方志，都有记载。现在南方农村，尤其是少数民族地区，还可以看到在办丧事时敲锣打鼓、唱歌演戏的风俗。我们文学研究所的书记，湖北恩施人，恩施是湖北西部的土家族居住的地方。我问他，你们家乡还“鼓盆而歌”吗？他说，还“鼓盆而歌”啊，就是人死了之后，找一个道士敲锣打鼓唱歌。湖北神农架地区的《黑暗传》，就是丧礼时请歌师“打丧鼓”，唱出来的。它以生动通俗的七言句子，歌唱着天地开辟、人类起源，盘古、女娲、伏羲，甚至“四游八传神仙歌”。

这就是以地方志、民俗志为原始材料，考察行为发生学。

孟子说："丧祭从先祖。"[30]有两种仪式是不能随便改动的，一是祭祖仪式，一是丧事仪式，这两种仪式必须要遵从祖宗的制度，要不然鬼神不认领。庄子作为一个楚人，死了老婆，按照祖宗的制度，应该怎样办？他应该去请一个巫师，召集亲友，来给他老婆敲锣打鼓唱歌。但是庄子很穷，请不起巫师；流落异邦，举目无亲，所以只好独自敲起盆，唱起歌。惠施是宋人，后来在魏国当官，他不懂楚国风俗，就说，你跟人家结婚生子，现在人家死去了，不哭还鼓盆而歌，太过分了吧。庄子就给他讲了一个道理，他说天地间，开始时本来没有生，也没有形，也没有气。后来在混混沌沌之间变出气来，气聚合起来就是生，气散了就是死，这就像春夏秋冬四时运转，大化流行。他根据楚国的风俗，提炼出天地运行、生命聚散的哲理。把原始的风俗信仰仪式转化为原创思想，这是先秦诸子的一大创造。因此，庄子丧妻，鼓盆而歌，也蕴含着楚文化的DNA。

还可以从《庄子·应帝王篇》中提取浑沌的故事，作为分析的样品。浑沌是中央之帝，天地中心最高的神。南海之帝叫做"儵"，北海之帝叫做"忽"，他们经常在浑沌的地盘上会面，受到浑沌很好的招待。儵和忽就商量怎样报答浑沌的大恩大德，他们说："人都有七窍，用来看、听、吃东西和呼吸，浑沌却没有七窍，我们就试着给他凿出七窍吧。"他们"日凿一窍，七日而浑沌死"。[31]"浑沌"是楚人的信仰。所谓三苗，高诱注《淮南子》、《吕氏春秋》，说是浑沌、穷奇、饕餮，在中原人看来属于凶残的怪物。三苗左洞庭、右彭蠡，在《禹贡》的荆州、扬州之间，江州、鄂州、岳州、长沙、衡阳皆古三苗地。在楚人看来，浑沌却是本土部族的祖先，并且由此衍化成一种族源信仰。浑沌信仰，讲究顺乎自然，融入自然，如果用人工的斧凿，比如知识、技巧、名利的斧凿为之开窍，就可能使混融一体的自然丧失生命。

儵忽，作为南海、北海之帝，它们的词义是迅速得如闪电般奄忽。儵忽，应是楚国方言，中原文献罕见，而《楚辞》中反复出现。《天问》说："雄虺九首，儵忽焉在?"《九章·悲回风》说："据青冥而攄虹兮，遂儵忽而扪天。"《招魂》说："往来儵忽，吞人以益其心些。"《远游》说："神儵忽而不反兮，形枯槁而独留。……视儵忽而无见兮，听惝恍而无闻。"《九辩》说："愿寄言夫流星兮，羌儵忽而难当。"有时"儵"与"忽"二字似断还连，如《九歌·少司命》："悲莫悲兮生别离，乐莫乐兮新相知。荷衣兮蕙带，儵而来兮忽而逝。""儵忽"在先秦时代的《楚辞》六篇中出现了七次。"儵忽"又演变为"倏忽"，《战国策·楚策》记载庄子的本家庄辛对楚襄王说："蜻蛉其小者也，黄雀因是以。俯噣白粒，仰栖茂树，鼓翅奋翼，自以为无患，与人无争也。不知夫公子王孙左挟弹，右摄丸，将加己乎十仞之上，以其颈为招。昼游乎茂树，夕调乎酸咸，倏忽之间，坠于公子之手。"[32]其中寓言的意味，类乎《庄子·山木篇》"螳螂捕蝉，异鹊在后"，而庄周执弹更在其后。属于先秦典籍的《吕氏春秋·仲秋纪·决胜》也出现"倏忽"一词："怯勇无常，倏忽往来，而莫知其方。"[33]但《吕氏春秋》材料来源复杂，吕不韦编书的门客也来自列国，如李斯就当过他的门客。从来源明确的多条证据看，"儵忽"应是楚方言。也就是说，《庄子》浑沌寓言，是以楚方言讲楚人信仰，因此楚文化 DNA 的印记甚深。

检索《庄子》书，可以发现有十几个楚国故事。庄子笔下的楚人，都是很神奇悟道的。这是庄子的祖辈、父辈告诉他的那个遥远的失落了的故乡故事，带有乡愁情结，"月是故乡明"。唐人崔颢的《黄鹤楼》诗云："日暮乡关何处是？烟波江上使人愁。"《北史·庾信传》说："（庾）信虽位望通显，常有乡关之思，乃作《哀江南赋》以致其意。"〔34〕这种乡关之思，在流亡异地的庄氏家族中传承，在《庄子》书中凝聚成异样精彩的乡关故事。

第一个故事"郢匠挥斤"，见于《庄子·徐无鬼篇》。郢，是楚国的首都，郢都一个叫做"石"的工匠，拿着一把大斧头，运转起来像风一般快，"运斤如风"啊，能够把别人鼻子尖上像苍蝇的翅膀那么薄的白泥巴砍掉。这个挥斧的头人很了得，这受斧头的人也很了得，他们简直不是用眼睛，而是听着风声挥舞斧头的。讲述故都工匠的神技，是足以使庄子傲视向他请教这个故事的宋元君的。

第二个故事"痀瘘承蜩"，驼背老人用竹竿抓蝉，见于《庄子·达生篇》。这是孔子在楚国的林野中看见的。孔子看见这位身体有缺陷的老人，用竹竿抓蝉，就像随手捡来一样，就问他是不是"有什么道"。老人说，是有道的。用竹竿去抓蝉，竿子顶上放两个石头丸子，不掉下来，那么他去粘蝉，十有七八能粘下来；如果放三个石头丸子都不掉下来，再去粘蝉，十个能粘下九个；如果竿子顶上放五个丸，都不掉下来，再去粘蝉的话，就像随手拈来一样容易了。自己伸出手臂，就像枯枝一样，虽然天地之大，万物之多，但我只知道蝉的翅膀。用世界上万物来换蝉的翅膀，我都一点也不分心，还有什么理由抓不到蝉呢？孔子称赞，这是"用志不分，乃凝于神"。〔35〕这位楚国老乡不是以敏捷的身手，而是以精神的力量把庄子粘住了。

第三个故事"汉阴抱瓮丈人"，见于《庄子·天地篇》。汉阴，就是汉水的南面，有个老人，凿出隧道，抱瓦瓮到井里，吭哧吭哧地打井水来灌菜园子。子贡问他，为什么不用桔槔打水，那样不是用力少，见效大吗？老人忿然作色，嘲笑说，他听老师讲过："有机械者必有机事，有机事者必有机心。”[36]这是会破坏内心的纯白而使心神不定，道也就丧失了。孔子说，这就是“浑沌氏之术”。[37]这是和《应帝王篇》的浑沌故事一脉相通的。浑沌而称“氏”，可见是从三苗部族首领传下来的。其旨趣就是不要用机巧的东西，破坏自然的混沌状态，不要用机巧的心妨碍道的本源。这种楚人故事，蕴含着相当本色的楚文化 DNA。

然而，庄氏家族流亡到宋国，《庄子》一书又是怎样讲宋国故事呢？庄子笔下的宋人或是很笨拙的，或是机心巧诈的。这是因为庄氏家族未能融入宋国社会，宋国并没有坦诚接纳他们。以庄子的智慧才华，才当个小作坊的记账先生，连衣食温饱都保证不了，所以他对宋人有心理隔阂。

《庄子·逍遥游》说：宋人准备了一批商朝老祖宗的“章甫”帽子而到南方的百越之地去卖，但是越人断发文身，根本就不戴帽子。《逍遥游》还有一则故事，宋国有个家族，发明了一种使手不皲裂的药膏，世世代代都涂上药膏去漂洗棉絮。有个客人想用百金买他们的药方，他们就开家族会议讨论，觉得世世代代漂洗棉絮，就得那么几两金，现在一出手卖药方，就得到一百两金，何乐而不为？结果，那位客人拿着药方游说吴王。碰上越国侵犯吴国，吴王就任命他当将军。冬天打水仗，用药使士兵的手不皲裂，把越人打得大败，受到吴王的裂土封爵。而宋国这班老兄，还在那里洗他们的破棉絮。宋人封闭狭隘，使他们只看到一点蝇头小利，不懂得如何使自己的专利权发挥更大的作用。

还有一个宋国使者曹商的故事，见于《庄子·列御寇篇》。曹商为宋王出使到秦国，带着几辆车去，由于得到秦王的欢心，回来时车子增加到一百辆。他回到宋国就去见庄子，说：“住在贫穷狭窄的巷子里，困顿窘迫地编织草鞋，一副蓬头垢面的模样，这是我曹商所短缺的。一旦使得万乘之主醒悟，得到百辆车子，这就是我曹商的特长了。”庄子说：“秦国的国王有病找医生，能够把他疮里的脓挤出来，可以得一辆车。如果为国王舔他的痔疮，就可以得五辆车，治病的手段越肮脏，得到的车子越多。大概你是经常去舔痔疮吧，不然怎么得到这么多的车子呢？你给我走开吧。”这个故事叫做“吮痈舐痔”，就是阿谀奉承，卑躬屈膝，就如同干着舔痔疮这种恶心的勾当。从这则故事中，可以窥见庄子在宋国穷愁潦倒的生存境地，而逢迎巴结的曹商小人得志，还要跑到庄子面前显摆，这是对其人格尊严的侮辱。这则故事收入《庄子》杂篇，从叙事口吻看，是庄子后学记述的，但后学能从庄子口中听到这个故事，可见庄子对宋国曹商式的人物，是何其深恶痛绝。也就是说，居留在宋国的庄子，与宋国得势人物之间，具有排异性。

实际上，先秦诸子对宋人，都没有太多的好感。这是什么缘故？宋国是一个不太大的“大国”，又是不太小的“小国”，国力介于大国、小国之间，作为周初安置殷遗民，是能够延续商朝香火的地方，地位比较特殊。宋国夹在晋、楚、齐这些大国的中间，常有亡国的威胁，所以它不接受客卿，不敢把权力交给他人，害怕大权旁落。只要清理《左传》的材料，就会发现，宋国掌权人物，都是自己的公族。金朝李汾《感寓述史杂诗五十首》其一赋“苏客卿秦”云：“游说诸侯获上卿，贾人唇舌事纵横。可怜一世痴儿女，争羡腰间六印荣。”〔38〕可见游士客卿也是以唇舌求富贵的，朝秦暮楚，宋人自会提防。还有齐威王、宣王，建稷下学宫，若邹子、田骈、淳于髡，皆号客卿，此类客卿制度，也不是宋国财力能够支持的。

诸子在列国之间流动着，从孔、孟以下，多受过宋人的冷遇或恶遇。游动列国间的诸子，对宋人的封闭性很是反感。孟子的“拔苗助长”，是宋人；韩非子的“守株待兔”，也是宋人。庄子在宋国待了一辈子，以旷世的才华，仅当了个漆园吏，甚至要借粟度日，卖草鞋充当补贴，实在是斯文扫地。因此，庄子对宋人，连他们古里古气的章甫帽，“洴澼絖”的衣服，直至曹商舐痔的做派，都是鄙视或蔑视的。

然而宋国的蒙地，是一个相对偏僻的沼泽地，是大夫宋万弑宋闵公（公元前682年）的蒙泽之地。庄氏家族流亡宋国，落脚于此荒野之地。这倒是给庄子的灵感，提供了许多来自自然生态的资源。对庄子出生的宋国蒙地，进行自然地理学、人文地理学的分析，应能触及庄子灵感得以发生的根源。沼泽地上，草木蒙茸，虫鱼繁生，最宜做梦。在这个地方，庄子做了很多梦，使他成为先秦诸子中写梦最多、最好的一人。在诸子中，庄子的祖师爷老子《道德经》五千言，没有“梦”字。跟庄子同时代的孟子，他虽然姓孟，但是《孟子》三万四千字，一个“梦”字也没有。《论语》有一个“梦”字，就是《述而篇》中孔子感叹：“甚矣吾衰也，久矣吾不复梦见周公。”〔39〕孔子做的是政治梦。朱熹说：“‘梦周公’，‘忘肉味’，‘祭神如神在’，见得圣人真一处。理会一事，便全体在这一事。”〔40〕清人纪晓岚《阅微草堂笔记·滦阳续录三》说：“有念所专注，凝神生象，是为意识所造之梦，孔子梦周公是也。”〔41〕古人绘有《孔子梦周公图》、《庄生梦蝴蝶图》。但是庄子写了十一个梦，他思考着，到底做梦的时候是真的呢，还是醒过来的时候是真的呢？这真实的分界，生命的分界在哪儿呢？庄子做的是生命体验的梦。最有名的是“蝴蝶梦”，《庄子·齐物论》说：“昔者庄周梦为胡蝶，栩栩然胡蝶也，自喻适志与！不知周也。俄然觉，则蘧蘧然周也。不知周之梦为胡蝶与，胡蝶之梦为周与？周与胡蝶，则必有分矣。此之谓物化。”〔42〕到底是庄周梦蝴蝶呢，还是蝴蝶梦庄周？万物就在这种如沐春风的境界中，相互化入化出，实现人与自然的生命交流。明代杂剧《霸亭秋》说：“一枕梦周公，周公不见了。庄生扑蝴蝶，蝴蝶吱吱叫。”[43]这里存在着一种“吱吱叫”的生命呼唤，庄子由此开了一个传统，用梦来体验生命。

湿地风物，使庄子潜入自然，他不是厌烦了城市而回归自然，而是他的生命本来就与自然浑然一体，处于浑沌未凿的生生不息的状态。庄子写了很多稀奇古怪的大树，写了很多活泼精灵的动物。《庄子》中草木虫鱼繁茂，简直是一部博物志，一部“诗化了的博物志”。庄子作为流亡家族的孩子，小时候没有邻居伙伴一块玩，就“独与天地精神往来”。[44]这个“独”字连着庄子的生命形态，他独自一人在深林河沟里来回逛荡，或者在街头上痴迷地看风景。他呆呆地看人家杀猪，燎猪毛，连藏在肥猪腋下的虱子也难逃一劫。或者到摊子上看老头耍猴，说上午给三个橡栗，下午给四个橡栗，猴子不高兴了；改口说上午四个橡栗，下午给三个橡栗，猴子就兴高采烈。他有时去河沟边看鱼群从容出游，或者到深林里看到螳螂捕蝉，异鹊在后。就如庖丁解牛，开头所见无非全牛，三年之后未尝见全牛。牛刀用了十九年矣，解牛数千，刀刃如新。三刀两刀，就撂倒那么大的牛，皮肉像一堆泥土那样摊在地上。然后提刀四顾，踌躇满志。庄子精神的震撼感，是小孩看大人三刀两刀宰掉一头庞然大物的牛的感觉，大人难得有这种感觉。

《庄子·则阳篇》讲了一个蜗牛角上的战争故事，说是蜗牛有两个角，左角是触国，右角是蛮国，经常为争夺土地开战，伏尸数万，追逐败军十五日才收兵回来。蜗牛有两个角，恐怕博学如孔夫子都不知道，因为那时候博物学的知识不发达，没有上过生物课，怎么知道蜗牛有两个角呢？蜗牛的角，平时都缩在蜗牛壳里，要看到蜗牛伸出角来，得等待很长时间。蜗牛两个角左右摆动，就设想是触国和蛮国在打仗，旷日持久，伏尸数万。这是小孩子的想象，大人可能看不见蜗牛有角，看见了也不会把两个角的左右摆动，想象成两个国家在打仗。所以庄子是以天真无邪的赤子之心，体验自然，激活自然的生命，“独与天地精神往来”，自得其乐地跟天地精神玩耍，玩得你中有我，我中有你。庄子的这种思维方式，是河沟里的鱼、草丛里的蝴蝶、树林里的猴子教给他的，不是从家门到校门从书本里学得来的。从小在河沟、草丛、深林逛荡的童年记忆、体验和经历，影响着他终生的哲学、文学思维方式。如果没有这种记忆、体验和经历，长大了之后才到河沟、草丛、深林里面去摸爬滚打，就乐趣顿消，很难感受乐趣了。

通过先秦姓氏制度的考证，获知庄子是楚庄王疏远的旁系后代，这有助于揭示《庄子》一书所蕴含的文化DNA。即便是蒙泽的草木虫鱼，庄子也是以楚人自由无拘束的想象进行体验的。这与中原以礼加以节制的想象方式存在着根本差异。《庄子·人间世篇》与《论语·微子篇》，都记述了楚狂接舆的“凤兮歌”，虽有“凤兮凤兮，何德之衰”的重叠，但《庄子》却多出了“方今之时，仅免刑焉。福轻乎羽，莫之知载；祸重乎地，莫之知避。已乎已乎！临人以德。殆乎殆乎！画地而趋。迷阳迷阳，无伤吾行。吾行却曲，无伤吾足”。[45]可见庄子从国族上，对楚国充满乡愁；但从政治上，觉得楚国“方今之时，仅免刑焉”，甚至要躲避“伤吾行”、“伤吾足”之祸。因此，他拒绝楚威王之聘，是出自政治考虑的。宋人王应麟《困学纪闻》卷十说：“《庄子》楚狂之歌，所谓‘迷阳’，人皆不晓。胡明仲云：荆楚有草，丛生修条，四时发颖。春夏之交，花亦繁丽。条之腴者，大如巨擘，剥而食之，其味甘美。野人呼为‘迷阳’。其肤多刺，故曰‘无伤吾行，无伤吾足’。”[46]可见楚国迷阳草多刺，可以刺伤人脚、阻碍道路。《庄子·则阳篇》写士人游楚，楚王没有接见，他们评议说：“夫楚王之为人也，形尊而严。其于罪也，无赦如虎”[47]，因而主张“其穷也使家人忘其贫”，“其于物也，与之为娱矣；其于人也，乐物之通而保己焉。故或不言而饮人以和，与人并立而使人化。父子之宜，彼其乎归居，而一闲其所施。其于人心者，若是其远也”。[48]这里是否透露了庄子穷而忘贫，娱乐万物，归来过“父子之宜”生活的心愿呢？读《庄子》，自然会感受到庄子胸襟的超旷，但他对政治并非毫不介怀，他对魏国的文侯、武侯、惠王对待士人的态度，观察得很细。如果完全无意于政治仕途，他为何对宋国邻近的魏国历代的政治观察那么细？这样来分析庄子，是可以触摸到他的体温，把握到他的文化上的DNA的。这就是发生学的第一个关键点，对诸子的生命进行验证，弄清楚诸子是谁，为何把书写成这个样子。

二　多方法综合探究诸子知识来源

发生学的第二个关键点，就是以多种方法的综合，深化对诸子的文本和多种材料内在脉络的清理，探究其知识来源。从国族、家族、民俗沉积、文化流动中，通过多重互证，解读和指认诸子文化的DNA。对于解读文化的DNA，前面对庄子的考察，已经颇多涉及。这里着重讨论以多种材料、多种方法进行互证。先秦两汉文献，记述时就存在着价值选择，经历二千年存存废废、集合散逸的颠踬，存在着许多缺失的环节，存在着许多碎片化的想象，缺乏足够的完整性。历史留下来的空白，远远大于历史留下来的记载。不妨设想，春秋从周平王东迁洛邑（公元前770）到周敬王末年（公元前476），几近300年。经孔子整理过的《春秋经》，一万八千字，记述242年。其后有《左传》，十八万字，加起来也就是二十万字，就交代了二三百年的春秋时期，平均一年六百多字，一天摊不到两个字。战国时期材料略多，因缺乏《春秋》、《左传》这样的编年史，年代也就更加纷杂。在如此多事之秋，应有多少人物事件没有记载下来？没有记载下来的人和事，并不等于不存在。尤其是关系到中国文化命脉的先秦诸子，他们起自士的阶层，官位多是不高，其生平行事就很难进入按照官本位的价值观进行记录的官方文献的视野。因此诸子的生命还原和知识探源，就成为学术史上难题中的难题。

历史记载的某种空白处，换用另一种价值观来透视，也许存在着更深刻的历史潜流。因此能够在历史记载中发现有价值的裂缝，并以穷搜极索得来的材料碎片加以缀合，破解空白，弥补裂缝，反而能够发现更深刻的存在。清朝学者毛奇龄在《经问》中说，认为古书没有记载的东西，就不存在，这是最不通的。他说儒家《诗》《书》《礼》《乐》《易》《春秋》六经中，无“髭髯”这两个字，不等于中国人的胡子是到汉代才长出来的。你什么时候关注它，什么时候记载它，跟它存在不存在不是一回事。过度的疑古学者犯了一大忌，他说尧舜是孔子以后假托编造出来的。实际情形是，尧、舜作为古代部族的领袖，早就在民间口头传统中口耳相传了一两千年。司马迁在《史记·五帝本纪》的结尾，以“太史公”的形式提出这个话头：“学者多称五帝，尚矣。然《尚书》独载尧以来；而百家言黄帝，其文不雅驯，荐绅先生难言之。孔子所传宰予问《五帝德》及《帝系姓》，儒者或不传。”[49]孔子系统地谈论这些口传材料，弟子将之记述在案。但是，记述在案的文献，比起口头传统就少了许多，太史公用自己“读万卷书，行万里路”的见闻，证实了这一点：“余尝西至空桐，北过涿鹿，东渐于海，南浮江淮矣，至长老皆各往往称黄帝、尧、舜之处，风教固殊焉，总之不离古文者近是。予观《春秋》、《国语》，其发明《五帝德》、《帝系姓》章矣，顾弟弗深考，其所表见皆不虚。书缺有间矣，其轶乃时时见于他说。非好学深思，心知其意，固难为浅见寡闻道也。余并论次，择其言尤雅者，故著为本纪书首。”〔50〕《史记》这第一篇“太史公曰”，联系上中国土地上久远的口头传统，是值得人们深思的。

先秦诸子的一大创造，就是他们发现并且激活了远比书面传统久远浩瀚的民间传统，以此孵化出具有原型性的原创思想，引发春秋战国时期思想的爆炸式的大突破。没有民间口头传统的参与，典重沉闷的王官知识结构，是很难出现这种千古未见的“道术为天下裂”〔51〕的局面的。孔子整理《尚书》，截断源流而另开源流，从尧舜开始谈道统，把尧舜当作垂拱而治的仁德之政的典范。儒家祖述尧舜，道家到了战国前中期，则由老子上溯黄帝，形成黄老道术。黄老道术走向鼎盛，与齐国临淄的稷下学派关系极大。《史记·孟子荀卿列传》说：“自驺衍与齐之稷下先生，如淳于髡、慎到、环渊、接子、田骈、驺奭之徒，各著书言治乱之事，以干世主，岂可胜道哉！……慎到，赵人。田骈、接子，齐人。环渊，楚人。皆学黄老道德之术，因发明序其指意。”〔52〕老子加上黄帝而形成的这个学派，将所学的黄老道德之术转向“言治乱之事，以干世主”，变成《汉书·艺文志》所说的“历记成败存亡祸福古今之道，然后知秉要执本，清虚以自守，卑弱以自持，此君人南面之术也”。〔53〕这股潮流能够掀起轩然大波，是与富庶大国的倡导支持分不开的。田齐取代姜氏之齐后，齐威王在其父桓公午（公元前375年卒）大墓建成祭祀时作《陈侯因資敦铭》，铭文为徐中舒释读如下：“唯正六月癸未，陈侯因資曰：皇考孝武桓公恭哉，大墓克成。其惟因資扬皇考，绍统高祖黄帝，佅嗣桓文，朝问诸侯，答扬（厥）德。诸侯寅荐吉金，用作孝武桓公祭器敦，以蒸以尝，保有齐邦，（世）万子孙，永为典尚。”〔54〕齐威王以“高祖黄帝”来增加田氏的政治权威，得到威王、宣王资助的稷下先生，当仁不让地推动曾是田齐故乡陈国的老子与齐威王推崇的黄帝相结合的潮流。作为稷下文献集成的《管子》，十分尊崇黄帝，如《任法篇》说：“黄帝之治天下也，其民不引而来，不推而往，不使而成，不禁而止。故黄帝之治也，置法而不变，使民安其法者也。”〔55〕黄、老联手，使形而上的道，衍化出气、理、法、术等术语，谈论刑名治国，谈养生与用兵。

历史的存在和历史的记载是两回事。价值观、时代聚焦、思潮演进，都会对记载的选择发生影响。比如说，先秦文献没有记载屈原，近代学者就依据西方理论，认为屈原是“箭垛式的人物”，出现了“屈原否定说”，否定屈原的存在。但是如果先秦文献中多记屈原，屈原就是达官贵人，不是诗人了。屈原当左徒，是个近臣，不是重臣。重臣靠政绩、战功来支撑，在官本位的官方文献上容易留名；近臣如政治秘书之类，靠君王的信任来支撑，一旦受到疏远，就没有多少势力。近臣连文章、策略都在不署名的形态发挥作用，官方文献自然不会记载。屈原受疏远尤其受流放后，掌握话语权的子兰、子椒、上官大夫也不会记载他，恨不得他的行踪在文字上销声匿迹。我们如果相信屈原不见于战国官方文献，就不存在屈原这个人，那就等于相信了子兰、子椒、上官大夫的话语权。不被官方记载的屈原潜入了民间，忧愤作诗，是以诗来实现他的生命价值的。

司马迁的《屈原列传》是怎样发生的？西汉王朝的创建者刘邦及一同举义的丰沛列侯，都是楚人，因此汉初楚风颇盛，屈原之音不绝。《史记·屈原贾生列传》说：“自屈原沉汨罗后百有余年，汉有贾生，为长沙王太傅，过湘水，投书以吊屈原。”[56]而且载录了贾谊的《吊屈原赋》：“共承嘉惠兮，俟罪长沙。侧闻屈原兮，自沉汨罗。造讬湘流兮，敬吊先生。”[57]贾谊在汉文帝时英年早逝，到“孝武皇帝立，举贾生之孙二人至郡守，而贾嘉最好学，世其家，与余通书”。[58]司马迁是从贾谊的孙子那里得到贾谊的辞赋文章，因而将贾谊的精神脉络与屈原相对接的。《史记·酷吏列传》记载：“长史朱买臣，会稽人也。读《春秋》。庄助使人言买臣，买臣以《楚辞》与助俱幸，侍中，为太中大夫，用事。”[59]朱买臣、严助与司马谈同时，司马谈、司马迁父子，是知道汉武帝好辞赋，因而以《楚辞》作为人才标准，已经纳入职官晋升体制。

楚国郢都被秦将白起攻占之后，屈原的后学宋玉、唐勒之辈，随楚襄王迁徙到寿春，寿春也就成为西汉前期的《楚辞》整理研究中心。《汉书·地理志》记载：“寿春、合肥受南北湖皮革、鲍、木之输，亦一都会也。始楚贤臣屈原被谗放流，作《离骚》诸赋以自伤悼。后有宋玉、唐勒之属慕而述之，皆以显名。汉兴，高祖王兄子濞于吴，招致天下之娱游子弟，枚乘、邹阳、严夫子之徒兴于文、景之际。而淮南王（刘）安亦都寿春，招宾客著书。而吴有严助（即庄助，避东汉明帝刘庄之讳，而改庄为严）、朱买臣，贵显汉朝，……”[60]“（刘安）招致宾客方术之士数千人，作为《内书》二十一篇”，这就是《淮南子》；“安入朝，献所作《内篇》，新出，上爱秘之。使为《离骚传》，旦受诏，日食时上。”[61]司马谈、司马迁父子是得见刘向的《离骚传》的，如《太平御览》卷二百三十五所述：“《汉书》曰：司马喜生谈，谈为太史公。（如淳曰：《汉仪注》，太史公，武帝置位在丞相上。天下计书先上太史公，副上丞相，序事如古《春秋》。迁死，宣帝以其官为令，行太史公文书而已。”[62]太史公爵位不会在丞相之上，但保存文书版本上应在丞相之先。因而《史记》引用了不少《离骚传》的话。

司马迁年青时曾经漫游全国许多地方，考察历史遗迹，搜集地方的和家族的文献，采访民间父老。《史记·太史公自序》说：他“年十岁则诵古文。二十而南游江、淮，上会稽，探禹穴，窥九疑，浮于沅、湘；北涉汶、泗，讲业齐、鲁之都，观孔子之遗风，乡射邹、峄；戹困鄱、薛、彭城，过梁、楚以归”。[63]这个行踪非常弯曲，“南游江、淮”，是去过屈原家乡和从政的地方，以及屈原材料整理研究的中心；“窥九疑，浮于沅、湘；北涉汶、泗”，则到过屈原流放、沉江的遗址，由南折向北，又有与屈原行踪重叠之处。司马迁距离屈原才一百五十年，在上古生活封闭、节奏缓慢的情形下，他是可以接触到屈原有关的建筑、遗迹、书面或口头材料的。太史公曰：“余读《离骚》、《天问》、《招魂》、《哀郢》，悲其志。适长沙，观屈原所自沉渊，未尝不垂涕，想见其为人。”[64]他的《屈原列传》是搜集中央和地方的档案、文献，亲自进行实地调查，因而得出屈原是一个真实的伟大的文化存在的结论。我们是相信这个离屈原才一百五十年的伟大历史学家的判断呢，还是相信离屈原二千余年的学者根据与屈原不搭界的理论所做出的否定性判断呢？这对于头脑清醒的人而言，是不言而喻的。

司马迁著《史记》，依恃着汉武帝时期天下郡国文书，先上太史公的国家制度，“紬（缀集）史记石室金匮之书”[65]，“罔罗天下放失旧闻”[66]，并且进行了许多遗址遗迹的实地调查，从而对先秦官方文献少记或失记的诸子身世行事，呕心沥血地做出了前无古人的记述。太史公所搜集的材料，如果埋藏在地下，将是简帛极品。父子两代编撰这么一部大书，不可能没有纰漏，但从整体而言，它是一部信史，应该获得足够的尊重。疑古的前人，说老子在庄子之后，又说《孙子兵法》为孙膑所著，都是挑战太史公书的。但是湖北荆州郭店竹简出土了三种《老子》，山东临沂的银雀山同时出土了《孙子兵法》和《孙膑兵法》，历史给博学的先生开了个玩笑，证明《史记》的记载具有难以动摇的历史真实性。许多历史现场，还要回到太史公。

《左传》中没有记载孙武。《左传》鲁定公四年（公元前506年），记述的吴楚柏举之战，没有提到孙武。吴国联合蔡国、唐国攻打楚国，顺着淮河上去，突然抛弃自己的船只，与楚军在柏举对峙。吴王阖闾的弟弟夫概不听阖闾的意见，带着五千人以迅雷不及掩耳之势，打乱了楚军的阵脚。等逃跑的楚军一半渡过河去，剩下的一半丧失斗志，从而大败楚军。又乘溃退的楚军在做饭，追上去把他们的饭吃掉，继续追击。只用了十一天千里奔袭，打了五仗，就攻入了楚国的首都。对于这场出奇制胜、以少胜众的著名战役，《左传》提到了伍子胥、太宰嚭，记述了吴王阖闾、王弟夫概，以及楚国领军的令尹、司马，唯独不见孙武的影子。这就授给怀疑的先生以把柄，认为历史上没有孙武此人。历史记载中，为什么孙武缺席？这就需要辨明《左传》的材料来源。《左传》采用的是官方材料，官方记载是以官本位的价值尺度来选择和剪裁史事的，因此功劳簿只记国王、王弟和伍子胥一类的重臣。官低一级，矮人一等，仰着头看的史官，也就看不见孙武了。这是等级森严时代的历史记载的惯例，历来如此。倒是我们的疑古先生步古史官的后尘，依然不愿把仰着头看改为平视，也就认为历史上无孙武了。孙武只是一个军事专家，一个参谋，是个客卿。孙武直到死都是吴国的客卿，而非一二品大员，与辅助吴王阖闾上台的重臣伍子胥在官阶上难以并肩。东汉袁康《越绝书》卷二记载：吴国首都“巫门外大冢，吴王客齐孙武冢也，去县十里。善为兵法”。[67]我们虽然把孙武、孙膑区分为吴孙子、齐孙子，但是从吴人看来，孙武还是齐孙武，只不过是“吴王客”。因此官方史籍未予记载，是可以想知的。

然而诸子书的价值尺度不同，它不是以官位，而是以真才实学和历史作用衡量人物，也就不会忘记孙武了。战国末年的《尉缭子》说：有提十万之众，而天下莫敢当者，是谁呢？是齐桓公；有提七万之众，而天下莫敢当者，是谁呢？是吴起；有提三万之众，而天下莫敢当者，是谁呢？是孙武子。柏举之战，吴军就是以三万之众，大败楚军二十万之众的。《韩非子·五蠹篇》里面也讲，“境内皆言兵”，国家境内到处都在谈论用兵，“藏孙、吴之书者家有之”。[68]兵家、思想家的书，都把孙武放在非常重要的位置。《史记》将孙武、吴起合传，是突破以官职论人物的高低的价值框架的。

其实只要对《左传》本文进行细读，也可以感受到吴楚柏举之战与春秋许多战争存在着实质性的差异。从夫概的言论和战法来看，处处闪动着孙武的影子。孙武作为客卿参谋，不一定就在阖闾的身边，他可能处在前锋，时时为夫概出谋划策。比如夫概分析楚军主将不仁失众，就符合《孙子兵法》的“知彼知己，百战不殆”（《谋攻篇》，夫概主张速战速决，也符合“其用战也胜，久则钝兵挫锐”（《作战篇》），“攻其不备，出其不意”（《计篇》）。夫概的速战提议得不到阖闾的允许，就说：“所谓‘臣义而行，不待命’者，其此之谓也。今日我死，楚可入也。”这些话与孙武练女兵时说的“将在军，君命有所不受”，如出一辙。夫概追击楚军可谓“其疾如风”，但追到清发水时，却主张等对方半渡，才发起攻击，夫概的理由是：“困兽犹斗，况人乎？若知不免而致死，必败我。若使先济者知免，后者慕之，蔑有斗心矣。半济而后可击也。”这也是孙武“穷寇勿迫”（《军争篇》），以及“所谓古之善用兵者，能使敌人前后不相及，众寡不相恃，贵贱不相救，上下不相收，卒离而不集，兵合而不齐”（《九地篇》）思想的运用。其后穷追猛打，十一天就攻占郢都，确实做到了“凡战者，以正合，以奇胜。故善出奇者，无穷如天地，不竭如江河”，“激水之疾，至于漂石者，势也；鸷鸟之疾，至于毁折者，节也”（《势篇》）。这个柏举之战，实现了孙武“夫兵形象水，水之形，避高而趋下；兵之形，避实而击虚。水因地而制流，兵因敌而制胜。故兵无常势，水无常形；能因敌变化而取胜者，谓之神”（《虚实篇》）的大智慧。可以说，柏举之战是孙武军事思想和谋略的一次大演习。《左传》没有记载孙武，但它所记载的柏举之战，却处处有孙武。孙武处在夫概的前锋位置，其后夫概率先回吴国称王，被阖闾回师打败而流亡楚国北部的堂溪，自此孙武也像云龙见首不见尾一样，不明去处了。

《史记》记孙武，除了大力渲染他操练女兵而斩二爱姬之外，对孙武的身世仅是寥寥数语：“孙子武者，齐人也。以兵法见于吴王阖闾。”〔69〕并没有交代他的祖宗脉络。大概先秦文献少载孙武身世，太史公远游吴越也只是探访了春申君故城，及“上会稽，探禹穴”，并未找到孙武后人及其家族谱牒，到齐地，虽然知道孙武死后百余岁有孙膑，但孙膑可能出自孙武祖父传下的另一支，说“膑亦孙武之后世子孙也”〔70〕，可能也是未见孙氏谱牒的臆测之词。既然孙子身世材料散失，那么我们研究《孙子兵法》，又如何触摸孙武的体温？年富力强的孙武，此前并无战争经历的记载，为何他见吴王阖闾，就拿出了《十三篇》。银雀山竹简已出现“十三篇”一词，可知《史记》所载，具有可靠性。十三篇的《孙子兵法》一出手，竟然成为千古的兵家圣典，原因何在？

摆在我们面前的问题，是如何看待、解释和弥补历史记载的这个空白。《老子》第五章说："天地之间，其犹橐钥乎！"天地之间就像一个大风箱，你把住它的把儿，鼓动它的皮囊，推移它的活塞，才能鼓出风来；要这个风箱有意义，能发挥鼓风的功能，它的中间应该是空的，不能是实心的。有空白，风箱才能打出气来，空白的意义具有关键性。研究先秦诸子的发生学，必须注意这种历史失载的有意义的空白，甚至要建立一种"空白的哲学"。研究先秦诸子发生学，有必要从文献处入手，在空白处运思，致力于破解空白的深层意义，这就是"哲学的文献学"的妙用。空白对于方法的汇通，提出更高的要求。我们面对空白，要尽可能寻找蛛丝马迹，从缀合可能搜得的材料碎片上，进入先秦诸子的生命本质。这就要动员文献学、考古学、姓氏学、谱系学、文化人类学、人文地理学等多学科的材料，交叉使用各种方法，寻找钥匙，打开诸子的生命密码。

清代学者孙星衍自认是孙武的真后裔，而追溯"孙子盖陈书之后。陈书见《春秋传》，称孙书。《姓氏书》以为景公赐姓，言非无本。又泰山新出《孙夫人碑》，亦云与齐同姓"。[71]关于孙武家世，还可以参看《新唐书·宰相世系三下》："孙氏出自姬姓。……又有出自妫姓。齐田完字敬仲，四世孙桓子无宇，无宇二子：恒、书。书字子占，齐大夫，伐莒有功，景公赐姓孙氏，食采于乐安。生凭，字起宗，齐卿。凭生武，字长卿，以田、鲍四族谋为乱，奔吴，为将军。三子：驰、明、敌。明食采于富春，自是世为富春人。"[72]孙氏出自田完家族。陈宣公二十一年（公元前672年），陈国发生了宫廷斗争，田完担心受到牵连，逃到齐国，当了齐桓公的工正。这个家族经过了十代的发展，势力强盛，最终田太公和于十八年（公元前387年）获周天子允列为诸侯，取代了原来姜子牙的齐国，变成了田齐。孙武是田完家族的七世孙，《左传》鲁昭公十九年（公元前523年）记载了孙武的祖父孙书。这年秋天齐国讨伐东夷部族的莒国，莒国的国君逃到纪鄣（今山东日照市西南的安东卫故城），就派孙书攻打纪鄣。城里有位老寡妇，因为丈夫被莒国的国君杀死了，就住在这个小城邑里，天天纺织麻绳，到了麻绳长度和城墙高度相等，就收藏起来。等到孙书军临城下，她就把麻绳扔出城外。孙书获得麻绳，夜里就派军队攀着麻绳登城。登上六十人，麻绳断了。这六十人和外面攻城的军队，击鼓呐喊，把莒国的国君吓懵了，不知进来多少人，就打开西门逃跑了，齐军就开进城来。因为这项战功，齐景公赐陈书姓孙。所以《孙子兵法》说，“兵以诈立，以利动，以分合为变者也。故其疾如风，其徐如林，侵掠如火，不动如山，难知如阴，动如雷震。掠乡分众，廓地分利，悬权而动。先知迂直之计者胜，此军争之法也”[73]，就与纪鄣战例的经验有关。而且《孙子兵法》第十三篇《用间篇》就很独特，专门写反间计和信息情报，内奸、暗线，对于打仗时了解敌情，有特殊的重要性。哪本兵书把反间计作为专门一章来写？就是孙武子。信息时代的战争，空中的情报卫星，低空的预警机，都是关键。孙武实在有先见之明，知道信息的高度重要性，纪鄣城的老太太比照城墙的高度纺麻绳，实际上这个内线把情报数据化了。

《孙子兵法》的家族记忆，渗透得相当广泛。田氏家族，发展到四五代之后，已经是非常强势的政治军事家族。比如田常弒君，就是这个家族的六世孙所为。考察《孙子兵法》的家族文化基因时，我们绝对不要忘记，另外一位和孙武的祖父孙书同辈的一个大军事家，叫司马穰苴，《史记》卷六十四是《司马穰苴列传》。司马穰苴就是田穰苴，“司马穰苴者，田完之苗裔也”[74]；因为他当了大司马，由官爵得氏，称作司马穰苴。司马穰苴是一个杰出的将才，身后“齐威王使大夫追论古者《司马兵法》而附穰苴于其中，因号曰《司马穰苴兵法》”。[75]孙武虽然没有看到《司马穰苴兵法》，但作为家族长辈、军事名人的司马穰苴，以其军事思想和行军谋略，深刻地影响了这个家族的子弟。齐景公时期受到了晋国和燕国的威胁，常打败仗，晏子就建议齐景公起用田穰苴，说他“文能附众，武能威敌”。齐景公担心田氏家族的势力已经很大，再启用一个将军，那还得了！田穰苴接任将军时，可能是为了消除齐景公的戒心，就说：我本来卑贱，如此破格提拔，实在是“人微权轻”，请求派一位宠臣来做监军。结果就派了宠臣庄贾，大概也是庄子那个家族流落到齐国的。本来约定次日午时到军门会合，商量出兵的事宜，但庄贾依宠卖宠，应酬亲戚朋友的酒席，弄到晚上才来。司马穰苴就问军法官，这该怎么处理，军法官说“当斩”，司马穰苴就下令推出去杀掉，“三军之士皆振栗”。要斩宠臣，那可不得了，齐景公知道后马上派使者骑马持节来制止，司马穰苴说：“将在军，君令有所不受。”[76]连闯法场使者的跟班也杀掉了。

司马穰苴杀宠臣的话，跟孙武杀吴王的两个宠姬的话除了“君命”变作“君令”之外，是一模一样的。《史记》卷六十四《司马穰苴列传》里的这句话，在卷六十五《孙子吴起列传》里又出现，似乎《史记》用语重复，实际上它们属于同一个家族的军事思想。“将在外，君命有所不受”，是《孙子兵法》中一个大的道理，因为孙武和这个将门世家觉得，将军跟国王的关系，是战争中的最重要的关系之一。“将听吾计，用之必胜，留之；将不听吾计，用之必败，去之”[77]，在孙武向吴王阖闾上“十三篇”时，在第一篇中就有言在先。就是说你给不给这个权力给我，在战场上我能不能够指挥，假如国君在朝廷里听风是雨，指手画脚，使将军在战场上不能随机应变，出奇制胜，对于“凡用兵之法，将受命于君，合军聚众，交和而舍，莫难于军争”[78]而言，会是极大的掣肘。“将在外，君命有所不受”，这是说给吴王阖闾听的，听我的就能打胜仗，我就留下来；不听我的，就会打败仗，我不留。孙武为什么杀了两个宠姬，好像是血淋淋的，其实这是君命有所不受，我就是要行使作为一个将军的权力的象征性事件。孙武是从齐国来的客卿，住在富春江附近，观察着吴、越、楚诸国的动向。他不是重臣伍子胥，成了吴国的左膀右臂。你不接受我这一套，自有其他国家可以选择，是鸟择林，不是林择鸟。所以要突出强调“将在军，君命有所不受”的原则。在《史记》六十四卷和六十五卷同时出现的这句话，是一个军事家族的信条，它把孙武和司马穰苴串连在一起了。

进而考察司马穰苴的治军和作战思想，也作为家族文化基因，植入了《孙子兵法》。司马穰苴“文能附众，武能威敌”，跟《孙子兵法》“令之以文，齐之以武”（《行军篇》）的治军思想，是相通的。而司马穰苴带军队，士卒住下来时，就去检查伙食、井和灶弄好了没有，有没有生病的，亲自过问和操持。自己领到军粮资给，就和士兵平分，尤其照顾病弱者。这跟《孙子兵法》里“善养士卒”的思想是一致的。《地形篇》还讲到，将帅看士兵像自己的婴孩，就可以和他们赴汤蹈火；将帅看那士兵像自己的爱子，就可以和他们同生共死，都与司马穰苴的治兵原则存在着渊源关系。家族记忆，长辈成功的典范，就成为《孙子兵法》字里行间的精神气脉。

孙书和司马穰苴的治军和作战，发生在孙武的童年或少年时期，童年的记忆和经验，影响人的终生。如此一个政治军事世家，平时的家教、庭训和讨论，也是润物细无声地成为渗透子弟心田的家学。分析《孙子兵法》文本可知，这个军事家族关注的战争，涵盖齐国跟邻国的战争，也拓展到齐、晋、秦、楚四个大国之间的决定存亡兴衰的重要战争。这就使得《孙子兵法》成为春秋中后期百余年间战争的血的经验和智慧的结晶，成为一个元气深厚、正在上升，而又纠结着几大家族势力争斗的军事世家的经验和智慧的升华。“春秋无义战”，被转化为“春秋出奇书”。

比如齐鲁长勺之战（鲁庄公十年，公元前 684 年），曹刿在战前“问何以战”，触及民众衣食、祭祀诚信、断狱以情等战前准备问题，于交战之后讨论制胜原因，又说：“夫战，勇气也，一鼓作气，再而衰，三而竭。彼竭我盈，故克之。”〔79〕长勺之战是齐桓公时期被鲁国打败的一场战争，十二年后田完才奔齐。但齐鲁常互相挑衅，因此田氏或孙氏家族是不会不对此战役进行研究的。如曹刿首先“问何以战”一样，《孙子兵法》开头的《计篇》也讨论：“经之以五事，校之以计而索其情：一曰道，二曰天，三曰地，四曰将，五曰法。道者，令民与上同意也，故可以与之死，可以与之生，而不畏危。”〔80〕至于讨论战争中勇气的作用，“一鼓作气，再而衰，三而竭”。这种以气论战的思想，在《孙子兵法》中也很醒目，他讲战争，非常重视气，《军争篇》云：“三军可夺气，将军可夺心。是故朝气锐，昼气惰，暮气归。故善用兵者，避其锐气，击其惰归，此治气者也。……无邀正正之旗，勿击堂堂之阵，此治变者也。”〔81〕孙氏家族不可能无视曹刿论战中的“气论”，这种气论曾经在一百多年前，使鲁国把握战机，挫败了正在崛起的春秋五霸之首齐桓公。

《史记·秦本纪》记载：秦穆公三十二年（公元前 628 年），“郑人有卖郑于秦曰：‘我主其城门，郑可袭也。’缪公问蹇叔、百里傒，对曰：‘径数国千里而袭人，希有得利者。且人卖郑，庸知我国人不有以我情告郑者乎？不可。’缪公曰：‘子不知也，吾已决矣。’遂发兵，使百里傒子孟明视，蹇叔子西乞术及白乙丙将兵。”[82]《史记·晋世家》接着记载：“十二月，秦兵过我郊。（晋）襄公元年（公元前627年）春，秦师过周，无礼，王孙满讥之。兵至滑，郑贾人弦高将市于周，遇之，以十二牛劳秦师。秦师惊而还，灭滑而去。晋先轸曰：‘秦伯不用蹇叔，反其众心，此可击。’……四月，败秦师于殽，虏秦三将孟明视、西乞秫、白乙丙以归。”[83]这就是秦人“千里而袭郑、灭滑”，被晋师及姜戎在殽打败，三帅被擒的战例。应该说，这场远征而损兵折将的大国战争，也在孙氏家族讨论之列。《孙子兵法·军争篇》分析：“是故卷甲而趋，日夜不处，倍道兼行，百里而争利，则擒三将军。……五十里而争利，则蹶上将军。”[84]原因在于“不知诸侯之谋者，不能豫交。不知山林、险阻、沮泽之形者，不能行军。不用乡导者，不能得地利”。[85]

总而言之，《孙子兵法》固然出自旷世天才对战争谋略和军事哲学的远见卓识，但这种远见卓识并非无源之水、无本之木，而是深深地扎根于一个强势上升的政治军事家族的经验、智慧和文化基因，又广泛地汲取春秋时期列国战争的成败得失的丰沛源泉。对于《孙子兵法》大智慧的发生学，不能空泛地视之为纸上谈兵，而应该充分地发掘上述三个维度的思想文化和战争实践的丰富资源和转化提升的思想方法。孙氏家族的军事家学是一个非常的存在。百年后的孙膑也是军事史上闪闪发光的人物。魏国是战国初期大量继承晋国遗产的强国，但孙膑竟在齐威王四年（公元前353年）围魏救赵，大败魏军于桂陵；其后齐威王十六年（公元前341年），更致命地大败魏军于马陵，使魏国实力猛然衰落。《史记·孙子吴起列传》记载后一次战役：“魏与赵攻韩，韩告急于齐。齐使田忌将而往，直走大梁。魏将庞涓闻之，去韩而归，齐军既已过而西矣。孙子谓田忌曰：‘彼三晋之兵素悍勇而轻齐，齐号为怯，善战者因其势而利导之。兵法，百里而趣利者蹶上将，五十里而趣利者军半至。使齐军入魏地为十万灶，明日为五万灶，又明日为三万灶。’庞涓行三日，大喜，曰：‘我固知齐军怯，入吾地三日，士卒亡者过半矣。’乃弃其步军，与其轻锐倍日并行逐之。孙子度其行，暮当至马陵。马陵道狭，而旁多阻隘，可伏兵，乃斫大树白而书之曰：‘庞涓死于此树之下。’于是令齐军善射者万弩，夹道而伏，期曰‘暮见火举而俱发’。庞涓果夜至斫木下，见白书，乃钻火烛之。读其书未毕，齐军万弩俱发，魏军大乱相失。庞涓自知智穷兵败，乃自刭，曰：‘遂成竖子之名。’齐因乘胜尽破其军，虏魏太子申以归。孙膑以此名显天下，世传其兵法。”〔86〕前面孙膑引述的“兵法”，是《孙子兵法》；后面说的“世传其兵法”，是《孙膑兵法》。有些博学的老先生，把二者弄混了，甚至考证《孙子兵法》是孙膑写的。山东临沂银雀山汉墓出土了竹简本《孙子兵法》和《孙膑兵法》。竹简本《孙膑兵法·八阵篇》有云：“孙子曰：知〔智〕不足，将兵，自侍〔恃〕也。勇不足，将兵，自广也。不知道，数战不足，将兵，幸也。夫安万乘国，广万乘王，全万乘之民命者，唯知‘道’者，上知天之道，下知地之理，内得其民之心，外知敌之请（情），陈则知八陈之经，见胜而战，弗见而诤。此王者之将也。”〔87〕这是与《孙子兵法·计篇》“经之以五事”：道、天、地、将、法，而以“道”居首，是一脉相承的。唐人杜佑《通典》卷一百六十一说：“战国齐将孙膑谓齐王曰：‘凡伐国之道，攻心为上，务先服其心。今秦之所恃为心者，燕、赵之权。今说燕、赵之君，勿虚言空辞，必将以实利以回其心，所谓攻其心也。’”〔88〕《太平御览》卷二百八十二则谓此语出自《战国策》。“凡伐国之道，攻心为上”〔89〕，包含着深刻的战略思想。《资治通鉴》卷七十记载：“汉诸葛亮率众讨雍闿等，参军马谡送之数十里。亮曰：‘虽共谋之历年，今可更惠良规。’谡曰：‘南中恃其险远，不服久矣。虽今日破之，明日复反耳。

今公方倾国北伐以事强贼，彼知官势内虚，其叛亦速。若殄尽遗类以除后患，既非仁者之情，且又不可仓卒也。夫用兵之道，攻心为上，攻城为下，心战为上，兵战为下，愿公服其心而已。'亮纳其言。"[90]马谡为诸葛亮采纳的"攻心为上"，源自孙膑。

从孙武的柏举之战（公元前506年），到孙膑的桂陵之战（公元前353年），相隔一百五十三年，大概相隔五代人。孙武是"以田、鲍四族谋为乱，奔吴"的。《史记·司马穰苴列传》记载，穰苴打败晋国和燕国，凯旋归来，"景公与诸大夫郊迎，劳师成礼，然后反归寝。既见穰苴，尊为大司马。田氏日以益尊于齐。已而大夫鲍氏、高、国之属害之，谮于景公。景公退穰苴，苴发疾而死。田乞、田豹之徒由此怨高、国等。其后及田常杀简公，尽灭高子、国子之族。"[91]孙武离开齐国南下，大概在司马穰苴病死，属于孙武祖辈的田乞怨恨高氏、国氏的时候，因而年纪很轻，他出现在史书上的最早编年，是吴王阖闾三年（公元前512年），他劝阖闾不要急于攻打楚国郢都："民劳，未可，且待之。"[92]这是《史记·伍子胥列传》的记载，六年后，才发动柏举之战。孙武有三子，孙明一系留在富春江一带，"自是世为富春人"。另外二子孙驰、孙敌，是否回归齐国临淄北的乐安，并无交代。孙膑可能是留在齐国的孙氏后裔，或是孙书的七世孙，但说"膑亦孙武之后世子孙也"，缺乏证据。

三　发现诸子以生命拥抱文化的深层意义

诸子发生学的第三个关键点，就是在深化清理大国文化根基的基础上，发现诸子以生命拥抱文化的深层意义，揭示中国智慧的独特风貌和原创的专利权。发生学既是知识的发生，又是意义的发生，没有新的意义发生，也就谈不上诸子学。我们探讨诸子知识发生时，已经对诸子做多维研究方法的会通，来直接解读诸子的本质、生命和意义。今日中国处在对待传统文化，尤其是诸子思想文化的认知态度，进行根本性转型的时代。在大国文化建设的新境界上，重读诸子书，就有必要既在批判中有兼容，兼容中有批判，承传中有超越，超越中有承传，把现代意识、科学精神和原创精神结合起来。我们对诸子的文化态度，跟清以前的人，清人，甚至跟民国时候的人，都会出现诸多根本性的不同。当把握世界的角度和方式发生变化，被发现和把握到的世界就大不相同。诸子作为原型思想储量极丰的世界，它永远处在不断被发现的过程中。

重要的是，我们要以博大的胸怀、敬重的态度、实事求是的思想方法、深耕细作的工作方式，直指本源，激活生命，深入地把握古代哲人的原创意义，以尽可能充分地揭示古今共享、中外互通的智慧。不能简单地采取崇圣非圣或对诸子划阶级成分的态度，停留在浮面地套用或左或右的条条框框的方法，也不能抱残守缺，不辨是非地拘守老师大儒的成见。比如说，清以前的人，是崇拜圣人的，他们大体采用注疏来表述思想，注解经书讲求“注不违经”，疏讲经注又讲究“疏不破注”，一环套一环，纹丝不动地把自己的思想装入圣贤设计好的框套中，并没有想到要用另一个创造性的思想体系，与圣贤进行寻根究底的对话。

清代学术，按王国维的说法，清初顾炎武他们的学术特点是大，乾嘉学术的特点是精，道光咸丰以后学术的特点是新。有清一代的学术，都是在发现前代的短处时，适应时代情境而求变化和深化的。清代学术确实有许多超迈前人的建树，文字训诂、版本校勘、经籍彙注、群书辑佚，都取得了巨大的成绩。尤其对于乾嘉诸老，今人仰脖子久矣，简直把脖了都仰酸了。我们当然要尊重清学，继承清学，但并不是说，清学就止于至善，没有缺陷和短板。发现前代学术的缺陷和短板，才能开拓现代学术的存在和发展的空间。清学的缺陷在于对传统文化的深层意义，缺乏系统性的创新发掘。这也难怪，第一，他们回避民族问题，不敢讲民族问题，这是因为他们的统治者是少数民族，乾隆年间编《四库全书》，把所有的"胡"字都改掉，至今研究少数民族的问题不能以《四库全书》的版本为依据。清人避开说"胡"话，因为讲华夷问题，容易招来"文字狱"的横祸。吕留良讲了，即便人死了，还要剖棺断尸，因此清人对民族问题噤若寒蝉。但是中华民族这个共同体的发生和形成，不讲民族问题，就无法讲清楚。第二是民间问题，口头传统的问题。在清人看来，只有经史足以凭信，民间口头传统的知识，多是假托或不雅驯，为缙绅所不言。但根据牛津大学一个研究室对语言基因变异的研究，十二万年前人类就会说话了。人类有文字才五千年，殷墟甲骨文三千三百年，长期以来文字掌握在极少数的贵族、巫史的手中，绝大多数人不懂文字，不能写作。因而在漫长的年代，尤其是没有文字的年代，或有文字但还被贵族、巫史垄断的年代，大量文学文化现象，存在于民间，流传于口耳之间。如果只看经史文献，就只是看到橱窗里的水果，只有结合民间传统来看，才能发现水果从下种、发芽、成树，直至开花结果的完整的生命过程，过程有时候比结果更重要。第三个问题，就是这一百年的考古发现，清人没有我们幸运，能够在出土文物文献渐多的时候，对上古经籍的真伪和成书过程，进行科学的把握。所以对于前代学术，要有理性分析，继承他们丰厚的成果，同时看出他们的严重的缺陷。如果看不到缺陷，就找不出自己的原创空间，学术不是靠整天仰脖子的，千里之行始于足下，迈开自己的步伐，才能在学术史上留下自己的脚印。

"五四"以后的学术前辈，多是今人的老师或师爷，许多人出自他们的门庭，这就更需要今人培养脱离他们窠臼的自觉性。民国学术开始跳出崇圣的思路，在吸收外来思潮和知识中，实现中国学术的现代转型。他们在推开传统、创立新学科、化解板结的知识结构、重开学术局面和模样上，都有出色的表现。但是民国学者热衷疑古，通过怀疑来打开创新的大门。这就会使一种倾向掩盖另一种倾向：过度疑古。他们在颠覆传统的时候，依恃自己对宋元以后版本的丰厚知识，误以为战国秦汉的书籍也是一样的版本形态，结果把汉人整理战国典籍留下的某些痕迹，统统斥之为古人作伪，弄得伪书满目，在相当程度上瓦解了传统知识真实的权威性，使包括诸子在内的知识系统碎片化了。这就对诸子发生学的研究，古籍生命的还原研究，留下不少偏斜凌乱的症结。如今我们要用现代大国的心态来辨析历史文化的根脉，就要恢复对它们的应有的尊重，如实地摸清楚我们文化根子的生生不息的生命力。如果采取这么一种心态，就会有许多疑难问题和文化史公案浮出水面来。

《论语》是深刻影响中国思想文化核心的儒家经典，也是孔子和他的弟子留下生命痕迹最多的一部经典。应该如何考察《论语》的本质意义和生命痕迹？《论语》不是孔子亲自写的，而是孔子的弟子和再传弟子回忆编纂的，这一点大家没有异议。那么这就必然引导出两个问题：第一，既是弟子回忆，就必然包含着弟子对老师的理解和选择，同样一堂课，一百个人做笔记，就是一百个样子。这是记忆心理学的常识。第二，既然是弟子和再传弟子编纂，谁负主编责任就成了一个关键。因为孔夫子以后逐渐出现"儒分为八"的局面，儒家八派潜伏期的思想选择的差异，就会在《论语》编纂中留下痕迹。《韩非子·显学篇》把问题提得相当尖锐："世之显学，儒、墨也。儒之所至，孔丘也。墨之所至，墨翟也。自孔子之死也，有子张之儒，有子思之儒，有颜氏之儒，有孟氏之儒，有漆雕氏之儒，有仲良氏之儒，有孙氏之儒，有乐正氏之儒。……故孔、墨之后，儒分为八，墨离为三，取舍相反不同，而皆自谓真孔、墨。孔、墨不可复生，将谁使定后世之学乎？”〔93〕韩非是站在旁观者、反对者的立场上讨论儒、墨的，所说的儒家八派可能是他对战国晚期儒学态势的概括，不一定都适合《论语》编纂时期。但他已经看到“取舍相反不同，而皆自谓真孔、墨”〔94〕的现象，负《论语》编纂责任的弟子对材料是有所取舍的，甚至取舍中出现“相反不同”，这不能简单地看成心术不正，因为编纂者认为他们这样处理，是由于他们最知“真孔子”，最能传承孔子的道统。

孔学是孔子及其弟子门人共同智慧的结晶，他们是一个充满内在张力的思想文化共同体。弟子中谁来牵头编《论语》，是带有他自身的价值观的。“零价值”是在制造圣人，价值相对性是把圣贤如实地看作平常人，尽管是充满智慧的平常人。《论语》是何时启动编纂的？《汉书·艺文志》说：“《论语》者，孔子应答弟子，时人及弟子相与言而接闻于夫子之语也。当时弟子各有所记。夫子既卒，门人相与辑而论纂，故谓之《论语》。”〔95〕班固著《艺文志》，取材于刘向、刘歆，他们认为《论语》启动编纂，是在“夫子既卒”时，也就是众弟子为孔子庐墓守心孝的三年（二十五月）间，过了这段时间，是不能以“夫子既卒”来界定时间的。

但是柳宗元《论语辩》中提出：“孔子弟子，曾参最少，少孔子四十六岁。曾子老而死。是书记曾子之死，则去孔子也远矣。曾子之死，孔子弟子略无存者矣。吾意曾子弟子之为之也。何哉？且是书载弟子必以字，独曾子、有子不然。由是言之，弟子之号之也。然则有子何以称‘子’？曰：孔子之殁也，诸弟子以有子为似夫子，立而师之。其后不能对诸子之问，乃叱避而退，……则固尝有师之号矣。今所记独曾子最后死，余是以知之。盖乐正子春、子思之徒（二人为曾子弟子）与为之尔。或曰：孔子弟子尝杂记其言，然而卒成其书者，曾氏之徒也。”[96]柳宗元的说法，为二程朱熹等宋儒接受，如朱熹《论语序说》引程子曰：“《论语》之书，成于有子、曾子之门人，故其书独二子以‘子’称。”[97]柳氏、二程、朱熹的判断，是有根据的。因为《论语·泰伯篇》记述了曾子临终的两段话，其中一段是曾子言曰：“鸟之将死，其鸣也哀。人之将死，其言也善。”[98]这是《论语》中时间最晚的材料。

曾子比孔子小四十六岁，又比孔子多活了一岁，卒于鲁悼公三十五年（公元前432年），距离孔子的卒年鲁哀公十六年（公元前479年），将近五十年，已进入了战国的前期，是绝对不能说成“夫子既卒”的。汉儒与宋儒在《论语》编纂年代上，存在着五十年的裂缝，裂缝中隐藏着《论语》编纂过程的何等秘密？从《论语》的结构体例和文字安排中寻找生命痕迹，发现汉儒的说法也是有根据的，而且有更深层次的根据。

汉人认为《论语》编纂在“夫子既卒”时启动，也就是第一次编纂发生在众弟子庐墓守心孝的鲁哀公十六至十八年（公元前479—前477年）。证据之一是，《论语》中材料最多、最鲜活、最有现场感的，是谁？是子路、颜回。子路、颜回先孔子一二年而死，众弟子回忆孔子时，也就七嘴八舌地回忆起这两位师兄，而且毫无顾忌。由于颜回、子路活着时，孔子还健在，他们也就没能开门授徒，自立门庭，没有私家弟子。如果五十年后，靠别人的弟子去回忆，是做不到子路、颜回材料最多、最鲜活、最有现场感的。如果只是曾子弟子一次编成，那无论如何不可能使他们的材料比曾子的材料多上几倍。

证据之二是，《论语·先进篇》“四科十哲”的名单里没有曾子。孔门分四科，“德行”、“言语”、“政事”、“文学”。德行：颜渊，闵子骞，冉伯牛，仲弓。言语：宰我，子贡。政事：冉有，季路。文学：子游，子夏。这十个哲人的名单非常重要，汉代以后陪同孔子一块祭祀，孔子晋升文宣王之后，十哲之首的颜回晋升为公，其余就如封了侯，曾子以下只能当伯。注《孝经》的唐玄宗为此作《追谥孔子十哲并升曾子四科诏》。宋儒程颢对此相当恼火，说："曾子传道而不与焉，故知十哲，世俗之论也。"[99]在十哲名单中，弟子均称字，如颜渊、仲弓、子贡之类，同辈或是晚辈对长辈的才称字，老师对弟子则称名不称字，因而显然不是孔子定的名单。朱熹也看出如此称呼的特别处，他在一封答疑的书信中说："非孔子之言，故皆字而不名，与上文不当相属。"但又是谁定的这些名单呢？你说是曾子的弟子编的，十哲没有曾子，怎么能说是曾子的弟子编的呢？难道曾子的弟子这么糊涂，竟然在十哲名单中遗漏了自己的老师？后世讲孔门孔学，顺序是孔、孟、颜、曾，把亚圣孟子拉进来，七十子中颜回以下就轮到曾子，曾子在弟子中传道统排在第二。结果十个人的名单也没有曾子，这怎么交代过去啊！说是曾子弟子编《论语》，那么"参也鲁"，说曾参是很愚鲁的，也是曾子弟子编进去的吗？在上述答疑的书信中，朱熹还说："或曰：《论语》之书出于曾子、有子之门人。然则二子不在品题之列者，岂非门人尊师之意欤？四科皆从于陈蔡者，故记者因夫子不及门之叹而列之。"[100]朱熹虽然提出这个问题，但他并没有深究四科十哲的名单出自谁手。因此"十哲无曾"，也没有有子，是一个悬而未决的大公案。它说明《论语》这个名单，在有子、曾子弟子参与编纂之前，就已经存在，是第一次编纂留下的痕迹。

证据之三是，要确认第一次编纂另有负责者。汉人认为《论语》编纂在"夫子既卒"时启动，除了前述刘向、刘歆、班固这些文献学家、史学家之外，经学家郑玄在《论语序》中说，《论语》

乃“仲弓、子游、子夏等撰”，他们是第一次编撰的负责者。西晋傅玄的《傅子》卷三沿袭了这个说法，突出仲弓：“昔仲尼既殁，仲弓之徒，追论夫子之言，谓之《论语》。其后邹之君子孟子舆，拟其体，著七篇，谓之《孟子》。”（《文选·刘峻〈辨命论〉》注引）〔101〕《论语崇爵谶》则突出子夏：“子夏六十四人，共撰仲尼微言，以当素王。”六十四人，应是众弟子庐墓守心孝的人数，以后就再也不能聚集如此众多的人数了。孔子卒时，仲弓四十二岁，子夏二十九岁，因此第一次编纂当是仲弓牵头，子游、子夏协同。子夏传经，可能在两汉时期影响更著，因而纬书就突出子夏了。

从分析十哲名单中，可以发现仲弓是第一次编纂的牵头人。孔门四科中，最重要的是“德行科”，这是第一科，是有作为掌门人传道统的资格的。言语科、政事科、文学科的人选尽管能干，也难以掌门传道统。德行科有四人，其他各科只有二人。德行科四人，第一是颜渊，没有问题，孔子生前就着力培养他当掌门人，但颜渊先孔子二年就死了。第二个是闵子骞，也没有问题。是个大孝子，现在济南还有一条街被命名为“闵子骞路”，临沂费县还有他的家庙。我有一次做田野调查，开车的司机问我：闵子骞是谁啊，是个名人吧？听我说他是孔子的高足后，司机说，他的庙就在前面二百米。我们进去看，是保存得相当完好的家族庙宇，有明朝皇帝的御碑，有彩绘的壁画。闵子骞年岁较长，孔子夸奖他：“孝哉闵子骞，人不间于其父母昆弟之言。”〔102〕“季氏使闵子骞为费宰。闵子骞曰：‘善为我辞焉。如有复我者，则吾必在汶上矣。’”〔103〕第三个是冉伯牛，《论语》中只有他一条材料，说冉伯牛得了麻风病，临死的时候，孔子去看他，伸手从窗户握住他的手说：“亡之，命矣夫！斯人也而有斯疾也！斯人也而有斯疾也！”〔104〕仅凭这么一条材料就列入德行科，不知采用的是何种标准。但是如果知道冉伯牛是仲弓（冉雍）同一家族的父辈，就明白他列名十哲的玄机了。第四个是仲弓，在四人中唯一健在而且年富力强，足备承传道统。仲弓当过鲁国三桓的最大家族季氏之宰，季氏宰前有子路，后有冉有。但冉有、子路都列入政事科，唯独仲弓列入德行科。

德行科有仲弓，是十哲公案中的公案。《荀子·非相篇》中说："帝尧长，帝舜短；文王长，周公短；仲尼长，子弓短。"[105]又《非十二子篇》中说："案饰其辞而祇敬之曰：此真先君子之言也。子思唱之，孟轲和之，世俗之沟犹瞀儒，嚾嚾然不知其所非也，遂受而传之，以为仲尼、子游为兹厚于后世，是则子思、孟轲之罪也。……圣人之不得势者也，仲尼、子弓是也。……上则法禹、舜之制，下则法仲尼、子弓之义。"[106]《儒效篇》提到："非大儒莫之能立，仲尼、子弓是也。"[107]《荀子》中的子弓，根据清人汪中、俞樾和近人钱穆的考证，确认就是仲弓，荀子把孔子和仲弓并列为圣人。《荀子·非十二子篇》等篇，对孔门弟子多是不太恭敬，甚至指责子思、孟子是"罪人"，是派性十足的。荀子唯一推崇的就是仲弓，因此他是承传仲弓学脉的，《论语》第一次编纂，从仲弓、子夏通向汉儒。根据皇侃《论语义疏叙》的描述，《古论语》的篇章顺序与《鲁论语》、《齐论语》存在着差异："《古论》分《尧曰》下章'子张问'更为一篇，合二十一篇，篇次以《乡党》为第二篇，《雍也》为第三篇，内倒错不可具说。"[108]按照《古论语》篇章顺序，《学而》第一、《乡党》第二，讲了孔子之学和孔子日常礼节之后，紧接着就是《雍也》第三，介绍仲弓，可见仲弓在启动《论语》编纂时，发挥了举足轻重的作用。如果进一步分析《论语》文本中有关仲弓的条目，还可以发现仲弓有时就是颜回第二，这都是第一次编纂遗留下来的生命痕迹。

从《论语》的篇章和条目蕴含的生命信息来分析，《论语》的

第二次编纂，发生在众弟子庐墓守心孝三年（《礼记·三年问》："三年之丧，二十五月而毕"）〔109〕结束后，鲁哀公十八年（公元前477年），子张、子游、子夏推举有若出来主持儒门的一二年间。《孟子·滕文公上》说："昔者孔子没，三年之外，门人治任将归，入揖于子贡，相乡而哭，皆失声，然后归。子贡反，筑室于场，独居三年，然后归。他日，子夏、子张、子游以有若似圣人，欲以所事孔子事之。强曾子，曾子曰：'不可，江汉以濯之，秋阳以暴之，皜皜乎不可尚已！'"〔110〕孟子这段话给我们传达了三个讯息：一，子贡的人望很高，在二三子中，子贡从政经商，能言善辩，有纵横气，而受到某种程度的排斥；但在一般弟子中，他的人缘甚佳。孔子临终，急切等待子贡回来，并自称是"殷人"，子贡组织众弟子按照殷礼为孔子庐墓守心孝，三年的住宿、饮食、祭祀仪式的经费，大概都是子贡筹措的，因此大家离开时，向子贡揖别。二，子夏、子张、子游以有若似圣人，是推举他出来主持儒门事务的，不然曾子不会说出那么重的话加以反对。三，曾子当时二十九岁，门庭尚未宏大，他的反对不足以阻止子张、子游、子夏的推举。只是说明了曾子、有子的门人参与《论语》编纂，不可能发生在同一次或同一时期。

这次推举行为，是由子张发动的。《论语·宪问篇》记载："子张曰：'《书》云，高宗谅阴，三年不言。何谓也？'子曰：'何必高宗！古之人皆然。君薨，百官总己以听于冢宰三年。'"〔111〕《礼记·檀弓下》也记载同一件事："子张问曰：'《书》云：高宗三年不言，言乃欢。有诸？'仲尼曰：'胡为其不然也？古者天子崩，王世子听于冢宰三年。'"〔112〕高宗就是殷王武丁。按照殷礼，众弟子守心孝三年，是不与闻政事的；三年孝期满，就要重新启动儒门，子张按夫子遗训提出此事。子张、子游、子夏都是三十岁左右，有必要推举年纪略长的师兄，子游就提名有若。《礼记·檀弓上》记载，子游曰：“甚哉！有子之言似夫子也。昔者夫子居于宋，见桓司马自为石椁，三年而不成。夫子曰：若是其靡也，死不如速朽之愈也。死之欲速朽，为桓司马言之也。南宫敬叔反，必载宝而朝。夫子曰：若是其货也，丧不如速贫之愈也。丧之欲速贫，为敬叔言之也。”〔113〕子游说“有子之言似夫子也”，与孟子说“子夏、子张、子游以有若似圣人，欲以所事孔子事之”，是可以相互印证的。这就是他们推举有若主持儒门的理由。《礼记·檀弓下》记载：“有若之丧，悼公吊焉，子游摈，由左。”〔114〕可知，有若由于曾经主持过儒门，对鲁君颇有影响；有若之丧，七十子只有子游临场为相，筹措丧礼，可见他们交情之深。子游、子张后来是儿女亲家，此时关系已是很紧密，他们的联手，力量可观。

由于儒门人事出现变动，初编成的《论语》有必要进行修订、补充和再度编纂。这就出现了《论语·学而篇》第二章就是“有子曰：‘其为人也孝弟，而好犯上者，鲜矣；不好犯上，而好作乱者，未之有也。君子务本，本立而道生。孝弟也者，其为仁之本与！’”〔115〕以及其后还有二则“有子曰”。《颜渊篇》还有一则有若对鲁哀公之言对曰：“百姓足，君孰与不足？百姓不足，君孰与足？”〔116〕依然称作“有若”，没有称“有子”，大概是第一次编纂留下而没有改订的痕迹。第二次编纂，子张是重要的负责者，因而《论语》在快要终篇处插入了《子张篇》。何晏《论语集解叙》说：“《古论》……分‘尧曰’下章‘子张问’以为一篇，有两《子张》。”〔117〕两个《子张篇》实际上是一个《子张篇》，因《尧曰篇》太短，分出《子张篇》后半部分缀于《尧曰篇》的后面，绳子不牢而脱落《子张问》。今本《子张篇》很特别，整部《论语》二十篇中，只有记述孔子行为礼节的《乡党篇》和《子张篇》，没有“子曰”或“孔子曰”。而且《子张篇》二十五章，分属子张、子夏、子游、曾子、子贡五人，这五人是庐墓守心孝三年期满后依然留在鲁国的孔门大弟子。可见《子张篇》成于这个时期。还需补充一句，第二次编纂虽然加入有子、子张，但依然保留第一次编纂的旧人子游、子夏，使《论语》的宗旨、体例、模样得以延续。

至于《论语》第三次编纂，则是曾子死（鲁悼公三十五年，公元前432年）以后不久的事。为什么还要再编一次呢？这说明《论语》自始就是作为孔门传衣钵的核心典籍来对待，各个学派都想在其篇章中表达自己的话语权。经过近半个世纪的教学和著述，此时曾门已经在孔学发祥地鲁国发展壮大，俨然是孔门道统的传人，因而对传衣钵的典籍进行修订定稿，也属顺理成章。这一点，曾子的弟子门人，可能比曾子本人更上心。曾氏家族本是在鲁国经营多代的相当殷实的家族，这给曾子学派的发展提供了坚实的物质和人脉的支撑。《左传》鲁昭公元年（公元前541年）记载：“叔孙（豹）归，曾夭御季孙以劳之。旦及日中不出。曾夭谓曾阜曰：‘旦及日中，吾知罪矣！鲁以相忍为国也。忍其外不忍其内，焉用之？’阜曰：‘数月于外，一旦于是，庸何伤？贾而欲赢，而恶嚣乎？’阜谓叔孙曰：‘可以出矣。’叔孙指楹曰：‘虽恶是，其可去乎？’乃出见之。”[118]这是叔孙豹参加晋、楚诸国的弭兵会盟期间，由于季氏对莒国用兵，几乎危及叔孙豹的生命；叔孙豹归国后，季氏来谢罪，经过疏通，叔孙豹还顾及门面，出而相见。曾夭是季氏宰，曾阜是叔孙氏的家臣，他们是曾子的曾祖和祖父，此事发生在曾子出生前三十五年。曾氏出自夏民族分封的鄫国，和莒国、鲁国存在着复杂的转折婚姻。鄫国亡后，其世子曾巫为鲁大夫，成为鲁国曾氏的始祖。到子孙辈，成了鲁国三桓的家宰或家臣。这在源于鲁史的《春秋》及其三传中不乏记述。曾子出自亡国贵族后裔，其先辈不算显赫，但也不甚寥落。如此一个殷实家族在鲁国经营数代，亲朋故旧定然不少，具有一定实力，因而曾点一次游春，就可以“冠者五六人，童子六七人”，虽称不上冠盖如云，却也是足够风光的。孔门弟子中，谁能若此？在众弟子纷纷离开鲁国之后，曾子在鲁地开宗立派，得到一批相当殷实的亲朋故友子弟的支持和加入，设帐开坛都左右逢源，最终发展成为一个实力深厚的学派，也就在情理之中了。

《论语·泰伯篇》记载：“曾子曰：‘可以托六尺之孤，可以寄百里之命，临大节而不可夺也。君子人与？君子人也。’”[119]这里是否暗示着对孔子孙子孔伋（子思）的托孤抚育？在孔门，提到托孤，谁的心里都会明白，是子思被托孤。因为孔鲤死时，孔子垂垂老矣，自然会想到年仅十岁左右的孔伋的托孤问题。七十子可托之人不少，比如子贡，衣食无忧，但可能带着子思到处经商从政，此非孔子所愿；子游、子夏、子张也可托付，但他们在鲁地缺乏家族根基，很可能将子思带到南国、魏、陈，难免漂泊不定；唯有曾子对孔学理解纯正，家族久居于鲁，曾祖、祖父曾是三桓臣宰，根基殷实，是托孤的最佳选择。孔子托付孔伋于曾家，大可得到放心的荫庇。可见曾子云“可以托六尺之孤，可以寄百里之命”，并非空泛之论，是有所指，有所担当的。这则曾子之言，很可能是第三次编纂时，子思为了感谢曾家，特地安排的。

曾门第三次编纂的基本原则，首先是对原本的框架不作另起炉灶的颠覆，而是进行必要的有限的修订和调整。因为原本是将近半个世纪前师伯们编定，得到孔门广泛的认可而流传，另起炉灶，就等于割断学脉。因而第一次编纂时大量采录的子路、颜回的材料保留了下来，当时拟定的“四科十哲”名单也保留了下来，连“参也鲁”这样的话，也不作改动。在《论语》篇题上，这次编纂有所变动的，也许只有《宪问篇》，司马迁所见是《古论语》，其《仲尼弟子列传》说："子思问耻。孔子曰：'国有道，谷。国无道，谷，耻也。'子思曰：'克伐怨欲不行焉，可以为仁乎？'孔子曰：'可以为难矣，仁则吾弗知也。'"[120]由于孔伋（子思）参与了第三次编纂，而他的字与原宪同为"子思"，有必要改回原宪称名，以免产生混淆，遂有如今的《宪问》篇题。这一编纂原则，就像古典建筑维修那样，"修旧如旧"，保留其古老所带来的权威性。这也就造成《论语》文本在三次编纂中留下的不同编纂者的生命痕迹，有如考古地层学特别关切的"历史文化地层叠压"的现象。

其次，既然总体框架不予打破，编纂的主要精力就集中在增补上。补编的理由，是原本的材料不够齐全，有残缺，有价值选择上的偏颇。补编所要解决的问题，它的核心宗旨，其实只需借鉴一个问题：孔门最能传道统的是曾子。曾门编撰《礼记》中包括《学记》、《大学》、《曾子问》在内的许多篇章，编撰"孔子为曾子陈孝道"的《孝经》，都是为了说明最能传孔子道统的是曾子。因而就在《论语·学而篇》要紧处的第四章，出现了："曾子曰：'吾日三省吾身：为人谋而不忠乎？与朋友交而不信乎？传不习乎？"[121]这就在颜回讲"仁"，讲"安贫乐道"的基础上，增加了曾子讲自省、讲忠信、讲传习，使儒学更加讲究"正心"之学，讲究内在素质，采取"不待言心而自贯通于动静之间"的反求诸己的自省方式，从而与《大学》的格物、致知、诚意、正心、修身、齐家、治国、平天下的思想行为方法相衔接，并为之提供了身心兼修方式的原点。从儒学演变趋势而言，曾子"吾日三省吾身"章的设立，实际上是《论语》中曾子路线的确立。

除了多为上述的独语式的"曾子曰"之外，还有一些"曾子曰"可以和其他篇章构成对比式，而形成相互呼应的互文关系。

《里仁篇》有一章："子曰：'参乎，吾道一以贯之。'曾子曰：'唯。'子出，门人问曰：'何谓也？'曾子曰：'夫子之道，忠恕而已矣。'"〔122〕还有一段话，是子贡跟孔子对话，就是《卫灵公篇》第三章也讨论同一命题："子曰：'赐也，女（汝）以予为多学而识之者与？'对曰：'然，非与？'曰：'非也，予一以贯之。'"〔123〕隔了二十章之后，《卫灵公篇》第二十四章又记载："子贡问曰：'有一言而可以终身行之者乎？'子曰：'其恕乎！己所不欲，勿施于人。'"〔124〕子贡（端木赐），是七十子中智商最高的一人。但他对孔子的理解只是博学多闻，而对孔子"一以贯之"的道的精髓感到茫然。在这一关键点上，曾子显然高出子贡许多，他不需像子贡那样要不断地点拨才知道，他是内心透亮，而且直抵"一以贯之"的忠恕之道的本原的。如此聪明绝顶的子贡，在对孔子思想精华的把握上，离曾子还差一个档次，至于谁能传承孔子道统，岂非不言而喻？

除了上述的独语式、对比式之外，还有一种属于根源式的增添。《论语·先进篇》最后一章，是"子路、曾晳、冉有、公西华侍坐"章。这是《论语》近五百章中，写得最有宇宙气象，令人感到春风拂面的一章。这里展示了孔子教学方式的一个现场，夫子让弟子首先发言，然后逐一作出评点。孔子让四人各言其志，莽撞的子路抢先说，可以使在大国威胁下的小国，鼓起勇气，知道对付的方法；冉有经过催促才发言，说三年就可以使不大的国家富足起来；随之公西华谦卑地说，愿意学习作祭祀、会盟的小司仪。这三位都不是等闲之辈，子路、冉有名列十哲，公西华是孔子极其欣赏的礼仪专家。这番论学，有一个人很独特，坐在那儿弹琴，在孔子催问下，自认为"异于三子的意见"，并且说出："莫春者，春服既成，冠者五六人，童子六七人，浴乎沂，风乎舞雩，咏而归。"孔子浩然长叹说："吾与点也！"〔125〕在人生志趣上，不是孔子启发曾点，而是曾皙感动了孔子。子路、冉有、公西华离开后，孔子又把曾点留下来，评议他们三个人言论的长短得失，如此处置，曾皙的位置简直就是一个副导师。这是曾门编纂的一个家族神话，旨在证明曾子学派根红苗壮。这一章应是第三次编纂时增补的，因为行文三次称孔子为"夫子"，两次在叙述文字中，一次是曾点曰："夫子何哂由也？"〔126〕如此称呼孔子为"夫子"，不是春秋人的口气，是战国人的口气。这只要比较一下《论语·公冶长篇》"颜渊、季路侍。子曰：'盍各言尔志'"章，其用语简约，一路称孔子为"子"，就可以了解春秋文章与战国文章，存在着很大差异了。因此《先进篇》"子路、曾皙、冉有、公西华侍坐"章，为曾门在战国前期所补入。曾点"浴沂咏归"的情怀，拓展了人与自然交往的清旷胸襟，在儒门的典重拘谨中透出几分潇洒。清人袁枚还发现："《论语》称陈成子、鲁哀公，都是孔子亡后二人之谥法，可见《论语》之传述，亦去圣人亡后百十年后，追述其言。"〔127〕称呼的变异，印证了战国前期曾门的一次编纂，而且《论语》是抄在竹简上的，日后传承又有转抄，补入个别谥号，不足为奇。

《论语》在春秋战国之际五十年间的三次编纂，使《论语》成为一个充满复调和张力的思想集群，虽多短章，犹存渊深，明白晓畅而滋味久长。在渊深的深处，跃动着孔子、七十子尤其是编纂者的生命脉搏。开头的编纂确立了孔学的颜回路线，由仲弓、子夏，通过荀子，通向汉儒；最后的编纂增加了孔学的曾子路线，通过子思、孟子，通向宋儒。中国儒学的汉学、宋学两大学派，在《论语》五十年间的编撰中，已经埋下了深厚的源头和线索。

考证《论语》编纂过程的突破点，在于确定编纂最初启动于何时。只有认清最初，才可能顺理成章地识别其后历次编纂，植入了何种生命密码，是如何造成历史文化地层叠压的。汉人多指认《论语》编纂最初启动于“夫子既卒”的时候，唐代陆德明《经典释文》也坚持此说，并补充了原因：“夫子既终，微言已绝，弟子恐离居已后，各生异见，而圣言永灭，故相与论撰，因采时贤及古明王之语合成一法，谓之《论语》。”〔128〕这里讲的是道统传承在弟子离散后可能出现的危机，要维持这个思想学术共同体的精神联系，是具有庐墓守心孝时不可不编纂《论语》的迫切性的。子思《坊记》最早提到《论语》书名，而引“《论语》曰：三年无改于父之道，可谓孝矣”。〔129〕这则“子曰”，两次见于《论语》，一在《学而篇》，一在《里仁篇》，子思率先将之与《论语》书名相联系，隐含着他对《论语》编纂动机的认识。庐墓守心孝三年，不是三日、三月，而是二十五月，众弟子要做到“尊师如父”、无改于师之道，编纂《论语》当是最好的选择。《礼记·曲礼上》郑玄注说：“‘从于先生’者，谓从行时。先生，师也。谓师为先生者，言彼先己而生，其德多厚也。自称为弟子者，言己自处如弟子，则尊师如父兄也。”〔130〕那么如何尊师如父呢？《论语·为政篇》说：“子曰：生，事之以礼；死，葬之以礼，祭之以礼。”〔131〕《孟子·滕文公上》则把孔子之言移到曾子口中：“曾子曰：生，事之以礼；死，葬之以礼，祭之以礼，可谓孝矣。”〔132〕因此孔子丧后，众弟子是按照殷礼为孔子守丧的，如果我们能够在“以史解经”的基础上，进一步“以礼解经”、“以生命解经”，当会更深入地揭示《论语》编纂过程，尤其在庐墓守心孝期间最初启动编纂过程的内在生命体验。

为何对《论语》的发生学提出二千年都没有认真深入地清理的问题？因为我们要清理现代大国文化的根本和脉络，念好“本”字这部经，既不要颠覆什么，也不制造什么思潮，而是实实在在、原原本本地考察我们的文化根子。这里既需要尊重的态度，又需要平等的精神，还需要科学的方法，把孔子和他的弟子当成正常人，或杰出的平常人来对待。应该“古今双赢”：还古人以古人应有的伟大，同时给现代人留下充分的原创空间。现代大国的文化态度下的先秦诸子发生学，应以从容的、博大的、明澈的眼光，透过历史的灰尘，看取诸子的意义本质和生命本质，不拔高也不扭曲，不涂饰也不遮蔽。我们不借祖宗的魔咒魔杖去打鬼，但是也没有必要给祖宗戴上假面具，去顶礼膜拜。我们要在古今沟通、中外交融的文化语境中，站稳脚跟，挺直腰杆，创造我们美轮美奂的精神家园，创造我们生机勃勃的现代思想文化。能不能从发生学和更多的学理角度去做到这一点，实在是对中国现代学术界的创造性能力的重要试金石。

(2009年5月29日于国家图书馆“文津讲坛”的讲演，其后又在多家高校作讲演，2014年2月15日修改毕)

注 释

〔1〕刘安等编著，高诱注：《淮南子》卷十《缪称训》，上海古籍出版社1989年版，第107页。

〔2〕饶宗颐初纂，张璋总纂：《全明词》，中华书局2004年版，第417页。

〔3〕《马克思恩格斯全集》第40卷，人民出版社1982年版，第15页。

〔4〕艾衲居士编：《豆棚闲话》第四则，嘉庆三年宝宁堂刻本，第1页。

〔5〕黎靖德编，王星贤点校：《朱子语类》卷一二五《庄子》，中华书局1986年标点本，第2989页。

〔6〕《史记》卷六十三《老子韩非列传第三》，中华书局1959年标点本，第7册，第2143页。

〔7〕《史记》卷一百三十《太史公自序第七十》，第3289页。

〔8〕《陶渊明集》卷六《五柳先生传》，中华书局1979年版，第175页。

〔9〕《史记》卷六十三《老子韩非列传第三》，第7册，第2143页。

〔10〕焦循撰，沈文倬点校:《孟子正义》卷十二《滕文公章句下》，中华书局1987年标点本，第427页。

〔11〕《史记》卷六十三《老子韩非列传第三》，第2143页。

〔12〕郑樵撰，王树民点校:《通志二十略》,《氏族略第一》，中华书局1992年版，第7页。

〔13〕郑樵撰，王树民点校:《通志二十略》,《氏族略第四》，第161页。

〔14〕郑樵撰:《夹漈遗稿》卷三，王云五编:《丛书集成初编》，商务印书馆1936年版，第17页。

〔15〕郑樵撰:《夹漈遗稿》卷三，第18页。

〔16〕《史记》卷一百一十六《西南夷列传第五十六》，第9册，第2993页。

〔17〕《史记》卷六十五《孙子吴起列传第五》，第7册，第2168页。

〔18〕《史记》卷六十三《老子韩非列传第三》，第7册，第2145页。

〔19〕王叔岷撰:《庄子校诠》卷二《外篇·骈拇》，台北"中央研究院"历史语言研究所2000年版，第324页。

〔20〕袁珂校注:《山海经山经柬释》卷一《南山经》,《山海经校注》，上海古籍出版社1980年版，第19页。

〔21〕张鷟撰，恒鹤校点:《朝野佥载》卷三，见上海古籍出版社编:《唐五代笔记小说大观》(上)，上海古籍出版社2000年版，第35页。

〔22〕李商隐撰，冯浩笺注:《玉溪生诗集笺注》(上)卷一《安定城楼》，上海古籍出版社1979年版，第115页。

〔23〕王结:《贺新郎·子昭见和再用韵》，唐圭璋编:《全金元词》，中华书局1979年版，第876页。

〔24〕司马相如撰，金国永校注:《子虚赋》,《司马相如集校注》，上海古籍出版社1993年版，第5页。

〔25〕王叔岷撰:《庄子校诠》卷三《外篇·秋水》，第633页。

〔26〕《史记》卷四十《楚世家第十》，第5册，第1700页。

〔27〕洪兴祖撰，白化文等点校:《楚辞补注》卷四《九章第四·抽思》，中华书局

1983 年版，第 139 页。

〔28〕《太平御览》卷九一五《羽族部二》，河北教育出版社 1994 年标点本，第 8 册，第 323 页。

〔29〕《明史》卷二百八十一《列传第一百六十九·循吏》，中华书局 1974 年标点本，第 24 册，第 7210 页。

〔30〕焦循撰，沈文倬点校：《孟子正义》卷十《滕文公章句上》，第 328 页。

〔31〕王叔岷撰：《庄子校诠》卷一《应帝王第七》，第 303 页。

〔32〕刘向整理，何建章注释：《战国策注释》卷十七《楚策四》，中华书局 1990 年版，第 571 页。

〔33〕许维遹著：《吕氏春秋集释》卷八《仲秋纪·决胜》，中国书店 1985 年版，第 11 页。

〔34〕《北史》卷八三《列传第七十一·文苑》，中华书局 1974 年标点本，第 9 册，第 2794 页。

〔35〕王叔岷撰：《庄子校诠》卷三《外篇·达生》，第 677 页。

〔36〕同上，第 444 页。

〔37〕同上，第 450 页。

〔38〕李汾：《感寓述史杂诗五十首并引·苏客卿秦》，见元好问编：《中州集》卷十，中华书局上海编辑所 1959 年版，第 494 页。

〔39〕杨树达著：《论语疏证》卷七《述而篇第七》，上海古籍出版社 1986 年版，第 155 页。

〔40〕黎靖德编，王星贤点校：《朱子语类》卷三十四《甚矣吾衰章》，第 862 页。

〔41〕纪昀著，汪贤度校点：《阅微草堂笔记》卷二十一《滦阳续录三》，上海古籍出版社 1980 年版，第 516 页。

〔42〕王叔岷撰：《庄子校诠》卷一《内篇·齐物论第二》，第 95 页。

〔43〕沈自徵撰：《霸亭秋》，沈泰辑：《盛明杂剧初集》卷十二，《续修四库全书》第 1764 册，上海古籍出版社 1995 年版，第 454 页。

〔44〕王叔岷撰：《庄子校诠》卷五《杂篇·天下第三十三》，第 1344 页。

〔45〕王叔岷撰：《庄子校诠》卷一《内篇·人间世第四》，第 167 页。

〔46〕王应麟著，翁元圻等注，栾保群、田松青、吕宗力校点：《困学纪闻》卷十，

上海古籍出版社 2008 年版，第 1300 页。

〔47〕 王叔岷撰:《庄子校诠》卷四《杂篇·则阳第二十五》，第 997 页。

〔48〕 同上，第 998 页。

〔49〕《史记》卷一《五帝本纪第一》，第 1 册，第 46 页。

〔50〕《史记》卷一《五帝本纪第一》，第 1 册，第 46 页。

〔51〕 王叔岷撰:《庄子校诠》卷五《杂篇·天下第三十三》，第 1298 页。

〔52〕《史记》卷七十四《孟子荀卿列传第十四》，第 2346—2347 页。

〔53〕《汉书》卷三十《艺文志》: 中华书局 1964 年版，第 6 册，第 1732 页。

〔54〕 徐中舒:《陈侯四器考释·黄帝之传说》，“中央研究院”历史语言研究所编《中央研究院历史语言研究所集刊》第 3 册第 4 分，1933 年，第 498—504 页。

〔55〕 黎凤翔译，梁运华整理:《管子校注》卷十五《任法第四十五》，中华书局 2004 年标点本，第 901 页。

〔56〕《史记》卷八十四《屈原贾生列传第二十四》，第 8 册，第 2491 页。

〔57〕 同上，第 2493 页。

〔58〕 同上，第 2503 页。

〔59〕《史记》卷一百二十二《酷吏列传第六十二》，第 10 册，第 3143 页。

〔60〕《汉书》卷二十八下《地理志第八下》，第 6 册，第 1668 页。

〔61〕《汉书》卷四十四《淮南衡山清北王传第十四》，第 7 册，第 2145 页。

〔62〕《太平御览》卷二三五《职官部三十三》，第 3 册，第 238 页。

〔63〕《史记》卷一百三十《太史公自序第七十》，第 10 册，第 3293 页

〔64〕《史记》卷八十四《屈原贾生列传第二十四》，第 8 册，第 2503 页。

〔65〕《史记》卷一百三十《太史公自序第七十》，第 10 册，第 3296 页。

〔66〕《文选》卷四十一《报任少卿书》，上海古籍出版社 1986 年版，第 5 册，第 1854 页。

〔67〕 张仲清校注:《越绝书校注》卷二《越绝外传记吴地传第三》，国家图书馆出版社 2009 年版，第 46 页。

〔68〕 王先慎撰:《韩非子集解》卷十九《五蠹》，中华书局 1998 年版，第 452 页。

〔69〕《史记》卷六十五《孙子吴起列传第五》，第 7 册，第 2161 页。

〔70〕 同上，第2162页。

〔71〕 孙星衍:《孙子兵法序》，孙武撰，曹操等注，杨丙安校理:《十一家注孙子校理》，中华书局1999年版，第333页。

〔72〕《新唐书》卷七十三下《宰相世系三下》，中华书局1975年版，第10册，第2945页。

〔73〕 孙武撰，曹操等注，杨丙安校理:《十一家注孙子校理》卷中《军争篇》，第142~145页。

〔74〕《史记》卷六十四《司马穰苴列传第四》，第7册，第2157页。

〔75〕 同上，第2160页。

〔76〕 同上，第2158页。

〔77〕 孙武撰，曹操等注，杨丙安校理:《十一家注孙子校理》卷上《计篇》，第11页。

〔78〕 孙武撰，曹操等注，杨丙安校理:《十一家注孙子校理》卷中《军争篇》，第134—135页。

〔79〕 杨伯峻编著:《春秋左传注》,《庄公十年》，中华书局1990年版，第183页。

〔80〕 孙武撰，曹操等注，杨丙安校理:《十一家注孙子校理》卷上《计篇》，第2—3页。

〔81〕 孙武撰，曹操等注，杨丙安校理:《十一家注孙子校理》卷中《军争篇》，第148—152页。

〔82〕《史记》卷五《秦本纪第五》，第1册，第190—191页。

〔83〕《史记》卷三十九《晋世家第九》，第5册，第1670页。

〔84〕 孙武撰，曹操等注，杨丙安校理:《十一家注孙子校理》卷中《军争篇》，第137页。

〔85〕 孙武撰，曹操等注，杨丙安校理:《十一家注孙子校理》卷中《军争篇》，第140—141页。

〔86〕《史记》卷六十五《孙子吴起列传第五》，第7册，第2164—2165页。

〔87〕 张震泽撰:《孙膑兵法校理》上编《八阵》，中华书局1984年版，第64—65页。

〔88〕《通典》卷一百六十一《兵十四》，中华书局1988年版，第4册，第4155页。

〔89〕《太平御览》卷二八二《兵部十三》，第3册，第589页。

〔90〕《资治通鉴》卷七十《魏纪二》，中华书局1956年版，第5册，第2222页。

〔91〕《史记》卷六十四《司马穰苴列传第四》，第7册，第2158—2159页。

〔92〕《史记》卷六十六《伍子胥列传》，第7册，第2175页。

〔93〕清王先慎撰:《韩非子集解》卷十九《显学第五十》，第456—457页。

〔94〕《韩非子集解》卷十九《显学第五十》，第456—457页。

〔95〕《汉书》卷三〇《艺文志第十》，第6册，第1717页。

〔96〕《柳宗元集》卷四《议辩·论语辩二篇·上篇》，中华书局1979年版，第110—111页。

〔97〕朱熹撰:《四书章句集注》,《论语集注·论语序说》，中华书局1983年版，第43页。

〔98〕杨树达著:《论语注疏》卷八《泰伯篇第八》，第183页。

〔99〕朱熹撰:《四书章句集注》,《论语集注》卷六《先进第十一》，第123页。

〔100〕朱熹:《答程允夫》,《朱熹文集》卷四十一，明嘉靖十一年福州府学本。

〔101〕刘峻:《辨命论并序》，萧统编，李善注:《文选》卷五十四，上海古籍出版社1986年标点本，第2348页。

〔102〕杨树达著:《论语疏证》卷十一《先进篇第十一》，第249页。

〔103〕杨树达著:《论语疏证》卷六《雍也篇第六》，第136页。

〔104〕杨树达著:《论语疏证》卷六《雍也篇第六》，第137页。

〔105〕王先谦撰，沈啸寰、王星贤点校:《荀子集解》卷三《非相篇第五》，中华书局1988年版，第73页。

〔106〕王先谦撰，沈啸寰、王星贤点校:《荀子集解》卷三《非十二子篇第六》，第94—97页。

〔107〕王先谦撰，沈啸寰、王星贤点校:《荀子集解》卷四《儒效篇第八》，第138页。

〔108〕皇侃撰:《论语义疏序》，见《论语集解义疏》，王云五主编:《丛书集成初编》，第3—4页。

〔109〕朱彬撰，饶钦农点校:《礼记训纂》卷三八《三年问第三十八》，中华书局1996年版，第843页。

〔110〕 焦循撰，沈文倬点校：《孟子正义》卷十一《滕文公章句上》，第393—394页。

〔111〕 杨树达著：《论语疏证》卷十四《宪政篇第十四》，第369页。

〔112〕 朱彬撰，饶钦农点校：《礼记训纂》卷四《檀弓下第四》，第140页。

〔113〕 朱彬撰，饶钦农点校：《礼记训纂》卷三《檀弓上第三》，第107页。

〔114〕 朱彬撰，饶钦农点校：《礼记训纂》卷四《檀弓下第四》，第126页。

〔115〕 杨树达著：《论语疏证》卷一《学而篇第一》，第3页。

〔116〕 杨树达著：《论语疏证》卷十二《颜渊篇第十二》，第283页。

〔117〕 何晏撰，皇侃义疏：《论语集解叙》，《论语集解义疏》，见王云五主编：《丛书集成初编》，第2页。

〔118〕 杨伯峻编著：《春秋左传注》，《昭公·元年》，第1211页。

〔119〕 杨树达著：《论语疏证》卷八《泰伯篇第八》，第186—190页。

〔120〕 《史记》卷六十七《仲尼弟子列传》，第7册，第2207页。

〔121〕 杨树达著：《论语疏证》卷一《学而篇第一》，第6—8页。

〔122〕 杨树达著：《论语疏证》卷四《里仁篇第四》，第104页。

〔123〕 杨树达著：《论语疏证》卷十五《卫灵公篇第十五》，第374页。

〔124〕 杨树达著：《论语疏证》卷十五《卫灵公篇第十五》，第399页。

〔125〕 杨树达著：《论语疏证》卷十一《先进篇第十一》，第271—272页。

〔126〕 杨树达著：《论语疏证》卷十一《先进篇第十一》，第273页。

〔127〕 袁枚撰：《随园诗话补遗》卷三，袁枚著、顾学颉点校：《随园诗话》，人民文学出版社1982年版，第638页。

〔128〕 陆德明撰，黄焯断句：《经典释文》，中华书局1893年缩印本，第15页下栏。

〔129〕 廖平：《坊记新解》，《续修四库全书》一〇七册《经部·礼类》，上海古籍出版社1994年版，第169页。

〔130〕 孔颖达撰：《礼记正义》卷第三，民国丁卯南海潘氏重雕本，第1页b。

〔131〕 杨树达著：《论语疏证》卷二《为政篇第二》，第43页。

〔132〕 焦循撰，沈文倬点校：《孟子正义》卷十《滕文公章句上》，第323页。

第二辑

游弋子海

《论语还原》的方法论效应

《论语还原》须推求原始，走近历史现场，进入文本脉络，发现一部“活着的《论语》”。关键在于将文本看作是人之所写、人之所编，是人之精神活动的痕迹，从而因迹求心，对文本进行深度的生命分析。这里提出三种“方法综合”：一是对本有生命的复原性缀合，二是对战国秦汉书籍制度的过程性辨析，三是对大量材料碎片进行全息性的梳理整合。作为案例，由此对《论语》中一些孔子之言进行编年学考定；对《论语》在春秋战国之际五十余年间的三次编纂及曾子学派的崛起，进行深度剖析；对孔子适周问礼于老子的年份，进行全息性排除和考定。

一

《论语》是中国文化根子上真正值得大写的书，属于民族必读书的首选之列。自《论语》诞生两千余年来，其不少嘉言警语被国人作为立身之本，许多名章妙句化作近乎本能或本色的人生哲学，蕴含之精，广被采纳，甚至渗入国人之血肉灵魂，在远古群书中莫有出其右者。可以说，《论语》之立身名言，《史记》之“中国故事”，四大古典小说奇书之智勇戏剧、天人情愫，都在中国文明精神建构上，发挥着刻骨铭心的久远效应。中国文明精神的基本要素当然远不只来自于此三种，其丰富多彩在世界上当属首屈一指，如《易经》，如老庄，如《孙子兵法》，如唐诗宋词，以及许多在民间流传的史诗、戏剧，如少数民族史诗《格萨尔》、《江格尔》、《玛纳斯》之类，其精神渗透效应都甚是可观。《论语》诸书精神渗透效应，遍及社会各层，模塑着社会众生的文化姿态、思想情趣及日常生活仪式。研究要形成大国气象，就需要谛视大书，考察这些书、这些现象何以发生，如何被反复解释后接受，千百年来它们始而被模塑，继而模塑国人。因而任何现代大国，尤其是文明古国者，文化还原是其必修的基础课题，通过还原，激活其原本之生命，阐发其现代价值，使整个文明的根基深厚而充满活力。

巍巍乎，由此可知《论语》之为大矣！因而，探索还原思路，推求原始，凿开混沌，走近历史现场，进入文本脉络，考论原创之原委，发现一部“活着的《论语》”，乃是新世纪之《论语》学的基本着力处。还原是对历史的尊重，对历史遗存的珍惜，对自身文化的自觉。在这种意义上，还原是一种态度，又不仅仅是态度，而且是一种方法，一种具有根本性的方法。尽管要对历史原样复制，并不可能完全做到，但不应妨碍探索者走近历史之真，搜集尽可能丰富坚实的文本、材料、实物、甚至它们的碎片，深入其内在的联系，穷原竟委，还原其有价值的本源、脉络、人物生命和事件现场。尽可能还原那些可以还原者，而对尚不可还原者暂付阙如。必须意识到，还原的思路，是一个文明久远的现代大国，清理自身文化根基的带有根本价值的思路。对于《论语》，此必修功课之义就是力求恢复《论语》本来之“活”，以彼之“活”与现代活人之此“活”之间，发生洋溢着生命认知、智慧取用及精神体验之联系，为民族精神立根基、通血脉。

《论语》本是儒家传道的核心经典，千百年来研究成果丰厚，研究材料和论述篇章之积累，都处在群书之高位，颇有精到可取资者。但又因王朝政治的介入而长期被作为“圣物”装进宝匣供奉，本有的生命体温受到冷冻，不同朝代、不同学派层层叠叠附加上的多重意义，不一定属于它本有。迨至近年借助着所谓“国学热”的浪潮，《论语》价值再度被重估，卓见时出；然“滔滔者天下皆是也”，都在热议《论语》新解和心得，一些荒腔走板之论，也不乏有人追捧。于是乎在两千年来注疏、解读《论语》的汗牛充栋的累积上，又增添了新一轮的充栋汗牛。自学术史考察，也唯有穿透芜杂，回归原本，以发现历史真相、激活生命潜力为务，方有可能在深度清理大国文化之根上有尺短寸长之功。这就是孟子所言“取之左右逢其原”，焦循正义曰：“原，本也……洞达其本原。”[1]

因此，还原就意味着思想方法的根本性革新。应该看到，原本所在，乃是学术原创的根基所在。这就需要不满足于捋撦字面意义，不热衷于拘守前人和外人的成见，不沾沾自喜于兜售自家聪明，而是将硬功夫下足，搜求材料务求穷尽，把握材料务入化境，从而推求原始，折中百家，潜入《论语》深层的生命脉络，潜入《论语》与东周秦汉儒家经传、七十子后学文献、诸子、史籍之关系的生命脉络，并以出土简帛文献与之校证比勘，使这些生命脉络激活得更真切、更坚实、更深广。若要破除千古疑惑，追问我从何来，为何若此，没有对文化之根的坚实而深刻还原，就不可能找到安身立命的文化立足点。返回原本之后，又需要我们对读两千年前的书要有感觉，要感觉到文本是人之所写、人之所编，是人之精神活动的痕迹，从而因迹求心，对文本进行深度的生命分析。但两千余年毕竟隔了百十代的历史烟尘和精神雾障，材料缺失，成见重叠，要从迷乱的众说中发现历史现场、本真模样、心灵真实和生命体温，进行《论语》重论及活论，实在是超难度的命题。面对如此超难度命题，笔者“如临深渊，如履薄冰”，但期跬步千里，略有寸进。

还原离不开追问，通过追问步步逼近地返回原本。自本质而言，还原和诠释经典，实际上是今人对经典生命的一种对话性参与，需要奋乎百世之下，以追千古之绪，其难度由此可知。这就需要对古人的生存形态、行事方式及其物质、制度和精神状况，了如指掌。同时又要具有穿透记录这种生存形态、行事方式及其物质、制度和精神状况的芜杂却又往往残缺的文献，直抵古人心坎而发出追问的能力。追问力，是一个研究者原发性的能力。如《礼记·学记》所云：“善问者，如攻坚木。……善待问者，如撞钟，叩之以小者则小鸣，叩之以大者则大鸣，待其从容，然后尽其声。”〔2〕追问需要具有文化含量和思想质量，以追问打开新的发现空间和思想空间，不可陷入“以管窥天，以蠡测海，以莛撞钟”的尴尬而不“通其条贯”。〔3〕而应拓展文化空间，扬榷经籍，折中注疏，推究隐显，复活经典隐秘的生命，触及古今学术的神经。所有这些都在考验着研究者的功力、直觉和智慧。追问力，是以新鲜智慧开启经典之原本生命的钥匙。

唯有还原做到家了，方能滋育现代大国学术气象。大国气象并非依凭妄自尊大或徒作大言吹出来的“气泡”，而是依托对自身文明的自重、自信、自觉，扎扎实实地拿出证据，以内在的浩然正气支撑起对自身文化的原创性解释能力。因而真正的学术气象，深刻地联系着一种观察文明的态度，对于曾经推动文明的延续和发展的文化遗产，不管它是丰厚而明晰的，还是残缺而凌乱的，都应该抱着精思明辨以求真的态度，提高对文明根脉的尊重心和解释力。态度往往决定行为，态度端正了，就力争做到如梁启超所云：“穷原竟委以求真是。”〔4〕或借用鸠摩罗什译《佛说华手经》卷六所言：“以求真智慧，能断灭诸漏。”〔5〕敬与诚，指向真实，如古人将“敬”视为“身之基”〔6〕，将“诚”视为“真实无妄”〔7〕，唯有提高尊重敬肃之心，才能积极探求“学务本根，事惟求真”的治学方式，对传统经典进行深度的还原研究。

二

怀抱着尊重心和务本求真意识，启动追问力，以追问经典文本存在的疑难和内蕴的生命时，必须启动人文地理学、历史编年学、史源学、以礼解经，以及文献学、简帛学、考据学等方法。而将之各得所宜、协调为用之时，有三种“方法综合”对于返回原本相当有效：一是对本有生命原件，作复原性缀合；二是对战国秦汉书籍的文化地层叠压，作过程性辨析；三是对大量散落的材料碎片，作全息性整合深化。这三种“方法综合”，可以简称为“缀学”、“叠学”、“整学”。

第一种“方法综合”，是“缀学”。在面对着原始材料零散残缺之时，首先需要做的，不是将之更深地“碎片化”，而是抱着一种尊重心，对之精思明辨，穷原竟委，进行认真、审慎、科学的复原性缀合。这就有若考古学上将出土的陶片按其形状、纹饰、弧度、断口诸要素，在缺失部分补充石膏，复原出古陶罐的全型。这其中蕴涵着一种文化态度，不是将已经碎片化的历史残片再捣成粉末，而是进行以碎求全的“逆向工程”，尽可能地还原古老的全罐。西方文化往往根据一部神话书或宗教书的片段记载，将自己历史上推二三千年，中国有些宣称获得西方文化新潮的学人，却挑剔上古大量文献的异同，从而将许多古书斥责为“作伪”，将自己的历史缩短二三千年。面对这种学术悖谬，令人感慨于大国文化心态与弱国文化心态的差距，竟然何止十万八千里。

缀合材料碎片是为了恢复原本的生命存在，如果反复缀合而不能激活生命，就不能说缀合已经达到了生命还原的效果。生命感、准确性、完整性，是生命还原的三项指标。这是需要磨锐研究者的洞察力，运用学力、眼光、智慧，透视已经散为残片的复杂事象的生命要素及其相互关系，然后运用准确的定位系统加以缀合，逐渐接近事物本真面目，将生命碎片弥合成生命整体。《论语·季氏篇》首章云："季氏将伐颛臾。冉有、季路见于孔子曰：'季氏将有事于颛臾。'孔子曰：'求！无乃尔是过与？夫颛臾，昔者先王以为东蒙主，且在邦域之中矣，是社稷之臣也。何以伐为？'"云云。〔8〕孔子是以历史纵深度来透视现实政治的，这是他的过人之处。颛臾，本为东夷小国，春秋时为鲁国附庸，故地在今山东平邑县东。《左传》僖公二十一年载："任、宿、须句、颛臾，风姓也。实司大皞与有济之祀，以服事诸夏。"〔9〕颛臾是大皞氏之后，祭祀大皞氏及济水。孔子重礼，并且从礼制的角度发出警告和批评，直指季氏欲伐颛臾，既违背先王礼制，又挑战鲁国现实政治秩序。这里运用的缀合方法，是史与礼的定位系统。

若要还原历史现场，就须追问此事发生在哪一年，这就需要动用精确的编年学定位系统。编年是定位系统精确化的一个关键。但二千年的《论语》注疏，并未对之进行编年学的认定。只是郑玄注"吾恐季孙之忧，不在颛臾，而在萧墙之内也"，曰："后季氏家臣阳虎，果囚季桓子。"〔10〕阳虎囚禁季桓子是在鲁定公五年（公元前505年），似乎这番谈话在此年以前。郑注误，鲁定公五年孔子四十七岁，冉有十八岁，尚未为季氏宰，不可能以"季氏将伐颛臾"禀告孔子。而朱熹注此句云："其后哀公果欲以越伐鲁而去季氏。"〔11〕此乃鲁哀公晚年的行为，即《左传》哀公二十七年（公元前469年）记载，"公患三桓之侈也，欲以诸侯去之。三桓亦患公之妄也，故君臣多间。……公欲以越伐鲁，而去三桓”。[12]此时离孔子卒已经十一年，朱氏将此语视为孔子晚年对季氏的警告性预言。还有学者认为，子路任季氏宰在孔子周游列国前的季桓子时期，冉有任季氏宰在周游列国之中及之后的季康子时期，孔子归鲁离子路任季氏宰已十余年。二人不可能同时向孔子禀告季氏之事，因而是综合多次禀告而写成的材料。排比这些材料是容易的，而追问力、洞察力的价值不在于只作排比、不作识断，而是要穿透芜杂的材料中直击历史真相，还原孔子、冉有、子路的生命存在。

从此番对话中孔子一再直呼冉有之名“求”来看，这次禀告的主角是在任的季氏宰冉有。由于鲁哀公十一年（公元前484年）季氏宰冉有和樊迟，击败入侵的齐师，并向季氏说，自己学军旅于孔子，建言高规格迎接孔子自卫归鲁。初归之时，鲁哀公和季康子频繁向孔子咨询政事，此类材料在《论语》、大小戴《礼记》、战国诸子、《说苑》、《孔子家语》中，多有记载。如《论语·为政篇》所述：“哀公问曰：‘何为则民服?’孔子对曰：‘举直错诸枉，则民服；举枉错诸直，则民不服。’”又：“季康子问：‘使民敬忠以劝，如之何?’子曰：‘临之以庄，则敬；孝慈，则忠；举善而教不能，则劝。’”[13]《论语·颜渊篇》又记述：“季康子问政于孔子，孔子对曰：‘政者，正也，子帅以正，孰敢不正?’”又：“季康子问政于孔子曰：‘如杀无道，以就有道，何如?’孔子对曰：‘子为政，焉用杀?子欲善而民善矣。君子之德风，小人之德草，草上之风，必偃。’”[14]鲁哀公、季康子频繁问政于孔子，均发生在鲁哀公十一年孔子周游列国后返鲁的初期。《礼记·儒行》记鲁哀公问孔子儒服、儒行后，还交代：“孔子至舍，哀公馆之，闻此言也，言加信，行加义，‘终没吾世，不敢以儒为戏’。”[15]此事当然发生在鲁哀公十一年孔子初返鲁，还落脚于馆舍之时，证实了鲁哀公此时对孔子的高度热情和尊重。但《论语》

往往将同年发生的事情，安排在不同篇章中，至于大小戴《礼记》对于同一时期的事件，更是散落各处而不连属。这就有必要将这些散落的材料碎片，厘定其历史编年而加以缀合。

一旦接触生命的原本，就会发现，孔子与鲁哀公、季康子道不同不相为谋，经过一年半载的殷勤咨询后，哀公和季氏逐渐冷落孔子。鲁哀公把孔子当成礼学专家，而非政治家，因而发生了《礼记·杂记下》所载："恤由之丧，哀公使孺悲之孔子，学士丧礼。《士丧礼》于是乎书。"[16]人们往往对《论语·阳货篇》所述"孺悲欲见孔子，孔子辞以疾。将命者出户，取瑟而歌，使之闻之"[17]，有点大惑不解，其不知从哀公亲自问政，到派遣孺悲问礼，折射了对孔子参政的冷落。此事当发生在两三年以后，即鲁哀公十三年（公元前482年）前后。

季康子对孔子的冷落更甚，并且逐渐趋于对抗。《左传》哀公十一年记载："季孙欲以田赋，使冉有访诸仲尼。仲尼曰：'丘不识也。'三发，卒曰：'子为国老，待子而行，若之何子之不言也？'仲尼不对，而私于冉有曰：'君子之行也，度于礼，施取其厚，事举其中，敛从其薄。如是则以丘亦足矣。若不度于礼，而贪冒无厌，则虽以田赋，将又不足。且子季孙若欲行而法，则周公之典在；若欲苟而行，又何访焉？'弗听。"《左传》次年继而记载："十二年春王正月，用田赋。"[18]由于政见相左，季康子遂对孔子心存芥蒂，不久发生了《论语·子路篇》所载："冉子退朝。子曰：'何晏也？'对曰：'有政。'子曰：'其事也。如有政，虽不吾以，吾其与闻之。'"孔子为国老，应该与闻朝政，季氏却绕过孔子议政，使孔子感到冷落的悲哀，始有此语。孔子发现季氏富于周公，而冉有不听孔子"私于冉有"的儆诫，为季氏聚敛，也就大为光火："非吾徒也，小子鸣鼓而攻之可也。”[19]此事见于《论语·先进篇》，应是鲁哀公十二年的事。此时或不久，又发生季氏采用诸侯的规格祭祀泰山的僭越行为，如《论语·八佾篇》所云：“季氏旅于泰山。子谓冉有曰：‘女弗能救与？’对曰：‘不能。’子曰：‘呜呼！曾谓泰山，不如林放乎？’”[20]在如此情境中，孔子只能与先后当过季氏宰的子路、冉有谈话，去批评季氏欲兼并颛臾的行为，他已经无法与季康子直接对话。大概冉有觉得此事严重，自己不能阻止，不敢单独向老师面陈，又不能不面陈，只好拉上老资格的子路作陪。孔子所谓“不患寡而患不均，不患贫而患不安”，乃是农业经济资源有限条件下的一种政治公平和社会安定的原则，有利于社会发展的初步稳定，却没有进一步设计社会在持续发展中给人民日益增长的实惠。但从历史现场来看，显然是针对季氏富于鲁君，而冉有还为之聚敛而发的。

以上的历史编年学梳理，逐渐走近了孔子周游列国十四年而返鲁之后，与鲁哀公、季康子之间由热趋冷的关系变化，以及蕴含于其中的孔子的生命感觉和精神历程。由此可以证得，“季氏将伐颛臾”章所记之事，当发生在鲁哀公十三年（公元前482年）孔子七十一岁时。孔子死后，到了鲁悼公时期，季氏衰落到只有费作为立足点，甚至被称为“费君”。而本来作为鲁之附庸的东夷小国颛臾，在今山东平邑县东南三十里之故城，地邻于费。看来季氏欲伐颛臾，是一种未雨绸缪的流产了的策划。如此对《论语》、《左传》、《礼记》及其他经典文本中零散分布的材料碎片辨析缀合，运用精确的纵横坐标以祛除模糊言其大概的习惯做法，进行深入的生命分析和编年解读，就可以返回鲜活的历史现场。如此缀合生命碎片，其方法颇似考古学中的古陶修复术，一种将出土陶片按其形状、部位、纹饰、弧度、断口，加以拼装、对接、弥合、复原为原本陶罐样式的“逆向工程”，一种以迹逆心、缀碎为整的还原工程。

三

第二种“方法综合”，是“叠学”。即对战国秦汉书籍制度，作过程性辨析，透视其文化地层叠压。过程性与固定性，是东周秦汉抄本与宋以后刊本的根本性形态差异。版本目录学家应该具备两套本领，既精通宋元以后刊本的辨析，又对上古口授与传抄交错的写本形态明其原委。近百年，尤其是近半个世纪以来，大量出土的简帛资料与存世文献的参照，已经使当今学人对战国秦汉书籍的发生、传播、整理制度，获得愈益真切而深刻的认识，明白了那种以宋后版本的固定性，贸然硬套上古简帛书的过程性的做法，已经成了被大量出土简帛反复证明其误的“辨伪”陷阱。由于简书制作成本不菲，往往是以一组竹简或多片竹简，在不同的地域、群体中口述和转录，本是互相连贯的材料，也可能聚散异处。在经过长期口述转录，出现愈来愈多的传闻异辞之后，再汇辑、整理成书，就难免出现许多异文，甚至有后起思潮的某种程度的渗入。这些异文、讹变、离散和渗入的出现，与书籍生成方式相关，不必大惊小怪地定要将之贬为存心“作伪”。甚至还存在着某些特殊情形，由于传承群体、地域、文化层面的差异，不一定后出之书就抄袭早出之书，很可能由于它们所据是不同群体传承的竹简，导致有些后出之书所据竹简也许比早出者更具有原初特征。如若不深入地追寻原委、考析异同、鉴察真虚、疏通流脉，就可能想当然地以宋以后的书籍版本形态，强套战国秦汉的抄本形态，陷入了不断受到出土简帛一再嘲弄的认知误区。版本目录学，本来是做学问的重要根基，如若于此陷入认知误区，就会铸成致命失误，是不可不儆诫的。

于此，反而用得上考古学田野发掘中强调的历史地层学，将口授和传抄交织、简组和汇辑整理并行的简书，作为一种特殊的“历史文化地层叠压”，辨析其在不同时段和不同群体间发生、传播、变异之始末原委，考察其详略异同的理由。在逐层剥离其原始的和后发的文化成分的交叉叠压中，既阐明后世思潮对原初写本的干扰，又不因为某些干扰的枝枝节节的出现而全盘否定原初版本的存在。这就需要综合各种学科知识和学术方法，考察百家异同，考察同一流派承续中如何发生变异，考察不同时代的文化转型如何影响写本的取舍增删，才能对已经沉积的文化生命整体性作出合情合理的发生学考定。比如《论语》非孔子亲自著述，而是弟子后学在半个世纪的长时段中多次编纂而成，这就存在着每次编纂的“文化地层叠压”的问题。

经过对《论语》篇章学和大量早期文献的细密考证，尤其是以殷礼考察七十子处理孔子丧事的仪式，反本穷原，可以发现，《论语》起码发生过三次重大的早期编纂，留下了三个历史文化地层叠压：最初编纂在“夫子既卒”，众弟子按殷礼庐墓守心孝之时（鲁哀公十六年，公元前479年），突出郑玄所指认的主持者仲弓诸人，在开列“四科十哲”名单中德行科唯一在世的只有仲弓，名单中遗落了曾子、有子。切不可轻忽这个名单，从汉至唐的千百年间，孔庙配祀的四科十哲均封侯（孔子封文宣王后，颜回晋升为公），曾子、有子、子张以下只能封伯。《论语》第二次编纂在庐墓守心孝三年期满（实际为二十五月，鲁哀公十八年，公元前477年），子张、子游、子夏按殷礼推举有若出来主事，因人事变动而修纂《论语》，于是称有若为“有子”，后面还增加了篇章逻辑上非常突兀的《子张篇》。《论语》首篇《学而》三称“有子”，而且占居“子曰”后的第二章，也是《论语》五百章的第二章，其位置价值是极具显著的。《论语》最后一次编纂，是曾子卒（鲁悼公三十五年，公元前432年）后曾门重修，强化曾子传道的当然性。虽然保留了第一次编纂时《先进篇》的“参也鲁”，但增加了“曾子曰”在《学而篇》者二、《里仁篇》者一、《泰伯篇》者三、《颜渊篇》者一、《宪问篇》者一、《子张篇》者四，以及《泰伯篇》的“曾子有疾”二，所增篇幅仅占全书的百分之三，却最终形成传承孔子之道的颜回、曾子路线。尤其是所增的“吾日三省吾身”、“慎终追远，民德归厚矣”、“吾道一以贯之”、“士不可以不弘毅，……仁以为己任”诸章，使曾子路线得以形成。

《论语》从“十哲无曾”到曾子路线形成的半个世纪，也是曾子学派逐渐发展成为鲁地最具实力的儒门学派的半个世纪。为何曾门能够收获如此丰沛的学派发展？学者当然可以根据经过曾门最后编定的《论语》，从中挑出曾子言论，认为是由于曾子本人能够把握孔子“一以贯之”的思想脉络，无支离浮杂之病；而且“曾子传圣人道，只是一个诚笃。《语》曰：‘参也鲁。’如圣人之门，子游、子夏之言语，子贡、子张之才辨，聪明者甚多；卒传圣人之道者，乃质鲁之人。人只要一个诚实”。〔21〕以真诚踏实的努力，解释曾子的成功，也是一个有关主体性的原因。

然而“文化地层叠压”之辨析，并非如此简单，而应该关注到造成这种叠压的历史条件、地域文化、家族基因，关注叠压中的学派生成和知识变迁。这才是方法论上的穷原竟委，剥蕉见心。也许是我孤陋寡闻，罕见有几人关注到，曾氏家族是在鲁地经过数代经营的殷实家族，为曾子学派的生成提供了坚实的经济实力和人际资源的基础。《世本·氏姓篇》记载曾氏族源：“夏少康封少子曲烈于鄫，春秋时为莒所灭，鄫太子巫仕鲁，去邑为曾氏。”〔22〕鄫国末代之君原配生世子巫，又续弦于莒，生女返嫁于莒，并将君位传给莒国外孙，使鄫国面临世系中断的亡国危机。许多《论语》研究者都读过《春秋》、《左传》，但罕有从中考证曾子家族状况，回到曾子学派发展的现场，并对《论语》中曾子之言注入生命体验者。《春秋》鲁襄公五年（公元前568年）记载："叔孙豹、鄫世子巫如晋。"杜预注：巫世子"比鲁大夫。故书巫如晋"。他们想借助晋国的压力，挽救鄫国传位危机。但是大势不可挽回，《春秋》鲁襄公六年（公元前567年）记载："莒人灭鄫。"同年《左传》载："莒人灭鄫，……晋人以鄫故来讨，曰：'何故亡鄫？'"[23]鄫国这位巫世子，就是曾子的高祖父。莒灭鄫，离曾子出生还有六十一年。

失国后的巫世子在鲁国任职，为曾氏始祖。二十余年后，鲁国叔孙豹与晋、楚、齐、宋诸国会盟于虢，重申弭兵之盟，而鲁国季孙氏却发动伐莒的战争，致使叔孙豹因鲁国背盟而几乎被戮。《左传》昭公元年（公元前541年）记载："叔孙（豹）归，曾夭御季孙以劳之。旦及日中不出。曾夭谓曾阜曰：'旦及日中，吾知罪矣。鲁以相忍为国也。忍其外不忍其内，焉用之？'阜曰：'数月于外，一旦于是，庸何伤？贾而欲赢，而恶嚣乎？'阜谓叔孙曰：'可以出矣。'叔孙指楹曰：'虽恶是，其可去乎？'乃出见之。"[24]这里的季氏宰曾夭，是曾子的曾祖；叔孙氏家臣曾阜，是曾子的祖父。宋代邓名世《古今姓氏书辩证》卷十七记述："曾（氏），出自姒姓，夏少康封其少子曲烈于鄫。鲁襄公六年，莒灭鄫。鄫太子巫仕鲁，去邑为曾氏，居南武城。巫生夭，为季氏宰；夭生阜，为叔孙氏家臣。阜生点，字皙，点一作蒧。生参，字子舆；参生元、申。"[25]明初宋濂《查林曾氏家牒序》所列谱系与此相同："曾氏出自姒姓，夏少康封其少子曲烈于鄫。鲁襄公六年，莒人灭鄫，太子巫仕鲁，去邑为曾氏，居南武城。巫生夭，为季氏宰。夭生阜，为叔孙氏家臣。阜生点，字子皙。皙生参，字子舆。参生元。"[26]因此，曾氏谱系是：夏少康—曲烈……—巫—夭—阜—点—参—元、申。

由于鄫国、莒国与鲁国存在着复杂的转折婚姻，鄫亡国之后，鄫字去邑为曾的这个家族子孙为鲁国三桓家臣，也许不算显赫，却属于在鲁国经营数代的殷实家族，亲朋故旧定然不少，具有一定实力。因而曾点一次游春，就可以动员“冠者五六人，童子六七人”，如此多的衣冠之士结伴出游，非殷实家族子弟不能如此。

《论语·泰伯篇》中曾子曰：“可以托六尺之孤，可以寄百里之命，临大节而不可夺也。君子人与？君子人也。”[27]此处提及“托孤”，未免有点突兀，曾子并没有明言谁人托孤。这在孔子弟子中是不需明言的，大家都明白，是孔子将其孙孔伋（子思）托孤。因为孔鲤死后，孔子垂垂老矣，自然会想到年仅十岁左右的孔伋的托孤问题。七十子可托之人不少，比如托给子贡，衣食无忧，但可能带着子思到处经商从政，此非孔子所愿；子游、子夏、子张也可托付，但他们在鲁地缺乏家族根基，很可能将子思带到南国、魏、陈，难免漂泊不定；唯有曾子对孔学理解纯正，家族久居于鲁，曾祖、祖父曾是三桓臣宰，根基殷实，是托孤的最佳选择。可见曾子云“可以托六尺之孤，可以寄百里之命”，并非空泛之论，是有所指，有所担当的。这当然也是曾门第三次修纂《论语》时所增加的文化地层叠压，从中可以窥见曾子及其学派、家族的生命形态。依此推断，曾子在鲁地设帐授徒，可以依凭其家族数代经营的人脉资源和经济实力，逐渐发展成为一个实力深厚的学派，就在情理之中了。

四

以上概括出来的学术方法，可以表述为：一是“碎片缀合”，以类乎黏合陶片而复原古陶罐的方法，对本有的历史生命形态进行缀合性复原；二是“年代叠压分析”，以类乎考察文化遗址地层叠压的方法，对战国秦汉书籍制度中形成的经典进行年代层面剖析。二者的运思方向是相对而行的，一者缀碎为整，一者剖整析层，都属于多种方法的综合。学术方法之运用，因材料状况而异，不可胶柱鼓瑟，应以适宜为上。针对不同的文献资源及其存在形态，入手之时可以着重采用史源学、历史编年学、人文地理学、天文历法学、文献学、考据学或简帛学的方法，或者兼用二三种方法之长，其要旨在于将文本当作古人生命痕迹来对待，剥离和缀合兼施，组合成行之有效的文本生命分析法。在研究中，尊重文本生命存在，既是尊重古人的创造活力，也是尊重研究者自己的感觉能力、追问能力和洞察能力。

第三种"方法综合"，是"整学"，即对大量材料碎片进行全息性的梳理、整合和深化，形成一个有机的整体。在追问《论语》生命奥秘中，前面触及孔子与鲁国政治、孔子与弟子、弟子与家族的生命联系，这里进一步追问孔子与春秋学术的生命联系。孔子适周问礼于老子，是先秦诸子百家争鸣拉开帷幕的一个历史性事件。然而，《论语》不载此事，"不载"，也是一种值得追问的编纂价值选择。由于老聃职位不显，孔子尚未为大夫，没有达到官方文献同步记载的政治级别，就如孔子为中都宰，《春秋》、《左传》均无记载，唯有当上鲁司寇才够级别一样。这就给没有考虑官方文献内含价值选择的疑古者，留下了质疑孔子是否确实见过老子的文献裂缝。但是不受汉代已经抬头的"世之学老子者则绌儒学，儒学亦绌老子"〔28〕的门派之见束缚的太史公，通过"紬史记石室金匮之书"及实地调查所得，在《史记》"孔子世家"及"老子韩非列传"中以相当篇幅记述了此番文化盛事。如此独具只眼地为一些不见于先秦官方文献记载的文化巨人立传，太史公由此成为中国思想文化史上不可替代的功臣。

其实，源自战国简帛的《礼记・曾子问》、《庄子》、《吕氏春秋・当染》、《孔丛子・记义》、《韩诗外传》，也记有孔子问礼于老子之事。太史公之后的《新序》、《说苑·反质》、《潜夫论》、《论衡·龙虚》及《知实》、边韶《老子铭》、《孔子家语·观周》，多次提及“孔子师老聃”、“孔子观周”或孔子曰“吾闻诸老聃”。这些材料虽然芜杂，但多是录自战国秦汉简帛，汉代祠堂墓穴画像石、画像砖也不乏对此事的展示。尤其是孔子自言“闻诸老聃”，《礼记·曾子问》四见，《孔子家语》四见，《白虎通义》一见，从不同角度泄露了孔子适周问礼、问《易》、问五帝与五行于老子。其中当然存在着传闻异辞，或流派偏见，但老孔会面是言之凿凿，并不因后来的圣人之徒为保护“道统之纯粹”，就可以一笔勾销。这就有必要深度缀合文献材料碎片，沟通其内在的生命脉络，从历史编年学上确定孔子适周问礼于老子的年份，以便去妄存真地走近历史现场。

启用史源学，于此有正本清源的功能。《史记·孔子世家》以正史方式郑重记载，孔子派南宫敬叔向鲁君请准适周，“鲁君与之一乘车，两马，一竖子俱，适周问礼，盖见老子云”。但是行文将此事置于孔子年十七，孟僖子病且死，诫其嗣孟懿子及南宫敬叔向孔子学礼之后，而居于“孔子盖年三十”之前。〔29〕其实南宫敬叔少孔子二十一岁，即便孔子三十岁，也不可能派一个九岁孩子向鲁君请示。从史源学上考索，这是太史公误用《左传》鲁昭公七年（公元前535年，孔子十七岁）的记载：“（鲁昭）公至自楚。孟僖子病不能相礼，乃讲学之，苟能礼者从之。及其将死也，召其大夫”，遗嘱送“孟懿子与南宫敬叔师事仲尼”。〔30〕其实，“病不能相礼”的“病”字，作担忧解，指孟僖子因鲁昭公参加楚灵王章华台落成典礼归国，担忧不知使用何等礼仪；而孟僖子死，是十七年后（鲁昭公二十四年）的事情，这在《春秋》中有明确记载。孟懿子、南宫敬叔是四年后，孟僖子与泉丘女子私奔而生。太史公一人著成如此大书，对此记载不够清晰的历史细节未及深究，未能将两个相距十七年的事件明晰分疏，造成了孔子见老子年份的混乱。这一混乱被东汉桓帝时边韶作《老子铭》坐实为大错："孔子以周灵王二十年生，到景王十年，年十有七，学礼于老聃。"〔31〕郦道元《水经注》卷十七沿袭此说："至周景王十年，孔子年十七，遂适周见老聃。"〔32〕尽管这些都是周秦汉晋的古老材料，但其史源采用中已经出现以讹传讹的错误。近世学者或以为唐以前碑刻和地理名著值得珍视，力主"孔子年十七问礼于老子"。〔33〕

又添混乱的是《庄子》外篇、杂篇有六处记老、孔会面问学，其《天运篇》称："孔子行年五十有一而不闻道，乃南之沛，见老聃。"〔34〕孔子自称"五十以学《易》"，"五十而知天命"，《庄子》偏偏说"孔子行年五十有一而不闻道"，显然是对儒学的揶揄嘲讽，是以"重言"方式贬孔扬老，因而不可将其所讲年岁当真，不然就可能陷入《庄子》所设的陷阱。更何况鲁定公九年（公元前501年），孔子五十一岁出任中都宰，在很短时间就连升为司空、司寇。到了五十岁还是一介布衣的孔子，岂会放下公务，而南之沛问玄虚之道于老聃？后人无法弥合孔子见老聃之年份裂缝，只好说孔子多次见老聃，其实是并没有绕开《庄子》布下的迷魂阵。

孔子见老子，必须满足两个条件：一是孔子有时间，二是孟僖子卒后，南宫敬叔拜孔子为师，得以随行。这些条件清人阎若璩都看到了，而且还看到了第三个条件，孔子随老子参加一次出殡，遇上日食。《尚书古文疏证》卷八云："有以孔子适周之年来问者，曰：《孔子世家》载适周问礼，在昭公之二十年，而孔子年三十。《庄子》，孔子年五十一南见老聃，是为定公九年。《水经注》孔子年十七适周，是为昭公七年。《索隐》谓僖子卒，南宫敬叔始事孔子，实敬叔言于鲁君。而得适周，则又为昭公二十四年。是四说者，宜何从？余曰：其昭公二十四年乎！案《曾子问》，孔子曰：'昔者，吾从老聃助葬于巷党，及堩，日有食之。’惟昭公二十四年夏五月乙未朔日有食之……见《春秋》。此即孔子从老聃问礼时也。”〔35〕

应该承认，阎若璩比庄子、边韶向孔子见老子的历史现场走近了一步，但孟僖子卒年即鲁昭公二十四年（公元前518年），南宫敬叔才十三岁，孔子不可能指派如此年龄的少年去疏通鲁君，而且父丧于二月，南宫敬叔不可能随孔子适周，五月见日食。《礼记·杂记下》云：“大夫三月而葬，五月而卒哭。”〔36〕其时孟僖子尚未下葬，南宫敬叔岂能未尽孝就千里迢迢地随孔子赴周？而且鲁昭公二十四年，东周王室发生王子朝之乱，周敬王出奔狄泉，成周洛邑动荡不宁，孔子不可能乘乱适周。

当代学人有关注鲁昭公二十四年周室不宁者，遂以日食发生年份为着眼点，将孔子适周见老子，提前到周乱之前的昭公二十一年（公元前521年），这一年也有日食，如《春秋》鲁昭公二十一年记载：“秋七月壬午朔，日有食之。”〔37〕但这种意见忽视了南宫敬叔此时仅九岁，尚未师事孔子，也就谈不上其他与孔子适周的行为了。而且这一年的日食发生在下午五点半左右，与周人出殡在上午的礼制不合。为何不将年份后推？因为他们考虑到此后“鲁国无君”，似乎又关照到孔子让南宫敬叔沟通鲁君。《左传》鲁昭公二十五年（公元前517年）记载：鲁昭公因季氏和郈氏斗鸡结怨，遂与郈氏发兵围季氏，被三桓击败，流亡到齐、晋边境，直至鲁昭公三十二年，客死于干侯。确实在这八年中，鲁国存在着无君状态。

关键是对于被季氏驱逐到国外的鲁昭公，孔子还认不认他是鲁君。《左传》鲁定公元年（公元前509年）记载：“秋七月癸巳，葬昭公于墓道南。孔子之为司寇也，沟而合诸墓。”〔38〕孔子为鲁司寇是在九年后，即鲁定公十年（公元前500年），《孔子家语·相鲁》云：“先时，季氏葬昭公于墓道之南，孔子沟而合诸墓焉。谓季桓子曰：

‘贬君以彰己罪，非礼也。今合之，所以掩夫子之不臣。’”〔39〕可见孔子坚持周礼标准，对于被季氏驱逐的鲁昭公，依然认为国君，并指责季氏逐君贬君的行为，为“非礼”。

进而言之，在对各家之说进行深入的史源学和文献学辨析的基础上，就可以确认孔子适周问礼于老子，是在鲁昭公三十一年（公元前511年），孔子四十一岁，南宫敬叔二十岁。《春秋》该年记载：“三十有一年春王正月，（鲁昭）公在干侯。……十有二月辛亥朔，日有食之。”〔40〕这一年，晋定公拟出兵纳鲁昭公归国，季氏也相当卑恭地到干侯迎接昭公，即是说，鲁昭公获得国君礼节上的尊重，只因“众从者胁公，不得归”。孔子应是此时派南宫敬叔向鲁昭公请准适周，由于鲁昭公终不得归，依然是国君不君的状态，所以不以鲁昭公、鲁定公这样的明确名词记载，泛称为“鲁君”，此乃“春秋笔法”。又由于鲁昭公流亡在外，靠晋、齐周济度日，只能赠予“一乘车，两马，一竖子俱，适周问礼”。这是相当寒碜的赠予，对于名人孔子和三桓子嗣南宫敬叔，正常国君起码要赠予五辆、十辆车，甚至派武士护卫。参看《史记·孔子世家》，孔子告辞，老子赠言：“吾闻富贵者送人以财，仁人者送人以言。吾不能富贵，窃仁人之号，送子以言，曰：聪明深察而近于死者，好议人者也。博辩广大危其身者，发人之恶者也。为人子者毋以有己，为人臣者毋以有己。”孔子以一车、二马、一竖子，风尘仆仆见老子，可能是对国君有怨言，老子才会有如此赠言。

至为关键者，孔子随老子参加出殡时，遭遇日食。《礼记·曾子问》记载孔子曰：“昔者吾从老聃助葬于巷党，及堩，日有食之，老聃曰：‘丘！止柩就道右，止哭以听变。’既明反，而后行，曰：‘礼也。’反葬，而丘问之曰：‘夫柩不可以反者也，日有食之，不知其已之迟数，则岂如行哉！’老聃曰：‘诸侯朝天子，见日而行，逮日而舍奠。大夫使，见日而行，逮日而舍。夫柩不蚤出，不暮宿。见星而行者，唯罪人与奔父母之丧者乎！日有食之，安知其不见星也？且君子行礼，不以人之亲痁患。'吾闻诸老聃云。"〔41〕从这则记载"柩不蚤出，不暮宿"，可知周人出殡是在上午。《仪礼·既夕礼》记述入葬之日，"厥明，陈鼎五于门外"，举行郑重而简单的祭奠哭踊礼仪之后，"主人拜送，复位，杖，乃行"〔42〕，可知按照周制，葬礼是在上午举行。因为葬礼之后还有虞祭，《礼记·檀弓下》云："日中而虞。葬日虞，弗忍一日离也。"疏曰："虞者，葬日还殡宫安神之祭名。"〔43〕《释名·释丧制》又云："既葬，还祭于殡宫曰虞。谓虞乐安神，使还此也。"〔44〕因此孔子从老聃助葬所遇到的日食，应发生在上午10时左右，才能符合周朝礼制。于此，不妨以现代天文学验之，查《夏商周三代中国十三城可见日食表（食分食甚）》及Five Millennium Canon of Solar Eclipses：－1999 to ＋3000（2000BCE to 3000CE），可知在洛阳可见的日食的准确时间是，鲁昭公三十一年（公元前511年）在公历11月14日上午9点56分前后，按周制上午出殡，适遇日食；而鲁定公五年（公元前505年）公历2月16日下午15点15分前后也有日食，但按周制出殡，不能遭遇日食。〔45〕

必须补充说明，之所以于此顺带提及鲁定公五年，是为了在前面的分析，排除鲁昭公三十一年以前的种种可能性之后，还要进而排除鲁昭公三十一年以后的种种可能性，确认孔子适周问礼于老子，只能发生在鲁昭公三十一年。南宫敬叔此年二十岁，在孟僖子卒后，他十三岁拜孔子为师，三年孝满，鲁昭公已被季氏驱逐出境，他不可能如期继承为大夫，到鲁定公继位后，才得以为大夫。一任大夫，他就迅速露富。《孔子家语·曲礼子贡问》云："南宫敬叔以富得罪于定公，奔卫。卫侯请复之。载其宝以朝。夫子闻之曰：‘若是其货也，丧不如速贫之愈。’……敬叔闻之，骤如孔氏，而后循礼施散焉。”[46]此记载得到《礼记·檀弓上》的印证：“南宫敬叔反，必载宝而朝。夫子曰：‘若是其货也，丧不如速贫之愈也。’丧之欲速贫，为敬叔言之也。”[47]以上言其富，至于车马，《孔子家语·致思篇》记载孔子曰：“季孙之赐我粟千钟也，而交益亲；自南宫敬叔之乘我车也，而道加行。故道虽贵，必有时而后重，有势而后行。微夫二子之贶财，则丘之道殆将废矣。”[48]可见南宫敬叔为大夫之后，车马甚多，如果此时鲁君只赠予“一车二马一竖子”，他是否领受就很难说。由此可知，孔子派南宫敬叔向鲁君请准适周而发生的许多事情，不可能发生在南宫敬叔在鲁定公初年为大夫之后，只能发生在鲁昭公三十一年，南宫敬叔未为大夫、尚无车马之资之时。

尚需注意者，鲁昭公三十一年，东周洛邑政局略为安定。从鲁昭公二十二年，周景王崩，周王室内乱，晋立敬王，居于狄泉，尹氏立王子朝，把持成周，直到鲁昭公二十六年，周敬王才在晋师的帮助下入主成周，王子朝奔楚。因而孔子不可能在鲁昭公二十三年至二十六年之间适周，而鲁昭公三十一年孔子进入成周，则具有相对稳定的政治环境。孔子说：“危邦不入，乱邦不居。”[49]他不可能带着一个二十岁的弟子和一个“竖子”，驾着二马拉车，闯进战火纷飞的险地，必然等到战祸远去之后才到成周访学。

然而，孔子适周问礼于老子之事，为何在《论语》中是缺席的?《论语》在庐墓守心孝的最初编纂中，是遵循严格的价值标准，对众弟子忆述的材料作了论衡、取舍、润色的处理，而留下编纂者认为最符合他们所理解的“真孔子”的条目。因而并非《论语》不载者，历史上就不存在，比如《史记·仲尼弟子列传》所载“子贡一出，存鲁，乱齐，破吴，强晋而霸越。子贡一使，使势相破，十年之中，五国各有变”[50]这桩儒门大事，《论语》就只字不提。至于孔子适周问礼于老子，众弟子中只有南宫敬叔随行，而南宫敬叔的材料，《论语》并无采纳。尽管《公冶长篇》记述：“子谓南容，‘邦有道，不废；邦无道，免于刑戮’。以其兄之子妻之。”朱熹注：“南容，孔子弟子，居南宫。名缘，又名适。字子容，谥敬叔。孟懿子之兄也。”[51]但从孔子对南容品行的嘉许及对三桓子弟南宫敬叔的称扬和贬责来看，二者与孔子的关系不可同日而语，并非同一人。南宫敬叔在《论语》编纂中并无话语权，《论语》也言不及老子，这都是编纂者遵循颜回、曾子路线理解“真孔子”所致，并非《论语》不载者，历史上就不存在，大量的战国秦汉文献及出土简帛已经证明这一点。对于文献记述与历史存在的关系，我们应该心存几分辩证思维，切不可落入清人毛奇龄所嘲讽的：“六经无髭髯字，将谓汉后人始生髭髯，此笑话矣。”[52]只有进行如此全息性的研究，包括孔子及南宫敬叔的生命信息，鲁国政治中之鲁君流亡和周室动乱平息的信息，古代天文学信息，及周人丧礼信息，在学术方法高度综合中严密地进行排除和聚焦，最终加以编年学定位，才可能廓清先秦诸子开幕期的老孔会面这个千古之谜。

这些还原研究，都是在进行方法综合，在前述的“缀学”、“叠学”、“整学”三法的综合为用中取得进展。方法论既有世界观的贯通，又须有结构体制的设计，才能充分展开。

注　释

〔1〕《孟子正义 · 离娄章句下》，《诸子集成》（一），中华书局 1954 年版，第 330 页。

〔2〕《礼记正义 · 学记》，《十三经注疏》，中华书局 1980 年版，第 1524 页。

〔3〕东方朔：《答客难》，《文选》卷四十五，中华书局 1977 年版。

〔4〕 梁启超:《说幼稚》,《饮冰室合集》文集卷三十,中华书局1989年版。

〔5〕 鸠摩罗什译:《佛说华手经》卷六。

〔6〕《春秋左传注》,杨伯峻注,中华书局1990年版,第860页。

〔7〕《四书章句集注·中庸章句》,中华书局1983年版,第31页。

〔8〕《论语·季氏篇》,《十三经注疏》,中华书局1980年版,第2520页。

〔9〕《春秋左传注》,中华书局1990年版,第391—392页。

〔10〕《论语注疏》卷十六,《十三经注疏》,中华书局1980年版,第2520页。

〔11〕《论语集注》卷八,《四书章句集注》,中华书局1983年版,第170—171页。

〔12〕《春秋左传注》,第1735页。

〔13〕《论语注疏》卷二,《十三经注疏》,第2462—2463页。

〔14〕《论语注疏》卷十二,《十三经注疏》,第2504页。

〔15〕《礼记·儒行》,《十三经注疏》,第1668—1671页。

〔16〕《礼记·杂记下》,《十三经注疏》,第1567页。

〔17〕《论语注疏》卷十七,《十三经注疏》,第2526页。

〔18〕《春秋左传注》,第1667—1670页。

〔19〕《论语注疏》卷十三、卷十一,第2507页,第2499页。

〔20〕《论语集注》卷七,卷六,卷二;《四书章句集注》,第144页,第126页,第62页。

〔21〕 程颢、程颐:《二程遗书》卷十八"伊川先生语四",清康熙刻本。

〔22〕 宋衷注:《世本·氏姓篇》,清茆泮林辑本。

〔23〕《春秋左传正义》卷三十,《十三经注疏》,第1936—1937页。

〔24〕《春秋左传注》,第1211页。

〔25〕 邓名世:《古今姓氏书辩证》卷十七,文渊阁四库全书本。

〔26〕 宋濂:《查林曾氏家牒序》,《翰苑别集》卷十,四部丛刊影张缙刻本。

〔27〕《论语·泰伯篇》,《四书章句集注》,第104页。

〔28〕《史记·老子韩非列传》,中华书局1959年标点本,第2143页。

〔29〕《史记·孔子世家》,第1909—1911页。

〔30〕《春秋左传注》,第1294—1295页。

〔31〕 边韶:《老子铭》,收入清严可均辑《全上古三代秦汉三国六朝文·全后汉

文》卷六十二，中华书局 1958 年版。

〔32〕 郦道元注，王国维校：《水经注校》卷十七，上海人民出版社 1984 年版，第 578 页。

〔33〕 高亨：《关于老子的几个问题》，《社会科学战线》1979 年第 1 期。

〔34〕《庄子集解 · 天运篇》，《诸子集成》（三），中华书局 2006 年版，第 92 页。

〔35〕 阎若璩《尚书古文疏证》卷八，四库全书本。

〔36〕《礼记 · 杂记下》，《十三经注疏》，第 1566 页。

〔37〕 参看詹剑峰《老子其人其书及其道论》；日食记载见于《春秋左传注》，第 1423 页。

〔38〕《春秋左传注》，第 1527 页。

〔39〕《孔子家语 · 相鲁》，中华书局 2011 年版，第 6 页。

〔40〕《春秋左传注》，第 1509—1510 页。

〔41〕《礼记 · 曾子问》，《十三经注疏》，第 1400—1401 页。

〔42〕《仪礼 · 既夕礼》，《十三经注疏》，第 1153—1155 页。

〔43〕《礼记 · 檀弓下》，《十三经注疏》，第 1302 页。

〔44〕 刘熙：《释名 · 释丧制》，上海古籍出版社 1984 年影印清王先谦撰集《释名疏证补》本。

〔45〕 此则天文学验证为徐建伟博士提供的材料，本人做了一些校理。

〔46〕《孔子家语 · 曲礼子贡问》，中华书局 2011 年版，第 495—496 页。

〔47〕《礼记 · 檀弓上》，《十三经注疏》，第 1290 页。

〔48〕《孔子家语 · 致思篇》，第 78 页。

〔49〕《论语 · 泰伯篇》，《四书章句集注》，第 106 页。

〔50〕《史记 · 仲尼弟子列传》，第 2197—2201 页。

〔51〕《论语 · 公冶长篇》，《四书章句集注》，第 75 页。

〔52〕 毛奇龄：《经问》卷九，文渊阁四库全书本。

回到本来的孔子

一　孔子还原研究的困惑

孔子一旦成了圣人，他的名字就成了公共的文化符号，人们可以尽心竭力地对之进行阐释、开发、涂饰和包装，他也就在相当大的程度上不再属于他本来的自己了。

在孔子还原研究中，我们首先接触的一个令人困惑的问题是：两千年间大量的孔子研究究竟是在研究本来的孔子，还是在研究历代儒林人士和统治者层层叠叠地给孔子附加上的涂饰？

孔子从春秋时代的一位伟大的思想者和教育家，演变成圣人，经历了周秦时代的“前圣人时期”，从汉到清的“圣人时期”，“五四”新文化运动以后的“失圣人时期”，以及改革开放以来的“后圣人时期”。

在这两千余年中，“圣人时期”所占的时间在百分之八十以上，孔子受到一浪接一浪的学术上的解读和政治上的诠释，积累不可谓不丰厚。同时又颇有一些“圣人之徒”，以千差万别的姿态和色彩，对之进行着闪耀着灵光的装扮、涂饰和改造。这是否意味着，孔子一旦成了圣人，他的名字就成了公共的文化符号，人们可以尽心竭力地对之进行阐释、开发、涂饰和包装，他也就在相当大的程度上不再属于他本来的自己了呢？

这就给我们提出一个历史性的命题：如何返回孔子思想的本来，从而能够在本来状态中透视孔子及其思想力量的来由和去向。

我们不妨看一看，“五四”新文化运动开始的“失圣人时期”留下什么值得注意的教训。由于近代史上袁世凯的祭孔和推行在学校读经，以及后来的军阀、政客和侵略中国的日本的崇孔等别具用心的开倒车行为，以《新青年》为中心的新潮知识分子群体在“五四”前后，出于现代启蒙和救亡图存的需要，曾经把批判孔子当作诊治“中国愚弱病”的文化战略的构成。

细心考察起来，他们的文化批判主要也不是批判本来的孔子，而是两千年沉积下来的对孔子的解释和涂饰。批判的结果，使孔子头上的灵光和脸上的涂饰消解了、剥落了，颜容黯淡，斑斑驳驳，显出一副迂腐相或者滑稽相。剥除涂饰是要付出代价的，但涂饰剥落之日，或许就是事物本真呈露之时。我们不妨平心静气地清理一下，当时最深刻的思想者鲁迅剥落孔子涂饰之时，到底留下了什么文化启示。

鲁迅说过：“孔孟的书我读得最早，最熟，然而倒似乎和我不相干。”鲁迅几乎读过全部的“十三经”，但他当时的思想趋于启蒙的异端，文艺上提倡“摩罗诗派”。鲁迅在杂文中又以调侃的笔墨做所谓“学匪派考古学”，他以带叛逆色彩的“学匪”自我戏称，对孔子抱着一种“并不全拜服”的态度，写下了《由中国女人的脚，推定中国人之非中庸，又由此推定孔夫子有胃病》。既然态度属于“并不全拜服”，他采取的就不是崇拜圣人的姿态，在一边调侃、一边推衍中，为自己保留足够的精神自由，就连文章标题也显示出几分无拘无束的吊诡。看他这样调侃儒家“中庸”的思想方法：

> 我中华民族虽然常常的自命为爱“中庸”，行“中庸”的人民，其实是颇不免于过激的。譬如对于敌人罢，有时是压服不够，还要“除恶务尽”，杀掉不够，还要“食肉寝皮”……
>
> 然则圣人为什么大呼“中庸”呢？曰：这正因为大家并不中庸的缘故。人必有所缺，这才想起他所需。穷教员养不活老婆了，于是觉到女子自食其力说之合理，并且附带地向男女平权论点头；富翁胖到要发哮喘病了，才去打高而富球，从此主张运动的紧要。我们平时，是决不记得自己有一个头，或一个肚子，应该加以优待的，然而一旦头痛肚泻，这才记起了他们，并且大有休息要紧，饮食小心的议论。倘有谁听了这些议论之后，便贸贸然决定这议论者为卫生家，可就失之十丈，差以亿里了。
>
> 倒相反，他是不卫生家，议论卫生，正是他向来的不卫生的结果的表现。孔子曰，“不得中行而与之，必也狂狷乎，狂者进取，狷者有所不为也！”以孔子交游之广，事实上没法子只好寻狂狷相与，这便是他在理想上之所以哼着“中庸，中庸”的原因。

鲁迅看问题，总是透入一层，深入到语言背后的社会心理，看到了人文学理的创造存在着某种“病灶效应”。透视这种深层的社会心理，其实也是触摸到了孔子的本意。

春秋战国之世，社会混乱，战祸频仍，处理人际、国际关系，岂有“不偏之谓中，不易之谓庸”可言？鲁迅引用来自儒家经传《尚书·泰誓》“除恶务尽”一语，以及《左传》襄公二十一年“食肉寝皮”一语，来说明中国人并不中庸，可谓切合孔子发表中庸言论的时代情境。历史真是富有戏剧性，乍看起来，鲁迅与孔子思想相距甚远，甚至南辕北辙，却在这种有意无意的调侃之间，不期然而遇合。就仿佛在登山，一个从东面出发，另一个从西面出发，相距可谓遥远，但一旦“会当凌绝顶”，在“一览众山小”的时候，却不期然而遇合。这种殊途同归，也许就是思想史上有意味的吊诡，可以称作“山脚远离，顶峰遇合”的思想探索原理。但是，吊诡中存在的真实，有时是更深刻的真实。从中可以看到，孔子的中庸思想是从思想方法论的角度，切中要害地针对当时的社会思想状况的。孔子思想不是凭空杜撰，而是有的放矢，对于中国社会的病根和病灶，具有潜在的针对性。这就是孔子思想的力量由何凝聚之处。

二　产生核心观念的反归纳法的思维方式

孔子是针对现实之痛，提出他的礼学优先的理论的，实在是“哪壶不开提哪壶”，因社会上礼的流失而强调理论上礼的尊严，直指社会之痛开药方。这就是精神创造，注重“病灶效应”的反归纳法的思维方式。

基于这种辨证施治的实践精神，孔子的一些核心思想往往切中当时中国的病根，创造性地突出和强调一批关键词，将之注入历史过程的潜流之中，发挥着对社会病灶进行疏导和疗治的功能，推动社会由乱归治，不同程度地获得了重新健全发展的文化力量。其中，包括仁、礼这类儒学关键理念，概莫能外。

首先，我们来考察“仁”的理念。“仁”是儒家的核心理念，向来没有疑义。在强调“仁”的重要价值时，孔子把“仁”看得比生命还重要，认为“志士仁人，无求生以害仁，有杀身以成仁”。这就把“仁”升华为一种坚强不屈的意志，他的弟子将此化为一种气节，如曾子说：“士不可以不弘毅，任重而道远。仁以为己任，不亦重乎？死而后已，不亦远乎？”

可见“仁”是孔门道脉相传的一条脉络。这条道脉的关键性，使我想起一位英国女作家的话：“在伟大的俄国作家身上，我们都可以发现圣人的特征，如果同情他人的苦难、热爱他人、努力达到某种配得上最严格的精神要求的目标，这些特点构成圣人的品质的话，他们身上的圣人气质，使我们为自己的世俗卑琐而羞愧，使我们那么多小说变成了虚饰和儿戏。”

有意思的是，孔子重“仁”，却没有给仁下一个明确的界定。所以导致《论语·子罕篇》一开头就说：“子罕言利，与命，与仁。”这实在使得历代颇有些解经者大惑不解：一部《论语》二十篇中，有十六篇用了一百零九个“仁”字，怎么还将仁列入“罕言”之列呢？这需要弄清楚“言”字的意义。言、语两个字意义相通，但对比着讲的时候，意义又存在着微妙的差别。“言”是正面提出命题，进行阐发。《论语》中孔子虽然反复谈论仁，但多是回答弟子和他人的提问，以及进行论辩的话，自己作为一个命题首先发端，并且正面做出界定，就非常少见，因此只能说是“罕言”。这从哲学思辨的角度看来，难免会造成“仁”这个概念的边界模糊；但它也潜伏着一个好处，使仁的内涵和历史适应性留有不少弹性，以及可解释的余地。当“仁”解释为“把人当人来对待”，而且与“爱人”、与“泛爱众而亲仁”联系起来的时候，它就可以超越时代的阻隔，进入现代社会的道德价值体系之中。

礼是儒家学说的基础和法度，在十三经中有三《礼》，由此可见其互相阐释、互相补充的庞大体系。蔡尚思先生以为孔子是“宗法礼学祖师”，其思想体系“以礼为核心”，在阐述了“礼独高于其他诸德”之后，列举了礼为仁、孝、忠、中和、治国、法律、外交、军事、经济、教育、史学、诗歌、音乐等三十余个项目的主要标准，几乎是无所弗届。这不能说没有道理。但礼学体系的最终关切，还是以礼治国、以礼施政：“上好礼，则民易使也”；“君使臣以礼，臣事君以忠”；“道之以政，齐之以刑，民免而无耻；道之以德，齐之以礼，有耻且格”。政与刑，是通常的治国术，而在孔子心目中，德与礼是更得人心、更高级的治国术。因为“为政以德”，孔子是看得很高的，说是“譬如北辰，居其所而众星拱之”。将礼与德并举而置于政与刑之上，这就是孔子的政治观。

因此，孔子教弟子执礼，也就是为从政准备人才。有人问孔子：“子奚不为政?”孔子回答说：“《书》云：‘孝乎惟孝，友于兄弟，施于有政。’是亦为政，奚其为为政?”就是说，孝友之礼，是为政所需。

孔子为何如此强调正名，强调礼乐，并不是由于当时的政治名正言顺，礼乐雍容，而是到处存在着僭名越制，礼坏乐崩。曾有孔门后学说过：“有国者不可以不学《春秋》……《春秋》，国之鉴也。《春秋》之中，弑君三十六，亡国五十二，诸侯奔走，不得保其社稷者甚众。”孔子作《春秋》所提供的此类鉴诫，从历史事例上展示了礼坏乐崩造成的严重政治后果。孔子是针对现实之痛，提出他的礼学优先的理论的，实在是“哪壶不开提哪壶”，因社会上礼的流失而强调理论上礼的尊严，直指社会之痛开药方。这就是精神创造，注重“病灶效应”的反归纳法的思维方式。

尚需补充说明的是，所谓反归纳法的“反”字，意思并非反对，而是反向。在现代逻辑学中，由培根强调和创设的归纳法，已经被视为有些陈旧，只在一定程度上适合于自然科学。英国的罗素已经指出这一点。人文学的创新，可以参照和借鉴但不能绝对追随自然科学的方法，它应该有自身的一些思维方式。它可以总结社会上成功的经验，但是当社会上尚无成功的经验，反而多有失败的教训的时候，它应该放飞思想，在反反得正中，实现精神文化创造的飞跃。这也许就是我们剥除涂饰，由“病灶效应”探知“反归纳法”，进而还原真实的孔子力量所得到的一点启示吧。

三　关于女子与小人的新解

只要我们对历史进行有事实根据的还原，就会发现，今人对孔子的一些指责，指向的也许不是本来的孔子，而是圣人之徒加在孔子脸上的涂饰。

不管采取何种思维方式，思想的产生，都是社会实践和精神体验的结果。因而对孔子的思想言论，要紧的是放在特定的社会历史境遇中，分析其生命的遭际和心理的反应，而不能将之从特定的社会历史境遇中游离出来，孤立地向某个方向作随意的主观引申，普泛化到了不靠谱的程度；也不能百般曲解、回护，为圣人讳，为了制造“句句是真理”而失去实事求是的准则。

比如，《论语·阳货篇》孔子的一句话：“唯女子与小人为难养也，近之则不孙，远之则怨。”此语在妇女解放和女性主义思潮中，最受诟病。以往注家也有所觉察，就进行回护。

其实与其费尽心思地为这句话的正确性作辩护，倒不如考察一下这句话产生的历史境遇。孔子的政治生涯中，两遇女子。一是《论语·微子篇》说的：“齐人归女乐，季桓子受之，三日不朝。孔子行。”对于此事，《史记·孔子世家》综合先秦文献，是这样演绎的：

> 定公十四年（当为十三年，公元前497年），孔子年五十六，由大司寇行摄相事……与闻国政三月，粥羔豚者弗饰贾；男女行者别于涂；涂不拾遗；四方之客至乎邑者不求有司，皆予之以归。
>
> 齐人闻而惧，曰："孔子为政必霸，霸则吾地近焉，我之为先并矣。盍致地焉？"黎鉏曰："请先尝沮之；沮之而不可则致地，庸迟乎！"于是选齐国中女子好者八十人，皆衣文衣而舞康乐，文马三十驷，遗鲁君。陈女乐文马于鲁城南高门外。季桓子微服往观再三，将受，乃语鲁君为周道游，往观终日，怠于政事。子路曰："夫子可以行矣。"孔子曰："鲁今且郊，如致膰乎大夫，则吾犹可以止。"桓子卒受齐女乐，三日不听政；郊，又不致膰俎于大夫。孔子遂行，宿乎屯。而师己送，曰："夫子则非罪。"孔子曰："吾歌可夫？"歌曰："彼妇之口，可以出走；彼妇之谒，可以死败。盖优哉游哉，维以卒岁！"师己反，桓子曰："孔子亦何言？"师己以实告。桓子喟然叹曰："夫子罪我以群婢故也夫！"

这里既讲到孔子为政带来"男女别途"，又讲到齐国"女子好者"八十人，在孔子政治生涯造成转折中的负面作用。孔子离鲁途中作歌，指责"彼妇之口"、"彼妇之谒"，而季桓子则感叹"夫子罪我以群婢故也夫"，在如此情境中，发一点"女子与小人"并提的感慨，不也是不会令人意外吗？与其说孔子在抽象地谈论"女子"，不如说他在批评"好女色"；与其说孔子在孤立地谈论"小人"，不如说他在针砭"近小人"。

再看另一次遭遇女子。《论语·雍也篇》记载孔子离开鲁国而出入于卫国，发生"子见南子"事件。据《吕氏春秋》，孔子是通过卫灵公的宠臣的渠道，见到卫灵公的厘夫人南子："孔子道弥子瑕见厘夫人。"这个嬖臣弥子瑕，大概就是《史记》所说的南子派使的人。这次拜访却引起子路的误会，害得孔子对天发誓。而卫灵公却没有因此尊敬和重用孔子，只给他一个坐在"次乘"上，跟在自己和南子的车屁股后面的待遇。引得孔子对如此女子、如此小人，大动肝火，痛陈在卫国，"好色"已经压倒了"好德"。并且为此感到羞耻，离开了卫国。在如此情境中，孔子对"女子与小人"作出申斥，又有什么可以大惊小怪呢？当然，孔子身处宗法社会，他建构礼学体系时，难免有男尊女卑的偏向，这也不足为怪，现代人没有必要设想孔子为我们解决了一切问题。奇怪的倒是一些"圣人之徒"竭力否定这些历史情境，似乎要洗去圣人身上的污点，并将他在特殊情境中说的话，加以普泛化，给人吹出一个个"句句真理"的肥皂泡。这反而随着历史进入现代，这些"肥皂泡"破裂，成了人们指责的话柄。只要我们对历史进行有事实根据的还原，就会发现，今人对孔子的一些指责，指向的也许不是本来的孔子，而是圣人之徒加在孔子脸上的涂饰。只有消解这类涂饰和包装，才能如实地分辨孔子的本质和权变、贡献与局限、精华与糟粕、短暂与永恒。我们谈论孔子的力量，才是真实的而非虚假的力量。

四　孔子力量的根源

孔子成功的"人生三根本"：备尝沧桑、阅历天下和学贯根本。

至此，我们就可以分析孔子及其思想生命力的历史依据，也就是分析这种生命力从"由何凝聚"到"何由再生"了。一个生前并不总是得意的人物，为何历经两千余年还以其思想泽及后世？历代统治者和士人，在治理国家和处理事务、建设文化和培养人格的时候，为何总是忘不了他？他被人利用，难道他就没有被利用的价值，甚至使利用者增加一些文化软实力？历史虽然有时很搞笑，但从长远的时段来说，历史总是严肃的，总是回顾它值得回顾的人物，珍惜它应该珍惜的遗产。

这就是说，历史造就了它的思想巨人，思想巨人的根也深深地扎在丰厚的历史土壤之中。我们的还原研究，实质上，就是有根基的研究，而不是拔根研究。有强大的根系，才有一棵大树的强大生命。我们应从这个维度上解读孔子思想的强大生命力。这个思想巨人的生命过程和生命形态有三点值得注意，或者说，这就是孔子成功的“人生三根本”：

（一）备尝沧桑。他出身贫且贱，虽然他的祖宗血脉可以上溯到殷商部族和宋国贵族，但他的家族流亡到宋国，已经超过了五代。父亲叔梁纥是鲁国小邑的大夫，更像一个勇武多力、冲锋陷阵的武士，在孔子三岁时就死了。因此孔子成了大名之后，还不忘本，听到子贡称他“天纵之将圣，又多能也”，就坦诚地说：“吾少也贱，故多能鄙事。”他从社会底层走出来，在鲁国季氏家族当过会计、管牲畜的小吏，流亡到齐国，又当了高昭子家臣，一切都从基层做起，一直做到一等封国，即周公之国鲁国的治理大臣。这种卑贱者的人生奇迹，使他有机会接触、亲历、考察社会的各个阶层，洞察了形形色色社会人物的深层心理。

（二）阅历天下。孔子于鲁定公时代参与鲁国国政之后，从五十五岁离鲁赴卫，开始他长达十四年之久的列国周游。其间去卫适陈，遭遇匡人围困；过蒲返卫，其后游历于曹、宋、陈、郑、蔡、楚诸国之间。于宋，与弟子习礼于大树下，遭遇宋司马桓魋欲拔其树、害其身之难；陈蔡之厄，被围困而绝粮七日，还是讲诵弦歌不衰。孔子从五十五到六十八岁，率领着一个士君子学术群体，不辞艰难险阻，甚至冒着生命危险，奔波在黄河、淮河间的原野上，习礼作乐，偶遇、交接、会见野人、隐者、狂者、官员、国君诸色人等，接触社会的方方面面，国际的升升沉沉，思考着行道的可能、民众的动向、各国的状态、人文的命运。这是中国历史上一次伟大的影响深远的“文化长征”，将儒家文化播洒到中原腹地和中原边缘的土地上，又从中原腹地和中原边缘的土地上汲取多样性的文化因素。

（三）学贯根本。孔子是一个学习型的伟大智者。他天性好礼，不耻下问，学无常师。一句“学而时习之，不亦说乎?”，乃是《论语》天字第一号的反问。一句“三人行，必有我师焉。择其善者而从之，其不善者而改之”，乃是孔子通行天下的信条。学习，是孔子给中华民族的第一遗训。

孔子问学，逐渐形成四个维度：

一是故土鲁国的经验和文献，对于“每事问”的孔子而言，自不必说。二是远赴洛阳向老子问礼，以及考察周室的典章制度。三是到杞、宋等国进行田野调查，考察夏商的文化遗存。四是问学不避夷狄，觉察到“天子失官，学在四夷”，二十八岁即向郯子请问黄帝、炎帝、共工、太皞、少皞之礼。这就是孔子的“问学四维度”，其知识触角涉及中国文化的中心与边缘、古老与当今，形成了一种包罗万象、多元互动的文化观和知识结构。从“四维度”本身来说，它就是一种大眼光、大智慧，就是对文化之为文化的一种能够把握本质的理解和了悟。

基于这种文化理解和文化了悟，以及孔子经历的社会的底层到上层纵深度，周游列国的空间广阔度，晚年孔子回到鲁国之后，除了与鲁公论政，与弟子门人论学之外，将自己对历史、社会、文化的大彻大悟用于《诗》、《书》、《礼》、《乐》、《易》、《春秋》六经的整理。在此六经序列中,《诗》、《书》、《礼》、《乐》,是孔子与弟子论学早就采用的教材,他晚年归鲁后的主要精力用在《易》、《春秋》的研究和整理上。治《易》以“究天人之际”,作《春秋》以“通古今之变”,从而在本质意义上增加了整个六经的思想深度和历史底蕴。六经是孔子一生精力所系,有孔子,才编成六经;有六经,才实现了孔子。孔子六经,是中国上古文明的一套融会了儒学道统和义理、因而深刻地影响了中国文化性格和进程的文献集成。

从上述孔子的“人生三根本”、“问学四维度”中,我们不难领会到,孔子是洞悉历史奥秘、社会实情和人心隐微的,因而能够从历史变异、社会危机和人性缺陷处,采取反归纳的思维方式,提出一整套疗治宿疾沉疴的富有应对力量的拯救性的理念和方法。一旦看透了当时中国人好走极端,他就提出中庸的思想方法;如若痛感了当时政治上暴力横行,他就提出仁的理念和原则;何况亲历了当时社会上礼坏乐崩,他就构建严格的礼学体系。尽管这些理论建构在当时难以施行,但他还要“知其不可而为之”,为之,是一种历史责任,其中有值得为之的崇高或神圣的宗旨所在;不可为,乃是历史的时机没有具备,只能在不可之中求可,为人的意志做一个可以昭示后代的证明。这就使孔子成了春秋末年出以君子风度的社会透视者和文明批判者,由于他对社会反面的东西痛心疾首,又采取反归纳法的思维方式,反反得正,他的许多言说反而是从正面立论者居多。

由于孔子的许多关键性的思想理念,是在针对社会、历史和人性的失范和缺陷,采取反归纳法而达成的,因而当这些失范重现或者缺陷犹存的时候,孔子思想的拯救功能和力量,就会重新恢复和激活。由此不难明白,孔子思想是深刻地切入古老中国国情的思想,对国情的不断反馈和拯救,使它的生命力长久不衰。理论与国情之间难分难舍、不依不饶的张力关系，就是两千年来孔子思想不断被召唤到文化舞台中心的一个基本原因。这一点不能简单地解释为历代统治者的利用，利用的成分是有的，但利用也得有利用的根据、利用的必要，恰如孔子所说："工欲善其事，必先利其器。"孔子思想作为古代社会两千余年的主流意识形态的"圣人时期"的许多文化政策，都可取来作证。

然而，当中国社会开始现代性转型的时候，为何又出现儒学贬值的"失圣人时期"呢？孟子说：孔子是"圣之时者"，鲁迅戏译为"摩登圣人"，为何不"摩登"了呢？这是因为新文化先驱在输入学理、重估价值、再造文明的时候，以激进的姿态论证自身的合法性之时，对固有传统产生了强烈的排异功能。新的价值体系和知识体系在排异中运转，必然导致被排异的对象一时脱离文化生命运行机制，供血不足，出现"脱屑效应"，形成所谓废物沉积的变异。而且在文化封闭的状态中，过去的涂饰层层剥落，早已有废物沉积，新旧沉积混成一堆泥巴。这说明中国现代文化的发展，不能采取封闭式的发展，也不能采取拔根式的发展。它应该贯通古今，融合中西，激活多元文化要素的活力，包括孔子那些符合中国国情、维系中国文化命脉、只要经过现代阐释即可焕发活力的重要理念和智慧形式，以海纳百川的胸怀，建构我们现代大国博大精深而又充满活力的文化创新体系。这里又用得上老子的一句名言："反者道之动。"我们前面反复论证的孔子深入历史、现实、人性的脉络，对其深层的缺陷、危机和阴影，采取反反得正的反归纳法的思维方式，也应得到高度重视和深度激活，使之转化为一种富有现代功能的思维方式。

（原文发表于2011年9月26日《光明日报》）

庄子的鱼和老子的牙

——比较文学的古今、中西参照的方法论

一　引子：鱼之乐

在先秦诸子中，写鱼写得最多、最好，也最有灵性的，是庄子。这些鱼可以变化，“北溟有鱼，其名曰鲲，化而为鹏，鹏之背不知几千里也，怒而飞，其翼若垂天之云”，鲲本来是小鱼，它竟然能变化成背宽几千里的大鹏，“抟扶摇而上者九万里”。这些鱼还会说话，涸辙之鱼乞求庄子给它斗升之水来救命，不然就要“索我于枯鱼之肆”。当然写得最有灵性的是庄子和惠施濠梁观鱼，庄子看到白色的小鲦鱼从容出游，感叹“鱼之乐”，惠施说：“你不是鱼，怎么知道‘鱼之乐’？”庄子说：“你不是我，怎么知道我不知‘鱼之乐’？”在庄子看来，人是与万物一体，与万物同化，与万物同游的，因此能够“得至美而游乎至乐”。

濠梁观鱼的哲学，渗润着禅宗。六祖慧能《坛经》还说：“如人饮水，冷暖自知。”《五灯会元》记录道明禅师的话，就变成“如鱼饮水，冷暖自知”。思想资源就是庄子形容的那条鱼有知性和灵性。这就沿用下来，南宋岳飞的孙子岳珂《桯史》就说：“如鱼饮水，冷暖自知。”甚至连凌濛初的通俗小说《二刻拍案惊奇》中也讲：“对人说梦，说听皆痴；如鱼饮水，冷暖自知。”鲁迅在《热风·题

记》、《故事新编·序言》中，都使用了“如鱼饮水，冷暖自知”。鲁迅不喜欢《庄子·齐物论》中“彼亦一是非，此亦一是非”的思想，主张爱憎分明，“他得像热烈地主张着所是一样，热烈地攻击着所非，像热烈地拥抱着所爱一样，更热烈地拥抱着所憎——恰如赫尔库来斯（Hercules）的紧抱了巨人安太乌斯（Antaeus）一样，因为要折断他的肋骨”。但是现代作家中，鲁迅是采用庄子语言最多的一人。这可能是由于庄子语言锦心绣口，注入了生命的感觉，以之审视生命，别具神采。鲁迅提供了古今文学的错位接受的范式，有错位，才有创造。如果没有错位，就是拾人牙慧，就是邯郸学步，如鲁迅所感慨的：“中国的古书里有一个比喻，说：邯郸的步法是天下闻名的，有人去学，竟没有学好，但又已经忘却了自己原先的步法，于是只好爬回去了。”邯郸学步的故事与濠梁观鱼一样，都是《庄子·秋水篇》中的寓言。

对于外来的理论的借鉴，不管它如何新鲜、如何前沿、如何启迪人智，同样也应采取错位接受、有限接受、选择性和超越性接受，甚至逆向性接受。西方人创造理论，立足于他们所拥有的传统脉络、当时思潮和现实需要，他们没有来过中国凤阳的濠梁观赏濠水养大的鱼，“子非我，安知我不知鱼之乐?”不要把自己的“第一感觉”埋没了。我在牛津、剑桥访问的时候，曾经讲了鲁迅喜欢阿Q的Q字，大写起来是脑袋后面拖着一根辫子，借以解剖国民性别具深意。一位世界知名的文学理论家听了后，感到非常惊讶，闻所未闻。其实这在鲁迅研究界，只是常识而已。西方理论家没有认真地关注中国河里的鱼，那么我们又怎能不加选择、不加超越地用他们的理论来谈论自己的“鱼之乐”呢？中国学者应该负起责任，给自身的文化、文学经典一个既根基牢靠又能与当代世界进行深度对话的原创性说法。

二　走进鲁迅的百草园

我想谈一谈鲁迅最得“鱼之乐”的回忆散文《从百草园到三味书屋》。它以明快俊朗的文字，如诗如画又舒卷自如地展示了一个妙趣横生的童心世界，浑如天籁般浸润人心，脍炙人口。尽管世变风移，它却魅力永驻，屡次与《故乡》等作品一样，成为中国基础教育的教材中不可缺席的篇目，从而发挥着陶冶情操的渗润功能。令人感慨的是，对于其中的充满童趣的“鱼之乐”，考察者往往不是以一片童心与之相对，而是极力追求高深，在借鉴外来思潮时的姿态，难免出现某种“东倒西歪”，“东倒”就是倒向苏俄理论，说百草园是儿童的乐园，三味书屋是封建教育制度的牢笼。“西歪”就是援用西方大传统、小传统的理论，认为百草园属于传奇志怪的自由空间的小传统，三味书屋属于四书五经的禁锢人性的大传统。总之采取二元对立的思维，认为百草园中的童年鲁迅是如何“幸福”，进了封建教育的学塾后，每日面对晦涩的“之乎者也”，是如何昏暗、枯燥、森严、无味，如何“痛苦”。少年鲁迅实在值得同情，他无可奈何地承受着“失乐园”的悲哀了。这类阐释是不是已经回到鲁迅生命过程的原本了呢？这是值得商量的。

百草园是鲁迅故家的后园，一个普通的菜园，鲁迅说：“我家的后面有一个很大的园，相传叫作百草园。……其中似乎确凿只有一些野草；但那时却是我的乐园。”如此乐园，当然值得处在离乡漂泊的过客生涯中的鲁迅，对它怀着深深的眷恋。鲁迅推重“野草”，姑以百草名其童年乐园，野趣大于雅趣，异于文人雅士给自家花园所起的雅号。以百草之园来容纳妙趣横生的童心世界，对于展示自然人性的天真烂漫，是再合适不过了。三味书屋在鲁迅故家以东一箭之路，是寿怀鉴设帐授徒的地方，鲁迅于 1892 年十一岁时进入三味书屋，在那里求学六年。所谓“三味”，据寿镜吾之子寿洙邻讲：“若三味取义，幼时父兄传说，读经味如稻粱，读史味如肴馔，读诸子百家味如醯醢”。周作人也证实，“三味”的意思是“经如米饭，史如肴馔，子如调味之料”。那么这里的传统已经超出了“四书五经”的范围，“三味”的“三”，意味着多，经、史与诸子百家并列，不止于四书五经。“给我读的书渐渐加多，对课也渐渐地加上字去，从三言到五言，终于到七言”，对课又超出了经、史、诸子的范围，指向诗词训练。

百草园的泥墙蔓草中，掩藏着鲁迅孩童岁月的好奇心和痴心的秘密，回忆起来，心头都会窃窃偷笑，笑得心尖儿酸酸的：“不必说碧绿的菜畦，光滑的石井栏，高大的皂荚树，紫红的桑椹；也不必说鸣蝉在树叶里长吟，肥胖的黄蜂伏在菜花上，轻捷的叫天子（云雀）忽然从草间直窜向云霄里去了。”这里用了“不必说……也不必说……”的句式，似乎要省略过去，但是把云雀称为“叫天先生”，乃是将童趣由大地放飞到苍空的点睛之笔，岂能忽略？但是这仅仅是对百草园的开始，如果停留于此，那么精神家园还是肤浅的，因此必须进一步深入到“周围的短短的泥墙根一带”，那里更有“无限趣味”，可以听到自然的声音，看到自然的蠕动，尝到自然的滋味，不是因为肚子饿，而是为了精神的饥渴：“油蛉在这里低唱，蟋蟀们在这里弹琴。翻开断砖来，有时会遇见蜈蚣；还有斑蝥，倘若用手指按住它的脊梁，便会拍的一声，从后窍喷出一阵烟雾。何首乌藤和木莲藤缠络着，木莲有莲房一般的果实，何首乌有拥肿的根。有人说，何首乌根是有像人形的，吃了便可以成仙，我于是常常拔它起来，牵连不断地拔起来，也曾因此弄坏了泥墙，却从来没有见过有一块根像人样。如果不怕刺，还可以摘到覆盆子，像小珊瑚珠攒成的小球，又酸又甜，色味都比桑椹要好得远。”

这简直就是庄子所说的“独与天地精神往来”了。

为什么要写美女蛇的故事？写美女蛇，就将百草园与长妈妈的世俗世界、怪异神秘的超现实世界加以综合，从而使百草园附加了叙述的复调和多元的意蕴。许多散文写得缺乏深度，就是由于少了这种复调和张力。百草园是一个有深度的世界，还存在着对自然的尚未认知而产生的畏惧感和神秘感：“长的草里是不去的，因为相传这园里有一条很大的赤练蛇。”因畏惧和神秘而出现的紧张，是生命力机制的本能反应。这种紧张反应，因“美女蛇”的故事而升级：“长妈妈曾经讲给我一个故事听：先前，有一个读书人住在古庙里用功，晚间，在院子里纳凉的时候，突然听到有人在叫他。答应着，四面看时，却见一个美女的脸露在墙头上，向他一笑，隐去了。他很高兴；但竟给那走来夜谈的老和尚识破了机关。说他脸上有些妖气，一定遇见‘美女蛇’了；这是人首蛇身的怪物，能唤人名，倘一答应，夜间便要来吃这人的肉的。他自然吓得要死，而那老和尚却道无妨，给他一个小盒子，说只要放在枕边，便可高枕而卧。他虽然照样办，却总是睡不着，——当然睡不着的。到半夜，果然来了，沙沙沙！门外像是风雨声。他正抖作一团时，却听得豁的一声，一道金光从枕边飞出，外面便什么声音也没有了，那金光也就飞回来，敛在盒子里。后来呢？后来，老和尚说，这是飞蜈蚣，它能吸蛇的脑髓，美女蛇就被它治死了。”

百草园没有溪流和鱼，却多了杂草和美女蛇，表层上没有庄子式的“鱼之乐”，但深层处却增加了鲁迅式的阴郁和忧患，接上了中国民俗心理的地气。这里既有菜畦、石井栏、皂荚树、桑葚、鸣蝉、黄蜂、叫天子的明朗格调，又有泥墙根一带油蛉、蟋蟀、蜈蚣、斑蝥、何首乌、木莲、覆盆子的丰富生命和无穷趣味，再加上美女蛇的充满迷惑和恐怖的神秘莫测，这样的精神乐园，就不是单调、肤浅的游乐园，而是具有深度的生命投入的意义生成之园。《圣经》记载，伊甸园中的人类始祖，受蛇的诱惑，偷食知善恶树的禁果，导致失乐园。鲁迅写美女蛇的时候，是否受过伊甸园中据说是撒旦（Satan）化身的毒蛇故事的触动，无从考证。然而自从少年鲁迅担心美女蛇在墙头窥视，极想得到一盒老和尚那样的飞蜈蚣，“叫我名字的陌生声音自然是常有的，然而都不是美女蛇”之后，他就在精神发展阶段的意义上，开始走向失乐园了。只是冬天下雪，支起竹筛捉鸟，才有点乐趣。但所得的是麻雀居多，也有白颊的“张飞鸟”，性子很躁，养不过夜的。他捉鸟时的性子跟“张飞鸟”所差无几，就是性子急，所获有限，多少有些意兴阑珊了。他被送去上学，“我将不能常到百草园了。Ade，我的蟋蟀们！Ade，我的覆盆子们和木莲们！”向草和虫告别，牵引着恋恋不舍的情思。

三　如何阐释三味书屋?

随之出现三味书屋，研究者对它的感受言人人殊，莫衷一是。似乎连鲁迅也留下一个“不知道为什么”：“我不知道为什么家里的人要将我送进书塾里去了，而且还是全城中称为最严厉的书塾。”评论者看见“最严厉”三个字，往往神经过敏，或者拿出“东倒西歪”的大理论来，说鲁迅的童年有两个世界，一个其乐无穷，一个阴森可怕，简直是四书五经的正统文化排挤掉传奇怪异的奇幻空间。实际上，进入鲁迅的本真生命过程，就可以发现，只有百草园、没有三味书屋的鲁迅，是难以想象的，根本无法铸造成思想和文学巨匠的鲁迅。从百草园走进三味书屋，迅哥儿长大了，从他的童年迈出了走向成人的第一步。

进入三味书屋的少年鲁迅，自然存在着一个性情趣味的精神转型的过程，这个坎子必须跨过去。他不能不知调适地止步在百草园阶段，人的生命在于动，如《老子》四十章所说："反者道之动。"比如他初入三味书屋，还存在着这样的精神关注："不知从那里听来的，东方朔也很渊博，他认识一种虫，名曰'怪哉'，冤气所化，用酒一浇，就消释了。我很想详细地知道这故事，但阿长是不知道的，因为她毕竟不渊博。现在得到机会了，可以问先生。'先生，怪哉这虫，是怎么一回事？……'我上了生书，将要退下来的时候，赶忙问。'不知道！'他似乎很不高兴，脸上还有怒色了。我才知道做学生是不应该问这些事的，只要读书，因为他是渊博的宿儒，决不至于不知道，所谓不知道者，乃是不愿意说。"这种趣味和他在百草园中欣赏"斑蝥，倘若用手指按住它的脊梁，便会拍的一声，从后窍喷出一阵烟雾"，是相似的。当然如果更开明一点，可以对其好奇心进行和风细雨的引导，但这位要求少年专心读书的老夫子，摆出"师道尊严"的谱，未免有些生硬，在晚清时期这并不奇怪。就从学生请教后的心理反应来看，他对老师还是尊敬的，并不感到这有多么昏暗、森严。

三味书屋的书房，实际上是如此的书房："中间挂着一块扁道：三味书屋；扁下面是一幅画，画着一只很肥大的梅花鹿伏在古树下。没有孔子牌位，我们便对着那扁和鹿行礼。第一次算是拜孔子，第二次算是拜先生"。孔子是缺席受拜的，意味着有点改良气息。因而在三味书屋还存在着某些"百草园趣味"的缝隙，或有限空间。这就是"三味书屋后面也有一个园，虽然小，但在那里也可以爬上花坛去折腊梅花，在地上或桂花树上寻蝉蜕。最好的工作是捉了苍蝇喂蚂蚁，静悄悄地没有声音。然而同窗们到园里的太多，太久，可就不行了，先生在书房里便大叫起来：'人都到那里去了？'人们便一个一个陆续走回去；一同回去，也不行的。他有一条戒尺，但是不常用，也有罚跪的规矩，但也不常用，普通总不过瞪几眼，大声道：'读书！'"

应该说，在晚清时期如此处理学生上课时走神寻乐，还算通达人情，恐怕今日的老师也不能放任课堂秩序不管。

在先生严厉督责下的读书情形，也不是正襟危坐，而似乎是多声部的合唱，甚至荒腔走调："于是大家放开喉咙读一阵书，真是人声鼎沸。有念'仁远乎哉我欲仁斯仁至矣'的，有念'笑人齿缺曰狗窦大开'的，有念'上九潜龙勿用'的，有念'厥土下上上错厥贡苞茅橘柚'的……"读书只是"一阵"，难说过分枯燥，有人念《论语》，有人念《幼学琼林》，有人念《周易》而念错了字，有人念《尚书·禹贡》而念错了行，各人的程度和进度是很不划一的。至于老师呢，"我对他很恭敬，因为我早听到，他是本城中极方正，质朴，博学的人"。在学生们念得人声鼎沸时，他并非板着脸孔、踱着方步，检查申斥，而是加入这荒腔走调的合唱："先生自己也念书。后来，我们的声音便低下去，静下去了，只有他还大声朗读着：'铁如意，指挥倜傥，一座皆惊呢~~~；金叵罗，颠倒淋漓噫，千杯未醉嗬~~~……'"先生念的是清朝武进人刘翰的《李克用置酒三垂岗赋》，极力渲染唐末沙陀部枭将李克用在宴席上狂舞玉如意，斟满金制的扁形大口酒杯，意气淋漓，忘乎所以的张狂情景，念时却把"玉如意"念作"铁如意"，"倾倒淋漓"念作"颠倒淋漓"，又拉开长调的颤音"呢、噫、嗬"的，摇头晃脑地陶醉于其中。多么可爱的老人，多么难忘的学塾场面，这是旧时学塾中难得一见的奇观。任谁在少年时看见课堂是这么一幕，都会津津乐道，鲁迅回忆起来，眷恋之情溢于言表。如此景象，又怎么能说是枯燥呢？

对于老师的陶醉态，学生们当作看戏取乐："我疑心这是极好的文章，因为读到这里，他总是微笑起来，而且将头仰起，摇着，向后面拗过去，拗过去。"日后说"疑心这是极好的文章"，是对老师的文学趣味平平的调侃，却是带着温情的微笑的调侃。而且趁着先生读书入神，各自又要弄起小把戏：“有几个便用纸糊的盔甲套在指甲上做戏。我是画画儿，用一种叫作‘荆川纸’的，蒙在小说的绣像上一个个描下来，像习字时候的影写一样。读的书多起来，画的画也多起来；书没有读成，画的成绩却不少了，最成片段的是《荡寇志》和《西游记》的绣像，都有一大本。”鲁迅就像他影绘小说绣像一样，活灵活现地影绘出一个老夫子的带点名士派的天真放达的灵魂，真逗，可爱极了。他在回忆“三味书屋”这位博学、严厉、善良的老人中，寻到了几分敬意、几分开心、几分笑影，充满着深深的眷念之情。全文叙写了自己从可以说是“无限乐趣”的“乐园”到全城“称为最严厉的书塾”的人生过程和心灵历程。它给人的启示是：人要成为“成人”，是不能只有百草园的，他也应该有自己的三味书屋。

鲁迅与庄子相似，都是在离乡漂泊的途中写心灵的文章。庄子三十多岁漫游于濮水、濠水一带，《庄子·刻意篇》说：“就薮泽，处闲旷，钓鱼闲处，无为而已矣。此江海之士，避世之人，闲暇者之所好也。”他作为江海之士，垂钓于濮水，观鱼于濠梁，是对于庄氏家族经安徽西北部、河南东南部一带，从楚国逃亡到宋国的老路线进行频频反顾；对于他自己而言，则是避开“苦心劳形以危其真”的处境，超越中国之君子，或中国之民，“明乎礼义而陋于知人心”的局促的精神状态，自己“洒心去欲，游于无人之野”，追求着“逍遥于天地之间而心意自得”。鲁迅写《从百草园到三味书屋》，则是1926年9月初到厦门大学，远离“乌烟瘴气”的古都文化界的笔墨官司，又有丰厚报酬，海滨气候暖和宜人，曾作函致H. M兄（害马，即许广平），说“海滨很有些贝壳，捡了几回”。《从百草园到三味书屋》就是他从记忆中捡回的漂漂亮亮的贝壳。这也是鲁迅的《忆江南》。白居易《忆江南》词云：“江南好，风景旧曾谙。日出江花红胜火，春来江水绿如蓝。能不忆江南！”白氏所忆，是他的宦游地；鲁迅所忆，是他少年生命中早已逝去却无限眷恋的乐园。无论是百草园还是三味书屋，都值得他眷恋，研究者不应将其精神家园割裂或碎片化。庄子说："忘足，履之适也。忘要，带之适也。"鞋子合适就忘记脚，腰带合适就忘记腰。我们不必将充满童心的作品，硬要削足就履或者束腰瘦身以赶时髦。创造性的理论，应该是从深入发掘事物存在的本真及其相互关系得来的。

四　第二引子：舌头和牙齿

庄子是上承老子学派的，但他追求逍遥、齐物、道无所不在，就与老子存在着根本性的错位。《老子》八十一章五千言，总共两次写到鱼，三十六章说："鱼不可脱于渊，国之利器不可以示人。"这条鱼还在水中，因此庄子引用过这句话。六十章也讲到鱼，但那条小鱼已经在锅里了："治大国，若烹小鲜。"老子关心治国，因而西汉初期其学说与黄帝学说被捆绑在一起，成为"君人南面之术"，庄子反被边缘化了。庄子是到魏晋时期才进入时代意识的中心的。闻一多说："一到魏、晋之间，庄子的声势忽然浩大起来……像魔术似的，庄子忽然占据了那全时代的身心，他们的生活、思想、文艺——整个文明的核心是庄子。他们说：'三日不读老庄，则舌本间强。'尤其是《庄子》，竟是清谈家的灵感的泉源。从此以后，中国人的文化上永远留着庄子的烙印。"闻一多所引的"他们说"，来自《世说新语·文学篇》，原话只讲到老子："殷仲堪云：'三日不读《道德经》，便觉舌本间强。'"大概闻一多也是对之进行错位借鉴了，但他所描述的魏晋思潮，是绘声绘色的，颇有感染力。

《说苑·敬慎篇》讲了一个老子的故事，讲的是老子的老师常枞病得很重，老子去问候老师，说："先生病得不轻啊，就没有

‘遗教’可以点拨弟子吗?”老师说:“你即便不问，我也有话告诉你。”他张开嘴让老子看:“我的舌头还在吗?”老子说:“是的，还在。”“我的牙齿还在吗?”老子说:“已经掉光了。”老师就问他:“你懂得这是什么意思吗?”老子说:“舌头保存得好好的，岂不是因为它柔软么?牙齿掉光了，岂不是因为它刚硬么?”常枞老师说:“嘿嘿，是了。天下之事已尽在其中了，我没有更多的话告诉你啦。”受此启发而发明的“柔胜刚，弱胜强”的学理，成了《老子》最有特色的思想之一。但《老子》是将这个学理和水联系起来的:“天下柔弱莫过于水，而攻坚强莫之能先。其无以易之。故弱胜强，柔胜刚，天下莫能知，莫能行。……正言若反。”老子看到水，首先想到的不是庄子的鱼，而是道，如《老子》八章所说:“上善若水。水善利万物，又不争。……夫唯不争，故无尤。”

以舌头、牙齿论道的故事,《说苑·敬慎篇》接着又记载叔向与韩平子的对话。叔向是晋国上卿，与子产、晏婴同时代，年岁长于老子、孔子。他回答韩平子关于“刚与柔孰坚”的问题，说:“臣年八十矣，齿再堕而舌尚存。老聃有言曰:天下之至柔，驰骋乎天下之至坚。又曰:人之生也柔弱，其死也刚强。万物草木之生也柔脆，其死也枯槁。因此观之，柔弱者生之徒也，刚强者死之徒也。夫生者毁而必复，死者破而愈亡，吾是以知柔之坚于刚也。”叔向引述老子的话，见于今本《老子》四十三章、七十六章。这是文献记载上，老子著述流传出来的最早的竹简。我对之进行历史编年学定位后发现，他传到叔向手中，早于孔子适周向老子问礼三年，老子写出后也须二三年才能传到叔向的手中，如果老子在孔子问礼三年后才离开洛阳出关，那么老子在洛阳写道德之书用了将近十年。中国第一部伟大的私家著作，并非出关时的急就章，而是“十年磨一剑”的呕心沥血之作。《老子》一书的故乡，是洛阳。这样，我们就可以呼应着当时东周首都成周，就文本而对老子的生命形态进行分析了。

从叔向将老聃言与“齿再堕而舌尚存”并列而言来看，常枞病重时启发老子的话，似乎老子后来还说过。有意思的是，鲁迅的历史速写《出关》，也将这句话安在老子的嘴上：“老子又笑了起来，向庚桑楚张开嘴：‘你看：我牙齿还有吗？’他问。‘没有了。’庚桑楚回答说。‘舌头还在吗？’‘在的。’‘懂了没有？’‘先生的意思是说：硬的早掉，软的却在吗？’”鲁迅自称“从小就是牙痛党之一”，因此对牙齿相当关心，1930 年五十岁时因“牙齿肿痛，全行拔去，易以义齿”（许寿裳《鲁迅先生年谱》）。鲁迅的小说《风波》描写九斤老太已经七十九岁了，常说她年青时，“天气没有现在这般热，豆子也没有现在这般硬”，可见她的牙齿不顶事了；但舌头还好，一股劲地念叨着：“这真是一代不如一代！”可惜七十九岁的九斤老太不是哲学家，体悟不出“舌柔齿刚，柔弱胜刚强”的大道理，她只是懵懵懂懂地感觉到中国的命运，按照鲁迅写《风波》的 1920 年往上推，自 1840 年鸦片战争之后，实在是“一代不如一代”了。她是一个混沌的悲观主义者。

五　父亲的病与名医的药引

既然常枞、老聃是从自己的舌头和牙齿上，反省得到“柔弱胜刚强”的学理，那么真正独到的理论，就不能简单地依赖外在的直线移植，而应该在借鉴的同时，加深对自身文化和生命的内省，张开自己的嘴，体验自己的舌头和牙齿，这样得到的理论才可能连着我们的神经和血肉。否则就是“牙齿肿痛，全行拔去，易以义齿”，属于与自己神经、血肉脱离关系，外在地安上的“理论义齿”了。好看是好看，但咀嚼起来，少了一点滋味。既然鲁迅说：“我从小就是牙痛党之一，……听说牙齿的性质的好坏，也有遗传的，那么，这就是我的父亲赏给我的一份遗产，因为他牙齿也很坏。于是或蛀，或破，……终于牙龈上出血了，无法收拾。”那么不妨考察一下鲁迅回忆少年时，为父亲周伯宜延医治病的往事散文《父亲的病》。

读一篇文学作品，首先想到的是对之进行细读和内省性的生命分析呢，还是一看到题目上的“父亲”二字，就急急忙忙地寻找“理论义齿”，联想到“父与子”、“大传统与小传统”一类外来的理论框架，或者读下去之后，将什么弗洛伊德性心理分析，对之进行硬套和曲解？比较文学要赢得声誉，就要做得深入，要使专家看了也觉得你是内行，而且使专门的内行感到开眼界，有启发。不要使外行看了似内行，内行看了实外行。比如说，有人挑剔鲁迅回忆“父亲”、“母亲”除了这篇《父亲的病》之外，其余作品多是只言片语，从表象上看，也是极其单薄的。既质疑什么因子使鲁迅这样的“人间至爱者”忽略了“人性”的基本元素：“父爱”和“母爱”；又生拉硬扯地把藤野先生、长妈妈，说成是鲁迅对“父亲”、“母亲”的“文化想象”。其实，鲁迅的母亲鲁瑞（1858—1943），是一个性格坚韧刚强的杰出母亲。中年丧夫后，她坚毅地应对家庭破落，生活贫困的挑战，艰难持家，支持三个儿子鲁迅、周作人、周建人成为举世瞩目的大才。鲁迅十八岁离乡到南京求学，“我的母亲没有法，办了八元的川资，说是由我自便；然而伊哭了……”（《呐喊·自序》）她后来随儿子在北平长住，性格乐观、开朗，母慈子敬，相处怡怡。年过古稀，还向青年人学织毛衣，反复地拆拆织织，终至连复杂的花纹也能织出来。鲁迅还调皮地说：“我的母亲如果年轻二三十岁，也许要成为女英雄呢！……”由于她高寿，死在鲁迅之后，鲁迅不及写专门的回忆文章。但是鲁迅连自己的笔名都从母亲鲁瑞的姓，又怎么可以轻言鲁迅忽略了人性的基本元素

“母爱”呢？这样的比较文学，能够赢得学界的尊重吗？

正本清源的方法，还是要回到鲁迅的原本，让这个“原本”张开嘴来，看看里面的舌头和牙齿，看看里面真实的生命存在状态。《父亲的病》一文的原本，在于它对自己亲历的中国乡镇民间医疗保障的生存状态，做出了刻骨铭心的批判和反思，从溢于言表的悲愤中，足以证明鲁迅对父亲之爱是何等深切。鲁迅嘲讽《二十四孝图》中某些愚与妄、甚尔有些残酷的“孝行”，自己却以幼小之躯，不避寒暑，承担着为重病的父亲延医求药的责任。鲁迅父亲周伯宜（1861—1896），考取会稽县学生员后，屡应乡试未中。因鲁迅祖父周介孚科场案发，家道中落，酗酒发病，1893 年冬至 1895 年秋冬，病势日加严重，直至 1896 年 10 月 12 日（农历九月六日）去世，终年三十七岁。请来治病的医生姚芝仙据说做过太医，给慈禧太后治过病，绍兴人称之“姚半仙”，出诊架子甚大。他推荐的医生何廉臣（1860—1929），曾任绍兴医学会长，清季创办《绍兴医学报》，著有《总纂全国名医验案类编》等书，校订刊刻古医书 110 种，名曰《绍兴医药丛书》，在保存中医血脉上竭尽心力。但一个人不能以其终生成绩，掩饰日常行医上的敛财、敷衍、故弄玄虚的劣迹。少年鲁迅与之打了两年交道，从家庭变故的刻骨铭心之痛中，对之愤、讽有加，并将何廉臣的名字，按谐音方式颠倒为“陈莲河”，如此可得晚清谴责小说以文字学游戏隐喻现实人物名字的妙处，避免了一些节外生枝的名誉权纠纷。

这篇文章的重要性在于，为病重的父亲延医寻药，终至不治，是少年鲁迅于“三味书屋”时期见习的一个饱含着对父亲之爱，却内心无比纠结的社会大课堂，他的精神经历了由希望跌入绝望的一遍又一遍的搓揉和震荡。这场人生磨难，深刻地影响了鲁迅早期的思想曲线。这段思想曲线上的两个路标：一是父亲的死，导致两年后到南京学工科的鲁迅，留学日本时弃工科而学医，以期“救治像我父亲似的被误的病人的疾苦”。二是后来在仙台医科专门学校学医时，受“幻灯片事件”的刺激，于1906年后鲁迅弃医从文。

行文开头有引子：“大约十多年前罢，S城中曾经盛传过一个名医的故事”，他一味地敛财、拿架子、故弄玄虚，把活人医死，又借死人索取厚金，在一种制造悲剧的喜剧行为中，所谓医德和医艺成了笑谈。这种写法，有如鲁迅谈论话本小说：“起首先说一个冒头，或用诗词，或仍用故事，名叫‘得胜头回’——‘头回’是前回之意；‘得胜’是吉利语。——以后才入本文”（《中国小说史略》第四讲）。这种“得胜头回”引导着全篇，隐喻着全篇。全篇用讽刺的笔调写了庸医误人。鲁迅曾经和这名医周旋经年，诊金昂贵且不论，“药引”就相当难得——生姜两片，竹叶十片去尖，是不用的。起码是芦根，须到河边去掘；一到经霜三年的甘蔗，便至少也得搜寻两三天——却使得父亲的水肿逐日利害，将要不能起床。鲁迅对其“医者，意也”的理论极尽嘲讽之能事，他看到病人病入膏肓，便极其诚恳地说：“我所有的学问，都用尽了。这里还有一位陈莲河先生，本领比我高。我荐他来看一看，我可以写一封信。可是，病是不要紧的，不过经他的手，可以格外好得快……。”一到危急时候，便荐生手自代，使自己完全脱了干系。

下一个打交道的名医是陈莲河，他的药方上，总兼有一种特别的丸散和一种奇特的药引。芦根和经霜三年的甘蔗，他就从来没有用过。最平常的是“蟋蟀一对”，旁注小字道：“要原配，即本在一窠中者。”似乎昆虫也要贞节，续弦或再醮，连做药资格也丧失了。又有“败鼓皮丸”，用打破的旧鼓皮做成；水肿一名鼓胀，一用打破的鼓皮自然就可以克伏他。清朝的刚毅因为憎恨“洋鬼子”，预备打他们，练了些兵称作“虎神营”，取虎能食羊、神能伏鬼的意思，也就是这道理。事后回忆，鲁迅难免对这类“名医”的行医的做派和方剂毫不客气，嘲讽其实质在于巫医不分，故弄玄虚，作贱人命以索取钱财。《呐喊·自序》对此还耿耿于怀：“我还记得先前的医生的议论和方药，和现在所知道的比较起来，便渐渐的悟得中医不过是一种有意的或无意的骗子，同时又很起了对于被骗的病人和他的家族的同情。”这种“骗子说”，曾在后世议论纷纷，甚至义愤填膺，认为“鲁迅反对中医”；但人们从未从中反思，其时流行于乡镇间的中医理论和论证方式，是否需要做出根本性的改革或改进？这种理论和论证方式，如何面对现代科学知识的挑战？若有深刻的反思意识，就可以省悟到，鲁迅的心理行为超前地蕴含着一个重大的命题，即中医现代化的命题。

但其时的名医陈莲河心中并无这个命题的踪影，依然在说：“我有一种丹，点在舌上，我想一定可以见效。因为舌乃心之灵苗……。价钱也并不贵，只要两块钱一盒……。”最后就是推卸责任了：“我这样用药还会不大见效，我想，可以请人看一看，可有什么冤愆……。医能医病，不能医命，对不对？自然，这也许是前世的事……。”不能要求一个名医包治百病，医术也有对沉疴痼疾束手无策之时，问题在于你要给他一个合理的应对和令人服气的说明，不能只盯住钱串子，又把责任推给鬼神。两年的时间不算短，你的名医架子不能给人信赖感，反而一依赖，连架子也坍塌了。因而鲁迅只好感慨：“S 城那时不但没有西医，并且谁也还没有想到天下有所谓西医，因此无论什么，都只能由轩辕岐伯的嫡派门徒包办。轩辕时候是巫医不分的，所以直到现在，他的门徒就还见鬼，而且觉得‘舌乃心之灵苗’。这就是中国人的‘命’，连名医也无从医治的。”最后这句“这就是中国人的‘命’，连名医也无从医治的”，是振聋发聩的，它生发出对中国人“宿命”的沉重的思考。中国社会的生存环境使如此“名医”

成为以“巫医不分”的鬼话饶舌的“舌头”，而百姓却如“牙齿”一个个掉落了，可不令人愤慨也乎！

有必要补充说明的是，对中医蕴涵着的伟大经验，鲁迅后来是肯定的：“古人所传授下来的经验，有些实在是极可宝贵的，因为它曾经费去许多牺牲，而留给后人很大的益处。偶然翻翻《本草纲目》，不禁想起了这一点。这一部书，是很普通的书，但里面却含有丰富的宝藏。自然，捕风捉影的记载，也是在所不免的，然而大部分的药品的功用，却由历久的经验，这才能够知道到这程度，而尤其惊人的是关于毒药的叙述。我们一向喜欢恭维古圣人，以为药物是由一个神农皇帝独自尝出来的，他曾经一天遇到过七十二毒，但都有解法，没有毒死。这种传说，现在不能主宰人心了。人们大抵已经知道一切文物，都是历来的无名氏所逐渐的造成。建筑，烹饪，渔猎，耕种，无不如此；医药也如此。这么一想，这事情可就大起来了：大约古人一有病，最初只好这样尝一点，那样尝一点，吃了毒的就死，吃了不相干的就无效，有的竟吃到了对证的就好起来，于是知道这是对于某一种病痛的药。这样地累积下去，乃有草创的纪录，后来渐成为庞大的书，如《本草纲目》就是。而且这书中的所记，又不独是中国的，还有阿剌伯人的经验，有印度人的经验，则先前所用的牺牲之大，更可想而知了。”（《南腔北调集·经验》）有如此伟大的经验作支撑，就更应该支撑起一座可被现代世界认同的理论和方法的雄伟大厦，而不应斤斤计较别人针对具体情境说话的轻重。谁的舌头、牙齿，谁就应该自我珍惜，才不至于说话漏风，吃饭乏味。

六 “枯鱼之肆”中找来的理论需要重新激活

令鲁迅刻骨铭心的，还有父亲临终的一幕。衍太太这个精通礼节的妇人，说应该给父亲换衣服；将纸锭和什么《高王经》烧成灰，用纸包了给他捏在拳头里，还一再催促："叫呀，你父亲要断气了。快叫呀！"于是一片叫声，叫得父亲已经平静的脸忽然紧张，微微睁眼，仿佛有些苦痛，一直叫到他咽了气。"父亲的喘气颇长久，连我也听得很吃力，然而谁也不能帮助他。我有时竟至于电光一闪似的想道：'还是快一点喘完了罢……。'立刻觉得这思想就不该，就是犯了罪；但同时又觉得这思想实在是正当的，我很爱我的父亲。"直到写这篇回忆散文时，作者耳中还鸣响着在衍太太催促下呼叫"父亲!!"的声音，觉得这是"我对于父亲的最大的错处"。人在感情悬崖上所受到的刺激，可能会烙下难以除去的疤痕。鲁迅指认，这疤痕是作为世俗礼节之象征的衍太太烙下的。他记下这如陨石袭来的变故和灾难，也就留下了鲁迅心底里至为柔软的人性人情。这里开始积蓄了鲁迅对世俗礼仪憎恶和复仇的某些因子，"如鱼饮水，冷暖自知"。

然而有博士文章却要从"枯鱼之肆"中寻找理论，拿着没有经过创新激活的弗洛伊德学说解释《朝花夕拾》中包括《琐记》在内的衍太太，指证她在少年鲁迅潜意识中，兼具"母亲"和"恋人"双重角色。理由是鲁迅还很小时，偶然走进她家去，她正在和她的男人看"春宫图"，将书塞在他的眼前，但见画着房屋，有两个人光着身子仿佛在打架。正迟疑间，他们便大笑起来了。父亲故去之后，鲁迅也还常到她家里去，不过已不是和孩子们玩耍了，却是和衍太太或她的男人谈闲天。但是，鲁迅其时只有十六岁，比衍太太的儿子还小三四岁。而且鲁迅不仅把衍太太看作世俗礼节的代表，而且把她描绘成表面充好人、背后散布流言的角色。流言是鲁迅深恶痛绝的，岂能让其兼具"母亲"和"恋人"双重角色，承担这种令人嗤之以鼻的罪衍？

解除“理论遮蔽”后就不难发现，父亲的病和死，是少年鲁迅经历百草园、三味书屋，而思想感觉第一次遭遇偌大的一个社会，因而他感觉到的痛和恨、希望和绝望，潜在地植入了他的世界观、人生观和文化观。这里的“药”，令人想起小说《药》中的人血馒头，以馒头蘸着烈士鲜血，当作治疗痨病孩子的药引。“药引”已经成了鲁迅批判社会愚昧和麻木的心理情结。由此鲁迅由父亲的病拓展为考察中国的病，以致形成了“我的取材，多采自病态社会的不幸的人们中，意思是在揭出病苦，引起疗救的注意”的美学思维方式。这种思维方式，在他第一次遭遇社会时，就隐隐地积蓄着它的指向和定势。指向和定势的延伸，就多级推进地出现了弃工学医、弃医从文的人生坎子。在一定意义上说，父亲的病所引发的精神反应，经过不断发酵，成了他后来文学开拓的潜在的原动力之一。

鲁迅撬开黑暗的社会口腔，看清它的舌头和牙齿，得到的并非“柔弱胜刚强”的学理，而是从“绝无窗户而万难破毁的铁屋子”发出的呐喊。中国现实拥有中国自身的文化血脉、文明形态、当下生命。中国现实社会的“务实大文本”，与古代的或外国的理论“务虚泛文本”之间存在着不应抹杀的距离，距离所在，就是现代性思想原创的必要和可能的空间之所在。这就导致比较文学研究对任何高明的理论的借鉴，都要认清借鉴的有限性，认清外来理论的所谓“世界性”，是“有缺陷的世界性”，都应从真实的原本出发，对现成的理论进行选择、校正、扬弃、错位、综合、超越，甚至反抗，从而让思想之鱼从容出游，享受“鱼之乐”，享受原创性的智慧喜悦。

（2013 年 11 月 16 日）

借问庄子您是谁？
——杨义哈佛讲演整理稿

一　庄子的国族身份

上次在哈佛讲演“中国叙事学”，还与学者们交谈了中国少数民族史诗。这次主要讲演先秦诸子还原的问题。我每次出国，都带上一本耐读的书，在牛津、剑桥、哈佛，都带过《庄子》，读来读去，大概是书读得深了，读到文字背后去了，于是发现生命的呼唤，发现“庄子是谁?”是一个两千多年都没有解决的问题!

《史记》庄子传交代:“庄子者，蒙人也，名周。周尝为蒙漆园吏，与梁惠王、齐宣王同时。其学无所不窥，然其要本归于老子之言。”就是说司马迁只讲庄子是蒙地人，并没有因为蒙地在宋国，就说他是“宋人”。《史记》对于先秦诸子都交代他们的国族，如“老子者，楚苦县厉乡曲仁里人也”；“韩非者，韩之诸公子也”；“孔子生鲁昌平乡陬邑，其先宋人也”；“孟轲，邹人也”；“荀卿，赵人”，甚至连一笔提到的也交代清楚:“慎到，赵人；田骈、接子，齐人；环渊，楚人，皆学黄、老道德之术，因发明序其指意”。唯独庄子没被提到他的国族，只说是“蒙人”，这是经过经典细读和对读后，发现的明显的不同之处。司马迁没有说庄子是“宋蒙人”，省去一个“宋”字，可以理解为司马迁并没有简单地把庄子当成“宋人”对待。那么庄子的国族归属是什么？庄子传结尾处讲了一个故事：“楚威王闻庄周贤，使使厚币迎之，许以为相。庄周笑谓楚使者曰：‘千金，重利；卿相，尊位也。子独不见郊祭之牺牛乎？养食之数岁，衣以文绣，以入太庙。当是之时，虽欲为孤豚，岂可得乎？子亟去，无污我。我宁游戏污渎之中自快，无为有国者所羁，终身不仕，以快吾志焉。’”司马迁是一位历史叙事的高手，他在庄子传结尾的这段补叙，是大有深意的，不可轻易放过。

司马迁写《史记》的时候，庄子还未得势。那时是黄老的天下，黄帝和老子，而不是老子和庄子，老庄的天下是魏晋，所以司马迁就把庄子传放到《老子韩非列传》的中间，作为一个附传。庄子是谁？司马迁没有深入考究。《史记》中记载庄子是蒙地的一个漆园吏，蒙地在宋国，现在的商丘北，漆园吏是一个地方作坊的记账先生——这不说得很清楚了吗？但我就要问一问，第一，庄子的知识是从哪里来的？当时是贵族教育，学在官府，典籍也为官府守藏，民间无有。庄子写书在知识上是无所不窥，他认为“旧法世传之史尚多有”，推重“惠施多方，其书五车”，那么要同这样的对手辩论，也需要“学富五车”，什么学问都要知晓。比如作为中国最重要经典的“六经”，最早见于《庄子·天运篇》：“孔子谓老聃曰：丘治《诗》、《书》、《礼》、《乐》、《易》、《春秋》六经，自以为久矣。”《天下篇》说：“《诗》以道志，《书》以道事，《礼》以道行，《乐》以道和，《易》以道阴阳，《春秋》以道名分。”虽然我们可以考证出孔子见老聃之时，尚未治《易》和《春秋》，但庄子把“六经”放在一起说，说明他对这个经典系统是熟悉的。1993 年在湖北省荆门市郭店楚墓，与简本《老子》甲、乙、丙三种同时出土的《六德》也说：“观诸《诗》《书》，则亦在矣；观诸《礼》《乐》，则亦在矣；观诸《易》《春秋》，则亦在矣。”此墓属于战国中期，可见在庄子时代楚人已知“六经”。

不过，这是当时楚太子属官的墓，在经籍存于官府的时代，庄子的知识来源就是一个大问题。

第二，庄子具备什么资格去跟那些王侯将相对话？比如他去见魏王，穿得破破烂烂，魏王问他："何先生之惫邪?"他却回答得非常傲慢无礼："贫也，非惫也。……今处昏上乱相之间，而欲无惫，奚可得邪？此比干之见剖心征也夫!"魏王居然没有发怒，没有令人挡驾，或将他赶跑、拘留，似乎是乖乖地听着他高谈阔论。他有何种身份、资格做到这一点？

第三，楚威王派了两个大夫聘任庄子做官，不仅《史记》有记载，《庄子》一书也有两次记载，一在《秋水篇》："庄子钓于濮水，楚王使大夫二人往先焉，曰：'愿以境内累矣!'庄子持竿不顾，曰：'吾闻楚有神龟，死已三千岁矣，王以巾笥而藏之庙堂之上。此龟者，宁其死为留骨而贵乎？宁其生而曳尾于涂中乎?'二大夫曰：'宁生而曳尾涂中。'庄子曰：'往矣！吾将曳尾于涂中。'"一在《列御寇篇》："或聘于庄子，庄子应其使曰：'子见夫牺牛乎？衣以文绣，食以刍叔（菽），及其牵而入于太庙，虽欲为孤犊，其可得乎!'"这二则记载，与《史记》所记"楚威王闻庄周贤，使使厚币迎之，许以为相"，可资相互参照，底子相似，措辞相异。史书注重年代，强调是"楚威王"聘请；《庄子》记载则在职位上留有分寸，不说"许以为相"，只说"愿以境内累矣"。然而楚国那时是一流大国，区区一个宋国的漆园吏，不见有何政绩，写的文章也没有安邦定国的效能，楚王为什么要千里迢迢请你当大官呢？而庄子还偏偏不愿意去，说自己不愿当牺牲的牛，似乎这邀请还不能排除杀身之祸的潜在危险，宁愿当在河沟里拖着尾巴打滚的乌龟。那两个使者居然也心照不宣地说"还是当乌龟吧"，并无强迫他赴楚的意思，这里又蕴含着何种政治文化密码？

可能有人会说，庄子寓言都是编出来的，不足取信。但事关个人身世生涯，编撰寓言也要有底线，这是起码的常识，没有底线就是骗子。你说自己是干部子弟，或者联合国秘书长要请你任职，没有这回事，信口雌黄，那只算是低级的招摇撞骗；要是凭着一点儿底子或影子，添油加醋，“以天下为沈浊，不可与庄语”，托意于荒唐谬悠之说，以玩世滑稽，瑰丽纵横，甚至自我标榜一番，这倒不失人之常情。身世寓言的底线，是人格的体现。因此有必要对庄子的身世寓言，进行生命痕迹的取证，透过幻象窥其底细。

那么，庄子到底是谁？根据我的考证，庄子是楚庄王的后代。宋人郑樵在《通志·氏族略》中两次讲到，庄氏出于楚庄王，战国时有庄周，“著书号《庄子》”。郑樵遍读唐以前的书，广搜博引，写成《通志》二百卷，《四库全书总目提要》中指出：“南北宋间记诵之富，考证之勤，实未有过于樵者。”因此他说庄氏出于楚庄王，是有唐以前的牒谱文献为据的。当然，“庄”是一个美谥，春秋战国之时，以“庄”为谥号的国君有十几个，但庄氏的出处具有特指性，特指和泛指是迥然有别的，“庄氏出于楚庄王，僖氏出于鲁僖公。康氏者，卫康叔之后也。宣氏者，鲁宣伯之后也”，这是记载得清清楚楚的。

郑樵毕竟是南宋人，距离庄子已经千余年，对他的说法有必要回溯到《史记》。《史记·西南夷列传》写云贵川等地的少数民族。这是司马迁的大贡献，他把边远民族写进了我们的正史，以后的史书都有“四夷传”，要不我们的少数民族就缺少了基本的官方记载。《西南夷列传》里面记载了一个人——庄蹻。庄蹻是楚国镇守西部的一个将军，他带兵到了云南滇池，后来秦国将军白起占了巴郡和黔中郡之后，阻断了他的归路，就变成了滇王。司马迁写道：“始楚威王时，使将军庄蹻将兵循江上，略巴、蜀、黔中以西。庄蹻者，故楚庄王苗裔也。”班固《汉书·西南夷两粤朝鲜传》也沿用了这个说法。司马迁在这里无意中透露了破解庄子身世之谜的线索：楚国庄氏出自楚庄王，庄子与庄蹻一样是楚庄王之后，可能出自不同的分支。这一点跟《史记》庄子传中，称庄子为“蒙人”而不标示“宋”，结尾处补记楚威王派使者聘请庄子，在认证庄氏的国族上，是有着互动互补的潜在契合之处的。二者又与《通志·氏族略》形成了一条有效的证据链。

楚庄王是春秋五霸之一，“三年不飞，飞将冲天；三年不鸣，鸣将惊人”，他将楚国的势力发展到靠近洛阳一带，在东周都城洛阳郊外搞阅兵仪式，问周鼎的小大轻重，征服北方几个小国。“问鼎中原”这个词就是这么来的。朱熹说：“楚庄王盛强，夷狄主盟，中国诸侯服齐者亦皆朝楚，服晋者亦皆朝楚。”有一种记载，“楚庄王灭陈为县，县之名自此始”，中国有县的建制，是楚庄王的一个创造。其实，秦武公十年（公元前 688 年），伐邽、冀戎，就有“初县之”的说法，这比楚庄王灭陈为县早九十年。应该说中国之有县的建制，是秦、楚二国率先创造的。《国语·楚语上》记载楚庄王向申叔时问教太子之法，申叔时回答说：“教之《春秋》”，“教之《诗》”，“教之《乐》”，“教之《语》”等等，这就从楚庄王开始形成了贵族教育的“申叔时传统”，推动了楚文明与中原文明的融合。楚庄王的直系传承王位，就是楚王，他的旁系在三代以后就可以用他的谥号作为姓氏。问题是从楚庄王到庄子，过了二百多年，应是八代以上，庄氏家族已经是一个很疏远的贵族。

既然庄子是楚庄王之后，为何会居留在宋国？考证这个问题，要从楚威王派人迎接庄子的材料入手。在楚威王初年（公元前 339 年），庄子大概三十岁左右，从这个时候往前推五十年——要是过了一百年或更长的时间就不用操心了，“新鬼大，旧鬼小”啊！——上推到四十多年的时候，出了一个重大的事件：吴起变法。楚悼王用吴起变法，“南平百越；北并陈蔡，却三晋；西伐秦。诸侯患楚之强”，开发了江南地，洞庭以南的地区，都成了楚国的疆域。吴起“明法审令，捐不急之官，废公族疏远者，以抚养战斗之士”，三代以上的贵族是不能世袭的，要去“上山下乡”，充实新开发的土地。这把那些老贵族得罪透了。到了楚悼王一死（公元前381年），这些贵族就造起反来，攻打吴起。吴起是军事家，孙、吴并称，他就跑到了灵堂里，趴到楚悼王的尸体上。这些疏远的贵族大闹灵堂，乱箭射死了吴起，自然，也射到了楚王的尸体。按照楚国的法律，“丽兵于王尸者，尽加重罪，逮三族”。所以楚悼王的儿子楚肃王继位之后，灭了七十多家。庄氏家族应该就是受到此事的株连而逃亡的。要是我们对战国的地理形势比较了解的话，宋、楚之间，是墨子弟子们的根据地。比如墨者巨子孟胜，与楚国阳城君相好。阳城君参与射杀吴起事件而逃亡后，墨家巨子就为他守卫阳城封邑，自然也会将楚国同案要犯偷偷送到宋国。庄氏家族逃到宋国十几年之后，才生下了庄子。

经过以上的国族认证和家族流亡的考证之后，前面提到的庄子身世的三大谜团就迎刃而解了。庄子为什么无书不窥？因为他出身贵族，接受的是楚国富有传统的贵族家庭文化教育；他为什么可以那么傲慢地和王侯将相说话？因为楚王可能还会请他回去主事，楚国可是大国啊！在吴起之变四十余年后，隔了两代国王了，庄氏家族以及那些疏远贵族的关系毕竟盘根错节，不断有人在楚威王耳边给这七十多个家族喊冤叫屈，呼吁落实政策，主张将他们的贤子弟迎聘回来，委以重任。楚王因此“闻庄子贤”，才派二大夫到濮水迎聘庄子。濮水在楚、宋接壤之处，与庄子、惠施观鱼的濠梁，及墨家巨子活动的阳城相离不远，都在今天安徽西北部。好像庄子对他们家族的流亡路线，还有几分留恋。

朱熹对庄子的身世有着很好的直觉，他一眼就看出，庄子自是楚人，大抵楚地便多有此样差异的人物学问。朱熹没有做专门的考证，但他对先秦学术流派是一清二楚的。透彻的直觉，往往比含混的“博学”离真实更近。

二 破解《庄子》的文化基因

一个人文学者不同于人事干部的地方，在于他破解庄子的家世，不只是为了填一份履历表，是为了更好地破解《庄子》中的文化基因；而且通过破解《庄子》中的文化基因，又可以反过来印证庄子的家族渊源。这就是知识发生学的研究，在循环论证中揭示庄子的真实生命。庄子和惠施是好朋友，惠施在魏国大梁为相，前后总共二十多年。刚当上梁相的时候，有人造谣，说庄子要谋他的相位，所以惠施在大梁搜查庄子三天三夜。我们都知道庄子讲了一个猫头鹰和死老鼠的故事，猫头鹰叼着一只死老鼠，很宝贝，担心凤凰抢它的死老鼠。你看庄子是怎么讲的——南方有鸟，其名曰鹓雏，发于南海，而飞于北海——这和庄氏家族的迁徙路线是一致的。楚人崇拜凤凰，《山海经·南山经》是把凤凰、鹓雏并列为同类的。庄子以凤凰（鹓雏）自拟，暗示着楚国聘请我，我都没有回去，还会来谋你那个死老鼠的职位吗？惠施，你可是老朋友，你应该明白的啊！这就是庄子拿自己的身份经历，以寓言方式与惠施说话。

甚至连《庄子·逍遥游》所说的鲲鹏展翅，“鹏之背，不知其几千里也。怒而飞，其翼若垂天之云”，也联系着楚人崇凤的原始信仰。明人谢肇淛《五杂俎》卷九说：“鲲化为鹏，《庄子》寓言耳。鹏即古凤字也。宋玉对楚王‘鸟有凤而鱼有鲲’，其言凤皇上击九千里，负青天而上，正祖述《庄子》之言也。”这就在楚人崇凤的信仰上，将《庄子·逍遥游》与宋玉《对楚王问》关联在一起了。文字学上“鹏”字与“凤”字、“风”字相似，甚至相通，也得到甲骨文和出土简帛文献的支持。

《庄子》书又有浑沌信仰。浑沌、穷奇、梼杌、饕餮，在中原之地认为这是四凶。如《左传》文公十八年说：舜帝“流四凶族，浑敦、穷奇、梼杌、饕餮，投诸四裔，以御螭魅”。但在楚地，浑沌是三苗的祖先。庄子故事中，浑沌是中央之帝，倏和忽是南北之帝，觉得浑沌待他们很好，看到浑沌没有七窍，便“日凿一窍，七日而浑沌死”。浑沌是楚人的信仰，倏和忽是楚国的方言，在先秦的书中，只有《楚辞》有倏忽。用楚国方言，写楚人的信仰，这蕴含着庄子刻骨铭心的乡愁。

《庄子》书中写了十几个楚国的故事，在他的笔下，楚人都是非常神奇的。月是故乡明，爷爷奶奶讲的失落了的故乡故事，最能拨动人的心弦。有一个故事叫“郢匠挥斤”，楚国首都的一个工匠，拿着一把大斧头，“运斤成风”，可以将你鼻梁尖上像苍蝇翅膀一样薄的白泥巴砍掉，这个匠人很是厉害，那个受斧头的人也很是厉害。第二个故事是汉阴抱瓮老人，汉阴就是汉水以南，有个老人不用桔槔，挖了一条隧道到地下打井水浇地。子贡就问他，为什么不用桔槔，这不是事半功倍吗？这个老人就讲，有机械就有机事，有机事就有机心。他不能用机械破坏自然的浑沌状态。孔子说这是浑沌氏之术。还有一个故事“痀偻承蜩”，就是驼背老人抓蝉。他说我的竹竿子上要能顶着两个石头丸子不掉下来，那十个蝉就能粘住五六个；要是能搁三个石头丸子在竹竿顶上掉不下来，那抓蝉时，十个里面能粘住八九个；要是能有五个石头丸子累在竹竿上不掉，那抓蝉就如探囊取物一样了。这是讲专心致志可以通天地之道，“与天为一”的神秘力量。苏东坡称赞吴道子画人物，“出新意于法度之中，寄妙理于豪放之外，所谓游刃余地，运斤成风，盖古今一人而已。”文天祥说:“累丸承蜩,戏之神者也;运斤成风,伎之神者也。”这些都是用了庄子所讲的楚人故事作比喻。这些楚人故事,证明庄子道术连通着楚人信仰。信仰的连通,是生命之根的连通。

三　宋国蒙地与庄子的生命哲学

庄子居留在宋国蒙地,但他似乎对宋国相当隔膜,甚至反感,他笔下的宋人都很笨,甚至有些卑劣。庄子经常嘲讽宋人,加上经常与宋人惠施辩论,嘲讽就更加尖刻。宋人是殷商的后代,总有一点经商的智慧吧,但是庄子说:“宋人资章甫而适诸越,越人断发文身,无所用之。”宋人拿着商朝老祖宗的“章甫”帽到越国去卖,但越人是断发文身的,根本不戴帽子。做买卖也不顾客户的需求,只能赔掉老本。嵇康《与山巨源绝交书》说:“不可自见好章甫,强越人以文冕也。已嗜臭腐,养鹓雏以死鼠也。”用的就是《庄子》中的典故。

《庄子》还说:“宋人有善为不龟手之药者”,但是只能“世世以洴澼絖为事”。“洴澼絖”就是漂洗棉絮,大概是用了宋国的象声词方言,有点向辩论对手惠施调侃的意味。有客人想用百金购买他们的偏方,他们就聚族商量:“我们世世代代都在洴澼絖,一年的收入也不过数金。如今卖个方子,就可以拿到百金,不如成交了吧。”那个客人则拿着方子,游说吴王。越国来侵略,吴王就任命他当将军,冬天与越人水战,手不龟裂,大败越人,裂地而封他当大官。庄子评议说:能够一样制造不龟手的药,有人靠它封官,有人不免于“洴澼絖”,是他们使用的方式存在着差异的缘故。

其实,诸子都不太喜欢宋人。为什么?通览《左传》可以知道,宋国掌权的都是自己的公族,他们怕权力被游说之士夺走,因而不接受客卿。孔子经过宋国,受到宋司马桓魋伐树的威胁;孟子游历到宋，受到宋君不见的冷落。墨子阻止楚国对宋的入侵，归途过宋，守闾者不予接纳。庄子在宋国也只能当个芝麻大小的漆园吏，这么有才华的人，起码也应该在政府中成为管理图书、起草文件的大夫。秦国、楚国、齐国，都接纳客卿，宋国却不接纳，诸子对它的保守姿态很反感，所以《孟子》的“拔苗助长”是宋人，《韩非子》的“守株待兔”也是宋人。

庄子没有融入当时宋国社会中，当地人不接纳他。他小时候，在沼泽地里孤独游逛而没有伙伴，“独与天地精神往来”。看见蜗牛的两个角，想象其中一个是触国，一个是蛮国，互相打仗，打了半个月，死了五万人云云——这是小孩子的想法。清人吴梅村有《满江红》词曰：“鹬蚌利名持壁垒，触蛮知勇分旗鼓。只庄周为蝶蝶为周，都忘语。”我想，孔子这么博学，多识鸟兽草木之名，他都不知道蜗牛有两个角，当时的博物学还没有那么发达。你要盯着蜗牛看很长时间，它才会伸出两个角来，只有小孩子有这份耐心。庄子还到集市看耍猴，欣赏着耍猴人给猴子分配橡栗，说朝三暮四，猴子就生气，说朝四暮三，猴子就高兴。还有“庖丁解牛”，一个屠夫像合着乐舞那样挥舞着出神入化的刀，两三刀就干脆利落地将一头牛杀倒了，只有小孩子看时才觉得震撼，大人就没有这么强烈的感觉。庄子凭借自然界的草木虫鱼和民间卓绝的技艺，引发他的神思妙想，书写着“诗化的哲学，哲学化的诗”。

庄子的生命哲学，写得最独特的，一是关于死，二是关于梦。庄子老婆死了，他“鼓盆而歌”，这是楚人的风俗，即《明史·循吏列传》所说：“楚俗，居丧好击鼓歌舞。”此类记载在唐、宋、元朝的笔记，以及湖北等地的地方志中，可以找到不少，现在南方还有这种风俗，可谓流风久远。按照“丧祭从先祖”的规矩，庄子在亡妻丧俗上，应请巫师和亲友击鼓歌舞。但他既穷请不起巫师，家族流亡异地又请不来亲友，只好自己鼓盆而歌了。庄子的高明之处，是他能够从楚俗中，升华出哲理，“通天下一气耳”，气聚而生，气散而死，死者又回归自然。因此他说：“大块载我以形，劳我以生，佚我以老，息我以死。”生生死死，来去潇潇洒洒。

先秦诸子写梦写得最好的是庄子，他写了十一个梦。《老子》、《孟子》没有“梦”字，《论语》有一次写到梦，孔子曰：“甚矣吾衰也！久矣吾不复梦见周公!”讲的是一个政治梦。《庄子》最有名的是“蝴蝶梦”：“昔者庄周梦为胡蝶，栩栩然胡蝶也，自喻适志与！不知周也。俄然觉，则蘧蘧然周也。不知周之梦为胡蝶与，胡蝶之梦为周与?”庄子多悟鸟兽草木之灵。他用梦来思考生命的界限，“梦为鸟而厉乎天，梦为鱼而没于渊。不识今之言者，其觉者乎？其梦者乎?”人与鸟、鱼、蝶，孰真孰梦，梦与醒的界限在哪里？在边界朦胧中，所谓“庄生晓梦迷蝴蝶”，他写了一个生命与梦的春天，给人一种轻盈的美丽，与物为春，逢春化生。庄子作品的诗意，就来自这种几分惊奇、几分超逸，混合着几分楚人乡愁的记忆，令人神往，构筑着一个中国人可以“诗意栖居”的精神家园。

以此角度解读《庄子》，我们就会体验到，一个破落流亡的楚国贵族后代在宋地作楚思的活生生的情境。我们考证庄子身世，进行文化还原，就是为了恢复这些经典本身应该具有的生命。还原诸子生命，既是对诸子的尊重，也是对研究者能力的尊重。中国具有世界上第一流的思想文化之根的资源，如果我们的解释是陈陈相因，或随波逐流，就很难提升与一个现代大国相称的思想原创能力和文化解释能力。

（本文为2013年4月25日在哈佛大学的讲演，
载于2013年7月22日《光明日报》）

还原孙武子

——答中国新闻社澳门分社、苏州分社记者问

中国社会科学院学部委员杨义，卸任中国社会科学院文学研究所所长之职，受澳门大学之邀，担任该大学社会科学及人文学院中国文学讲座教授、博士生导师，为研究生讲授《史记》及先秦诸子学课程，已讲了老子、庄子，接下来就要开讲《孙子兵法》。杨义教授在海内外出版学术著作四十余种，2011 年出版了“诸子还原”四书，即《老子还原》、《庄子还原》、《墨子还原》、《韩非子还原》。他在接受记者采访时津津乐道地“还原孙子”，他认为诸子学必须参照文献文本、考古资料与诸子身世，将之作为一个有血有肉的人所创造的智慧进行生命还原，这是诸子发生学的基本命题。随着记者的提问，杨义教授侃侃而谈。

一 《孙子兵法》的家族基因

孙武是兵家之祖，自从有了孙武，在春秋战国诸子中兵家才自成一家一派。也就是说《孙子兵法》是千古兵家第一书。在战国时代，它就受到广泛的关注。《韩非子·五蠹篇》说：“境内皆言兵，藏孙、吴之书者家有之。”以后历代的将帅将它列为必读书的首选。

曹操作《孙子序》说："吾观兵书战策多矣，孙武所著深矣。"《唐太宗李卫公问对》记载唐太宗说："朕观诸兵书，无出孙武。孙武十三篇，无出虚实。夫用兵，识虚实之势，则无不胜焉。"这些驰骋疆场、精于用兵的帅才都高度推崇《孙子兵法》，可知这部兵书蕴含着第一流的人类智慧。

孙武是军事专家，族源出自齐国的田完家族，由于齐国的田氏、鲍氏、高氏、国氏等豪门巨族互相倾轧，为避不测之祸，其家迁徙到吴越之地的富春江一带。后世子孙，食邑于富春，自是世为富春人。根据族谱记载，这个家族出过一个重要的人物孙权，是孙武的后代。曾经为秦始皇统一中国出谋划策的尉缭，在他写的《尉缭子》中说："有提十万之众而天下莫当者，谁？曰：（齐）桓公也。有提七万之众而天下莫当者，谁？曰：吴起也。有提三万之众而天下莫当者，谁？曰：（孙）武子也。"可见他是把孙武看作春秋战国时期"天下莫当"的超一流军事高手的。

孙武在吴王阖闾的幕下运筹帷幄，能力盖世，但职位不显，远不能与重臣伍子胥相比，终其身只不过是一个幕僚、客卿而已。东汉袁康《越绝书》卷二就说："（吴郡）巫门外大冢，吴王客齐孙武冢也，去县十里。善为兵法。"连墓碑上都只是标示"吴王客"，可知他并无显贵的职位。清代江南吴江顾万祺对于孙武的身世更是感到悲凉，他写过一首《斗鸡坡》诗说："红粉宫中小队齐，花痕凝碧草萋萋。一从孙武归山后，不教三军教斗鸡。"因此吴楚"柏举之战"，虽然可以感觉到孙武出神入化的用兵谋略的非常了得，但《左传》记述这场迅雷不及掩耳的战争时，取材官方文件，使孙武的名字遗憾地缺席。《史记·孙子列传》虽然写到"阖庐知孙子能用兵，卒以为将。西破强楚，入郢，北威齐晋，显名诸侯，孙子与有力焉"，但由于官方材料有限，只是这样交代孙武的身份："孙子武者，齐人也。以兵法见吴王阖庐”。至于孙武的家世和其余行踪，就未免有点云龙见首不见尾了。《史记》写孙武，与写老子相似，都是在画龙。

列传聚焦于孙武训练以吴王二宠姬为队长的宫中美人百八十人的队列，成为千古练兵令人难忘的景观。成语“三令五申”也出之孙武训练宫娥。尽管阖闾自称“尽观”十三篇，但他浑然以游戏态度对待宫娥练兵，并没有把十三篇开宗明义的“兵者，国之大事，死生之地，存亡之道，不可不察也”的战争严峻性存乎心中。孙武作为“客卿”不同于伍子胥，初见吴王时不能不以血的代价，以确知吴王是否对自己竭诚信任。对此，十三篇中已有明言：“将听吾计，用之必胜，留之；将不听吾计，用之必败，去之。”在孙武看来，君臣嫌隙是用兵的大患，唯有“上下同欲者胜”。本是阖闾用练女兵试孙武，孙武却反而用练女兵试阖闾。如果阖闾过不了这一关，孙武是会拂袖而去的。

清人魏源《圣武记》说的话，多少透露了孙武斩宫娥的动机：“(司马）穰苴斩贵臣以肃骄军，孙武斩宠姬以厉女戎，商君千金徙木以市信，田单神师走卒以悚众，此皆仓卒受命，以他人未教之兵为己猝然之用，不得已为此欲速助长之法，用不测之威赏，以新万人之耳目，与淮阴置诸死地，事不同而意同，法不同而效同。”孙武斩宫娥，成了军法如山的一种象征。唐朝开元年间，张九龄为中书令。范阳节度使张守珪奏禅将安禄山屡屡打败仗，押送京师行刑。张九龄批示说：“穰苴出军，必诛庄贾；孙武行法，亦斩宫嫔。守珪军令若行，禄山不宜免死。”实际上张九龄把孙武斩宫嫔，和司马穰苴斩庄贾并列，已经暗藏着将当时女宠杨贵妃之祸和安禄山之患相并列了。近代蔡锷作《曾胡治兵语录》，在卷六“严明类”引录胡林翼的话：“自来带兵之员，未有不专杀立威者。如魏绛戮仆，穰苴斩庄贾，孙武致法于美人，彭越之诛后至者，皆是也。”可见孙武斩宫娥，已经成为从严治军的经典案例。

孙武著述兵书的原始体制，作于吴阖闾九年（公元前506年）“西破强楚，入郢”之前的春秋晚期。他向吴王阖闾献上《兵法十三篇》，时年只有三十多岁，并无战争的经历，为何能够一出手就写出一部兵家圣典？这番兵学史上的奇迹，与孙武的家族存在着不解之缘。孙武是由陈国出奔到齐国的田完家族的七世孙，比起弑杀齐简公的田常晚一辈，虽是旁支，却是不折不扣出身将门巨族。田氏家族再过三代，就取代姜氏的齐国了。《左传》鲁昭公十九年（公元前523年）记载，这年的秋天，齐国的高发率师讨伐东夷民族的莒国。莒共公逃奔到纪鄣城堡。高国就派孙书乘胜追击。莒国有个妇人，她的丈夫被莒国的国君杀掉了。这时已是老寡妇，寄居在纪鄣城堡，她纺出一根麻绳，长度刚好和城墙的高度相等。等到孙书的追兵一到，就把麻绳从城头垂到城外。有人把麻绳献给孙书，孙书安排军队夜间顺着麻绳登城。登上六十人，麻绳就断了。城下的士兵和登城的士兵，一齐鼓噪。莒共公害怕，就开启西门逃走。七月十四日，齐国的军队攻入纪鄣城堡。

这位孙书原名陈（田）书，是田完的四世孙陈（田）无宇的儿子，由于攻打莒国有功，被齐景公赐以姓氏“孙”。这就是孙武的祖父，纪鄣城堡战役之时，孙武大概十几、二十岁。《孙子兵法》最后写了《用间篇》，谈论间谍情报、里应外合的重要性，认为“三军之事，莫亲于间，赏莫厚于间，事莫密于间。……故惟明君贤将，能以上智为间者，必成大功，此兵之要，三军之所恃而动也”。用兵依照间谍情报而行动，孙子的这种军事思想非常独特，也具有非常的前瞻性。追根溯源，不能说这种思想的发生，与其祖父得到纪鄣城堡内部的老寡妇的内应，从而一举破城没有渊源关系。

考察《孙子兵法》的家族记忆时，绝不能忘记另一位与孙武祖父孙书同辈的大军事家司马穰苴，他也是田完之苗裔。《史记·司马穰苴列传》记载：“司马穰苴者，田完之苗裔也。齐景公时，晋伐阿、甄，而燕侵河上，齐师败绩。景公患之。晏婴乃荐田穰苴曰：‘穰苴虽田氏庶孽，然其人文能附众，武能威敌，愿君试之。’景公召穰苴，与语兵事，大说之，以为将军。”因抗击晋、燕的侵伐立有大功，被齐景公尊为大司马，因而后世以官名为姓氏，把田穰苴叫做“司马穰苴”。田穰苴当将军伊始，说自己平素卑贱，“士卒未附，百姓不信，人微权轻”，请齐景公派个宠臣作为监军。齐景公同意派庄贾当监军，田穰苴就跟他约定，次日中午在军门相会，商量行军事宜。但是庄贾恃宠卖宠，接受亲戚朋友的送行宴会，大吃大喝，直到晚上才姗姗来迟。田穰苴问军法官，应该如何处置，军法官说：“当斩。”庄贾慌了手脚，派人向齐景公求救，齐景公派使者持节赦免庄贾，田穰苴说：“将在军，君令有所不受。”就斩了庄贾，还斩了求情的使者的随从和车马。

田穰苴“将在军，君令有所不受”，与孙武斩吴王阖闾的二宠姬时说的“将在军，君命有所不受”，如出一辙，同属田氏将门的治军原则。田穰苴的治军作风、作战谋略，也作为家族文化基因，深刻地植入了《孙子兵法》。比如田穰苴“文能附众，武能威敌”，也被孙子《行军篇》演绎为“令之以文，齐之以武”的治军原则；田穰苴亲自关照和处理“士卒次舍、井灶饮食、问疾医药”，与《地形篇》中“视卒如婴儿”、“视卒如爱子”如出一辙；田穰苴“必取于人”的实践性“先知观”，与《谋攻篇》的至理名言“知彼知己，百战不殆”相互映照，使整部《孙子兵法》摒弃了巫风迷思的纠缠，闪耀着深刻的实践理性的光彩。前人虽然没有注意孙武与田穰苴的家族渊源，但也有人感觉到《孙子兵法》与田穰苴有相通之处。如宋人张预《十七史百将传》卷一说："孙子曰'令之以文，齐之以武'，穰苴文能附众，武能威敌。又曰'法令孰行'，穰苴斩庄贾以徇三军。又曰'不战而屈人之兵'，穰苴士卒争奋而燕、晋解去是也。"

田穰苴以后五代，田氏取代姜齐，再过二代，"齐威王使大夫追论古者司马兵法而附穰苴于其中，因号曰司马穰苴兵法"，这已经是稷下先生做的事了。而田穰苴晚年，"已而大夫鲍氏、高、国之属害之，谮于景公。景公退穰苴，苴发疾而死"。大概是在这场政治危机中，孙武离开是非之地齐国，远赴吴越之地富春江一带。

二　混合着大地的血迹和老子式的道

《孙子兵法》的大智慧，是蘸着血写出来的，并非空泛的纸上谈兵。据先秦子史典籍记载，春秋时代大国争霸，以及大国兼并小国的战争频繁。《孟子·尽心下》说："《春秋》无义战。彼善于此，则有之矣。征者，上伐下也，敌国不相征也。"宋人王应麟《困学纪闻》卷六说："《春秋》书'侵'者才五十八，而书'伐'者至于二百一十三。苏氏谓《三传》侵、伐之例，非正也。有隙曰侵，有辞曰伐。愚谓孟子曰'《春秋》无义战'，非皆有辞而伐也。"亲历这种战争环境而出身将门的兵学天才孙武，在祖父孙书伐莒时已是十余岁的少年，家学承传，堂前商讨，案前凝思，列国杀伐和将门论学的交织，给兵学经典的形成注入了丰厚的经验和博大的智慧。

将门论学，比较关注的是与齐国有关的战争案例，以及近百年间晋、楚、秦等大国的重大战役。比如孙武以前百余年，即鲁庄公十年（公元前684年）的齐鲁长勺之战，曹刿论战说："夫战，勇气也，一鼓作气，再而衰，三而竭。彼竭我盈，故克之。夫大国难测也，惧有伏焉。吾视其辙乱，望其旗靡，故逐之。"在《孙子兵法·军事篇》中可以发现这种战争思想的某些投影，其中说道："故三军可夺气，将军可夺心。是故朝气锐，昼气惰，暮气归。故善用兵者，避其锐气，击其惰归，此治气者也。以治待乱，以静待哗，此治心者也。以近待远，以佚待劳，以饱待饥，此治力者也。无邀正正之旗，勿击堂堂之阵，此治变者也。"所谓"避其锐气，击其惰归"，就是以气论战的著名原则。《左传》记载孙书讨伐莒国纪鄣城堡的战役，也是可以作为《孙子兵法·军争篇》所说的"兵以诈立"、"其疾如风"、"动如雷震"的战例的。

《九地篇》所说"去国越境而师者，绝地也"，以及《军事篇》所说"倍道兼行，百里而争利，则擒三将军"，就会让人联想到离孙武百年的秦晋殽之战。《春秋穀梁传》鲁僖公三十三年（公元前627年）记载："夏四月辛巳，晋人及姜戎败秦师于殽。……秦越千里之险，入虚国，进不能守，退败其师。"《左传》同年记载："夏四月辛巳，败秦师于殽，获百里孟明视、西乞术、白乙丙以归"，这就是秦人越千里之险，三将军被擒的战争教训。

还有晋楚争雄，屡开战端而胜负轮替，也是将门论学不会轻易放过的话题。《计篇》所说"攻其无备，出其不意"，这些原则可以在城濮之战晋大胜楚之后，疏于防备，而在邲之战中败于楚；楚在鄢陵之战中，又因将帅醉酒误事，惨败于晋这一系列的战争教训中得到印证。可见孙武是直面战争年代一份极其丰富的因染血而显得沉甸甸的资源，展开他对军事原则和战争规律的深度探索，并将之提升到哲学的高度来思考的。循血迹以寻道，这使得《孙子兵法》形成了一种既踏实而不空幻，又深刻而不平庸的学理品格。

《孙子兵法》十三篇的行文不过六千余言，略长于《老子》，而化韵体为散体。如果说《老子》言道妙以机趣，那么《孙子兵法》则述“诡道”以精诚。根据我的考证，《老子》成篇于孔子于鲁昭公三十一年（公元前 511 年）适周问礼于老子后不久，《孙子兵法》十三篇成于鲁定公四年（公元前 506 年）吴楚柏举之战前不久，略晚于《老子》一书。这是春秋末年诸子学术的双璧。《论语》则是孔子于鲁哀公十六年（公元前 479 年）死后，众弟子为他庐墓守心孝时开始编纂，中经有若时期的增补、修改、编纂，最终到曾子死（鲁悼公三十五年，公元前 432 年）后，由子思和曾门弟子第三次编定，这已经进入战国初期了。

春秋战国之世，中国社会发生了长久、全面、激烈的震荡和变动，催化了整个民族的思想创造能力，推动中国文化在突破和超越中出现蓬蓬勃勃的思想原创，裂变为百家之学。率先开宗的堪称“春秋三始”：一是老子言道德五千言，开道家之宗；二是孔子聚徒讲学，开儒家之宗；三是孙武以《兵法》见吴王阖闾，开兵家之宗。

孙子把老子的“道”引进兵家，“道”是春秋时期的一个“关键词”。《老子》提出“人法地，地法天，天法道，道法自然”的纲领。《孙子》开宗明义就强调“兵者，国之大事，死生之地，存亡之道，不可不察也”，因而提出“经之以五事”的“道、天、地、将、法”作为全书的经纬，把“道”放在五事之首，形成整部兵法的“全胜之道”的核心思想。这与《老子》五千言，用了七十三个“道”字后先辉映。

《老子》突出了以柔弱胜刚强的智谋方针：“将欲翕之，必故张之；将欲弱之，必故强之；将欲废之，必固兴之；将欲夺之，必固与之。是谓微明。柔胜刚，弱胜强。”《孙子》则说：“故善用兵者，避其锐气，击其惰归，此治气者也。以治待乱，以静待哗，此治心者也。以近待远，以佚待劳，以饱待饥，此治力者也”；“乱生于治，怯生于勇，弱生于强。”也注重战争行为和政治态势的辩证法转化。

论道重虚实相生，是《老子》为中国哲学和美学发明的一条重要的原理，用了古时冶炼业使用的风箱设喻“虚而不屈，动而愈出”。《孙子》奇正虚实之论，是中国古代兵学精华所在：“凡战者，以正合，以奇胜”，“避实就虚”，“攻其所必救”。

在人类原始信仰中，水是万物之源，生命之源。《诗经·国风》借水起兴抒情的诗歌，在四十篇以上。《老子》是从水中体验道体、道性的。所谓“上善若水”，“譬道在天下，犹川谷之于江海”，“天下莫柔弱于水，而攻坚强者莫之能胜”，全书散发着水文化的气息。《孙子》“兵无常势，水无常形”，“若决积水于千仞之者，形也”。以水形喻兵势，极具神韵。《论语》记述孔子的话：“智者乐水。”又说：“子在川上曰：‘逝者如斯夫，不舍昼夜。’”朱熹解释道：“天地之化，往者过，来者续，无一息之停，乃道体之本然也。然其可指而易见者，莫如川流。故于此发以示人，欲学者时时省察，而无毫发之间断也。”顾炎武《日知录》则认为：“日往月来，月往日来，一日之昼夜也。寒往暑来，暑往寒来，一岁之昼夜也。小往大来，大往小来，一世之昼夜也。子在川上曰：‘逝者如斯夫，不舍昼夜。’通乎昼夜之道而知，则‘终日乾乾，与时偕行’，而有以尽乎《易》之用矣。”《老子》、《孙子》、《论语》提供了以水言道的三种形态，使中国思想史的源头，荡漾着水光潋滟的无限光泽。

发现心灵上的儿童，或者发现儿童的心灵，是道家文化返璞归真的必然趋势。《老子》以婴儿喻道：“载营魄抱一，能无离乎？专气致柔，能如婴儿乎？”《孙子》也说：“视卒如婴儿，故可与之赴深谷，视卒如爱子，故可与之俱死。”老子是以一个“纯”字谈论婴儿，孙子是以一个“爱”字拥抱婴儿。这种对天然心性的“恋婴”情结，也感染了儒家。孟子说：“大人者，不失其赤子之心者也。”张载阐释说：“不失其赤子之心，求归于婴儿也。”这种说法与老子相通，即老子之所谓“常德不离，复归于婴儿”。朱熹却认为这种还淳反朴之意，未必符合孟子原意，因而解释道：“大人之心，通达万变。赤子之心，则纯一无伪而已。然大人之所以为大人，正以其不为物诱，而有以全其纯一无伪之本然。是以扩而充之，则无所不知，无所不能，而极其大也。”走得更远一些的是李贽的《童心说》：“夫童心者，真心也……绝假纯真，最初一念之本心也。”他在自然人性上解释赤子之心的本质。近代王国维甚至把叔本华的天才，也纳入“赤子之心”说：“其赤子之说，又使吾人回想叔本华之天才论曰：天才者，不失其赤子之心者也。”（《叔本华与尼采》）并且以此评议李后主：“词人者，不失其赤子之心者也。故生于深宫之中，长于妇人之手，是后主为人君所短处，亦即为词人所长处。故后主之词，天真之词也；他人，人工之词也。”（《人间词话》）在这里，赤子之心就是天真，就是天才。

在述学方式上，《老子》堪称独特，是写成韵散交错，时或句式整齐、时或长短不拘的道术思想性的诗，或哲学诗，行文律动着一种抑扬顿挫的节奏之美。孙子不是文章家，胜似文章家。《孙子兵法》是一流文章，一锤打下，落地有声，文字功夫已达到了无意为文而文采自见、高明而精微的境界。他还善用连喻，《九地篇》说到“将军之事，静以幽，正以治”，在比喻等待和把握战争机遇时还说：“是故始如处女，敌人开户，后如脱兔，敌不及拒。”这些比喻或意蕴饱满，或辞采飞扬，说理多有力度，组合常语而能开拓深刻的意义，以简练的文句包容宏富的内涵，同时著述大概只有《老子》能与比肩。因此宋人李涂在《文章精义》中认为：“《老子》、《孙武子》，一句一语，如串八宝珍瑰，间错而不断。”

三 《孙子》是人类竞争发展的智慧学

《孙子兵法》首先是兵学圣典，但不仅仅属于兵学，而以其精辟的思想成为人类竞争发展各个领域都可受启迪的智慧学。这部兵书词约理辟，不需浮辞而直指本原，务实之论多成智能名言，以独到的思维方式和术语措辞使思想魅力得以千古保存。如“知己知彼，百战不殆”，“攻其不备，出其不意”，“不战而屈人之兵，善之善者也”，“用兵之法，十则围之，五则攻之，倍则分之，敌则能战之，少则能逃之，不若则能避之”等等，这都是蘸着战争中的血写出来的至理名言。连明代的抗倭英雄戚继光都赞不绝口：“不战而屈人之兵，为第一着，为最上策也。”

孙子十三篇，是精心结撰之杰构，无随意述录之芜杂，得智慧运思之精警。先以兵道笼罩全书，再述战前的庙算以及物质、编制的准备，继之以战争中攻守、奇正、虚实、形势诸端的运用，其后为地形、战区、火攻、用间等具体战术，形成一个相当周圆有序的篇章学结构。正如曹操《注孙子序》所云：“吾观兵书战策多矣，孙武所著深矣，审计重举，明画深图，不可相诬。”刘勰《文心雕龙·程器》也说：“孙武兵经，辞如珠玉，岂以习武而不晓文也？”

孙子讲为将之道，在于“智、信、仁、勇、严”，把智慧放在第一位，把勇放在第四位，把仁放在中轴上，其序列出于实践而独具深意，是有别于其他兵家的。《孙子兵法》不是罗列战例，而是抽象地变成一种世人生存的智慧。《孙子兵法》是最抽象的，也是最实用的。它能触动各种各样的思考，能穿透人类智慧的各个层面，是启动人的智慧发条。孙武是“中国式”的兵学智慧，其武道是“止戈为武”。由于立足历史实践和历史理性，《孙子兵法》往往能够简捷地揭示战争的本质特征和实质性的规律。它坦诚地告示：“兵者，诡道也。”战争面对的对手是一个活动着的、甚至是诡异莫测的变数，因此战争的过程，是一种以诡道破诡道的智谋和实力的较量，这就难怪曹操注解说“兵无常形，以诡作为道”了。

但通观《孙子兵法》，诡中有正，以正制诡，意在充分发挥以敌情为根据的自由精神的优势。因而这种诡道并非神秘主义的，而是全面地多维度地论述和掌握兵学的“五事”、“七计”，即俗称“诡道十二法”。

探究兵道于兵事之外，有利于把兵事纳入人类生存的更深广的时空框架来思考，在血与火的学问中化生出智慧与谋略的学问。《孙子兵法》之所以受到普世的尊崇，一个基本性的原因是它在透彻的言兵中，蕴含着深厚的人类生存的关怀。既然以“诡道”概括兵学的本质特征，兵法也就以智为先，具有浓郁的重智色彩，这就使《孙子兵法》成为举世瞩目的智慧启示录。

孙子的奇正虚实之论，展现了活泼泼的中国智慧的辩证法神采，是中国很高的智慧。后世兵书记载，唐太宗曾俯首赞同李靖这番话：“若非正兵变为奇，奇兵变为正，则安能胜哉？故善用兵者，奇正在人而已。变而神之，所以推乎天也。”唐太宗本人则说：“朕观诸兵书，无出孙武。孙武十三篇，无出虚实。夫用兵，识虚实之势则无不胜焉。”

毛泽东作为近代中国独立解放战争史上的旷世奇才，对古代的兵法，一是嘲笑宋襄公，二是赞许孙武子。他在著名的《论持久战》中说：“我们不是宋襄公，不要那种蠢猪式的仁义道德。”这里所指，是公元前638年发生在今天河南柘城县泓水上的宋楚之战，根据《左传》鲁僖公二十二年的记载，这年十一月，宋襄公率领的军队已经在泓水北岸摆开阵列，而楚军还没有全部渡过泓水。宋国的司马建议："敌众我寡，应在楚军没有全部渡河的时候发起攻击。"宋襄公不予采纳。楚军渡过泓水，但还未布好阵列时，司马又建议发起攻击，宋襄公还是说："还不可以。"楚军摆好阵势后，宋军才发起攻击，结果吃了大败仗，连宋襄公也被射伤大腿。国人都埋怨宋襄公，宋襄公却说："君子打仗，对敌方的伤兵不再杀伤，不俘虏花白头发的人。古代行军作战，不把敌军阻挡在狭隘的地方。寡人虽然是亡国之余，但也不向未布成阵列的敌军发动攻击。"

尽管宋襄公的弟弟子鱼反驳他"君未知战"，宋襄公也因箭伤发作而搭上性命，但寻思起来，宋襄公恪守的是周朝"吉、凶、军、宾、嘉"五礼中的"军礼"。《礼记·檀弓下》就记载有孔子的话："杀人之中，又有礼焉。"还记载陈国的太宰嚭说："古之侵伐者，不斩祀，不杀厉，不获二毛。"这就是顾炎武《日知录》卷三所说："终春秋二百四十二年，车战之时，未有斩首至于累万者。车战废而首功兴矣。先王之用兵，服之而已，不期于多杀也。杀人之中又有礼焉，以此毒天下而民从之，不亦宜乎！"连《史记·宋微子世家》受这种成见的影响，也说："襄公既败于泓，而君子或以为多，伤中国阙礼义，褒之也，宋襄之有礼让也。"但是《韩非子》已经发表不同的看法："宋人大败，公伤股，三日而死。此乃慕自亲仁义之祸。"《淮南子·泛论训》则从战争史的角度作了评议："古之伐国，不杀黄口，不获二毛。于古为义，于今为笑。"以战争实践加以检验，宋襄公成了"蠢猪式的宋襄公"，是咎由自取。

从对宋楚泓水之战和宋襄公的表现的评议中，我们不难领略到，《孙子兵法》界定"兵者，诡道也"，就一语破的、质朴无伪地揭示了一种新的战争形态的出现。宋襄公式的战争观是旧式的，孙武子的战争观则反映了战争形态由春秋到战国的实质性的历史演变。毛泽东在《中国革命战争的战略问题》和《论持久战》等文章中，多处引用《孙子兵法》的话语来总结战争经验。“以逸待劳，以饱待饥”，“避其锐气，击其惰归”，“攻其不备，出其不意”，“知己知彼，百战不殆”等语句都以不同的方式出现在毛泽东的笔下。《中国革命战争的战略问题》说：“中国古代大军事家孙武子书上‘知彼知己，百战不殆’这句话，是包括学习和使用两个阶段而说的，包括从认识客观实际中的发展规律，并按照这些规律去决定自己行动克服当前敌人而说的；我们不要看轻这句话。”《论持久战》又说：“战争不是神物，仍是世间的一种必然运动，因此，孙子的规律，‘知彼知己，百战不殆’，仍是科学的真理。”建国初期，他还为中央军委题词：“知己知彼，百战百胜。”在1939年8月，毛泽东曾对身边精通《孙子兵法》的高参郭化若说：应深刻研究孙子所处时代的社会政治经济情况、哲学思想，以及孙子以前的兵学思想，然后对《孙子兵法》本身作研究，才能深刻地理解《孙子兵法》。又说，要为了发扬中华民族的历史遗产去读孙子的书，要精滤《孙子兵法》中卓越的战略思想，批判地接受其战争指导的法则与原理，并以新的内容去充实它。

其实毛泽东来自战争实践的战略战术思想，都有与《孙子兵法》不谋而合，或一脉相通之处。从游击战的“敌进我退、敌驻我扰、敌疲我打、敌退我追”十六字诀，到“诱敌深入”，“牵着敌人鼻子走”战略方针的提出，以及“集中优势兵力，各个歼灭敌人”，“不打无准备之仗，不打无把握之仗”，都是一种富有实效的生气勃勃的思想创造，却又可以在《孙子兵法》或演绎《孙子兵法》的古代战争故事中，找到它们的雏形或蛛丝马迹。毛泽东的创造在于注重实践，注重把孙子思想和古代战争案例智慧，融合在“少好《左氏春秋》、孙吴《兵法》”的岳飞所说的“运用之妙、存乎一心”至理名言之中。这个“妙”字，指的是灵活性，就是“灵活机动的战略战术”，就是“你打你的，我打我的；打得赢就打，打不赢就走”。无论做什么事，要认识对手，先要认识自己；要战胜对手，先要战胜自己。力量的源泉在于自己，根本也在于自己，先把自己调整好，把自己做强大了才有实力与敌人较量。中国要和平崛起，走向世界，就要把自己做强，才有说话的分量。孙子和毛泽东都是大军事家，都有大智能，只是他们所处的时代不同，面对的情境不同，表述方式也有所变化而已，毛泽东的战争经历比孙子丰富，格局也更加宏大，因此能够从根本上发展孙子的智慧。

（2012年1月，中国新闻社苏州分社、澳门分社记者韩胜宝、龙土有到澳门大学采访笔者，笔者谈论《孙子兵法》，记者将记录稿整理为《学部委员杨义澳门“还原孙子”》、《杨义妙语连珠、话“老子与孙子”》、《〈孙子〉是人类竞争发展智慧学》三篇文稿，发表在1月15日、1月29日、1月31日的中新网上。笔者曾以此专题向研究生做过讲演，这是笔者根据自己的提纲再做整理而成。）

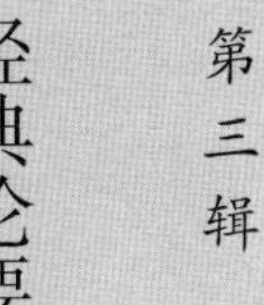

第三辑

经典论要

《史记》论要

司马迁的《史记》共一百三十卷，约五十二万六千五百字，叙述了从中华民族的始祖黄帝到当时的汉武帝时期的各种人物、历史事件、典章制度和谱系编年，是当时中国的旷世大书。它的史学体系极其丰厚周密，历史眼光穿透各个社会文化层面，属于当时世界范围内无以伦比的天才创造，对中国历史的传承、文化的积累和精神的建构，都产生了非常深远的影响。不能设想，如果没有《史记》，中国历史学的面貌可能会落到何种贫乏和紊乱的境地。第一，《史记》以人物传记为中心来写历史，成为历代正史的典范。第二，唐宋至明清一千多年的古文写作，亦以《史记》为法式。第三，《史记》共写了四千余人，约有百十人的道德、智慧、处事方式等方面，携带着一个个生动有趣、发人深省的“中国故事”，形成典故，深入人心，从古至今散布于各种书籍和小说戏曲中流传，直接或间接地塑造着中华民族的深层人格结构。若论对整个民族的影响之巨大，《论语》之外难有他书可与比拟。

一 《史记》的书名、宗旨、写作过程

《史记》原名叫《太史公书》，司马迁和他的父亲司马谈都做过太史令，显然它是以司马迁父子的官名尊称来命名。战国时期的

诸子书，如《孟子》、《庄子》、《荀子》、《韩非子》等，都是用思想家的姓氏来命名，可见，《太史公书》继承了战国诸子以个人名号命名的传统，在战国诸子“成一家之言”基础上，形成“究天人之际，通古今之变”的自觉追求。在历代正史中，《史记》最有诸子气质。到了东汉桓帝年间，书名才被定为《史记》，“史记”本是史书的统称，至此，就变成司马迁这部书的专名了。司马迁百代史家之祖的地位，也由此奠定。

《史记》的完成，汲取了秦汉大一统的时代气魄，它以史书的方式，成了一个伟大民族实现大一统格局的象征。从史料搜集而言，有以下因素使这部史籍变得博大而深厚：第一，司马迁父子能够看到当时国家图书馆的古籍、从全国汇集来的遗文古事资料，以及国家档案馆的资料。《史记自序集解》如淳引《汉仪注》云：“太史公，武帝置，位在丞相上，天下计书，先上太史公，副上丞相。”所谓“位在丞相上”，不应理解为官秩，而是图书版本的收藏顺序。第二，司马迁在历史学家中真正做到了“读万卷书，行万里路”，他走访了许多朋友，尤其是王侯大臣的后人或事件的经历者，获得可靠材料；他远游了两三万里路，进行田野调查、实地考察和采访，获得了丰富的地方文献和民间传闻。第三，三十六岁时，其父司马谈临终嘱咐他继承孔子作《春秋》的修史传统，完成著述的心愿，这赋予司马迁以历史和家庭的使命感。第四，四十八岁时，他遭遇宫刑，家贫无力自赎，便发愤著书，实现个人价值。所以，《史记》是司马谈、司马迁父子两代搜集、积累和整理材料，由司马迁从四十二岁到五十五岁，用十四年时间写成的。

史学有“二司马”之称，即所谓“龙门《史记》、涑水《通鉴》”，若论开辟作用，前司马并非后司马可以并肩。梁启超《新史学》第五章说：“君不读龙门《史记》乎，史公虽非作史之极轨，至其为中国史家之鼻祖，尽人所同认矣。《史记》之书法也，岂尝有如庐陵之《新五代史》、晦庵之《通鉴纲目》，咬文嚼字，矜愚饰智，断断于缌小功之察，而问无齿决者哉!”

二 《史记》的体例

《史记》是第一部完整形态的中国通史。之所以能通，其一，武帝时期具有世界上第一流的综合国力，知识分子也就有了思想魄力。其二，司马迁盘活了先秦复杂的材料，创造了异于前人的结构，这就是：①十二“本纪”；②十“表”；③八“书”；④三十“世家”；⑤七十“列传”。他的史学体例博大多样、富有立体感及缜密的互补性，其发凡起例之功，一举奠定了中国正史之格局。清人王鸣盛《十七史商榷》卷一说：“司马迁创立本纪、表、书、世家、列传体例，后之作史者，递相祖述，莫能出其范围。”卷九十九又说：司马迁“革旧典，开新程，为纪，为传，为表，为志，首尾具叙述，表里相发明，庶为得中，将以垂不朽。自汉至今，代已更八，年几历千，其间贤人摩肩，史臣继踵，榷今古之得失，论述作之利病，各耀闻见，竞夸才能，莫能改其规模，殊其体统，传以相授，奉而遵行”。而《史记》文章之妙，又增加了这个格局的灵性。如章学诚《文史通义》卷三所说：“盖《史记》体本苍质，而司马才大，故运之以轻灵。”也就是说，《史记》处于硬件强、软件也强的“双强”状态。

“本纪”十二篇是全书总纲。它们分别记载五帝、夏、商、周、秦列代的帝王世系和重大事件，以及秦始皇、项羽、汉高祖、吕后、文帝、景帝和武帝（今上）编年记述的国家大事和兴亡的脉络。《史记·太史公自序》说：“罔罗天下放失旧闻，王迹所兴，原始察终，见盛观衰，论考之行事，略推三代，录秦汉，上记轩辕，下至于兹，著十二本纪，既科条之矣。”本，就是根，本纪就是根本的记事，用以作为全书的纲，牵引着全书的各个关节。其功能就是司马迁说的“科条”，如《文选·王褒〈洞箫赋〉》说的“科条譬类”，以品位的高低、聚散、中心和边缘，编织着全书的网络。十二本纪值得注意的关键点是：①司马迁根据当时资料，并且实地考察，寻访黄帝、尧舜的线索，从而把华夏民族的主要部族始祖，确立为中华民族的血缘始祖和精神始祖，以表达这个大一统民族的千古一贯。②司马迁勾勒了夏商两代王位父子或兄弟相承的世系，经过考证殷墟出土的甲骨文，证明基本是可靠的。即便是文字尚未形成和逐渐形成时期的中心王朝的世系，他也根据可靠的口传材料以及信实的典册，郑重传录，并在《史记·大宛列传》“太史公曰”声明：“至《禹本纪》、《山海经》所有怪物，余不敢言之也。”③在《秦始皇本纪》和《（汉）高祖本纪》之间，把悲剧英雄项羽写入本纪，见识非凡。这就为历史注入了悲剧英雄的血性，又对其“何兴之暴”而至死不悟，扼腕叹息。④司马迁具有历史实录、秉笔直书的精神，“景帝本纪”、“今上（汉武）本纪”等十篇，他生前未写（一说亡佚或武帝删之）。在《吕后本纪》中，既写了吕后在宫廷斗争中的阴险毒辣，又写了她比较清明的统治政策，可谓实录精神。

“表”十篇，排比列朝的谱系学、年代学，这十表尤以《十二诸侯年表》、《六国年表》最为重要，虽有一些错误，但这两个表把诸子并起、社会转型的春秋战国时代各诸侯国复杂纷纭的年代，用表格排列得头绪分明，实在是中国文化史的大功臣。“书”八篇，则展示上古社会的文化和制度，记述礼、乐、天文、历法、祭祀、财税的制度史，《河渠书》显示了治理江河是中华民族的基本国策。这种年代学、文化学的发凡起例，在两千年前的世界史学史上，堪称独步。

三　以人物为本位的史学体系

《史记》五体中，三十“世家”、七十“列传”占三分之二以上的篇幅，以人物为中心的纪传体，是全书写得最精彩的地方。唐人刘知几《史通》说：“盖传者，转也，转受经旨，以授后人。或曰传者，传也，所以传示来世。”从传述经义，转换到传写人物，《史记》的体例创造，显示人的意识上升为历史的核心意识。《史记》由此记述了许多中国人的典型，抒写了许多深入人心的“中国故事”。

“世家”三十篇，主要记载西周以来，尤其是春秋战国时代势力膨胀的诸侯列国史，以及汉初主要王侯、外戚家世相传的历史，因此它的写法既重世系，又重人物，介于“本纪”和“列传”之间。三十世家把《吴太伯世家》排在第一，很有深意。这当然有吴太伯是周文王的伯父的理由，但是按照中原礼制，“齐太公世家”和“鲁周公世家”爵位更显。司马迁超越了中原中心的意识，首列《吴太伯世家》，突出了华夏入蛮夷、蛮夷通华夏这个中华民族共同体形成的真实过程。在三十“世家”中，最能在破格中显示胆识的是《孔子世家》和《陈涉世家》。孔子无诸侯之位，本不合世家的格式，为孔子立世家，实际上是在深刻地理解中国历史的基础上为中国思想文化立传。为陈胜立世家，实际上是肯定由民心民气爆发出来的历史推动力。《汉书》是把陈涉、项羽都归入传的体例的，此足以显示司马迁审视历史潜流的巨大眼光。司马迁应该学着陈涉的口吻，叹一口气：“嗟乎，燕雀安知鸿鹄之志哉!”

司马迁根据历史人物的地位、重要性和事迹材料的多少，采取五种结构列传的方式：①基本是一人一传的专传；②业绩相连、彼此相关的多人合传；③行事同类、品质相近的一系列人物，或同代、或异代而以类相属的“类传”；④边疆少数民族与邻国，及其与汉族关系怎样的方域传；⑤还有一篇司马迁作的自传，即《太史公自序》。

专传二十二篇，多是司马迁高度关注的人物。伯夷、叔齐，不食周粟，在首阳山采薇而饿死，司马迁出于历史道德意识，赞赏他们的气节，置于七十列传首篇。列传注意揭示人物思想行为背后的生存哲学，往往能以小见大，增加描写的深度，如《李斯列传》，描写李斯少时目睹仓中鼠与厕中鼠的区别，揭示他的生存哲学。在《伍子胥列传》和《李将军列传》中，伍子胥与李广的人生遭遇，引起司马迁的共鸣，渗透着他自己有切肤之痛的生命哲学和命运意识。《史记·伍子胥列传》“太史公曰”发了这么一番感慨：“向令伍子胥从奢俱死，何异蝼蚁！弃小义，雪大耻，名垂于后世，悲夫！方子胥窘于江上，道乞食，志岂尝须臾忘郢邪？故隐忍就功名，非烈丈夫孰能致此哉！”如此一唱三叹，倾泻了太史公蒙冤忍辱著述《史记》的生命意志。他认为发愤著书的精神，照亮了人类的精神史，如《史记·太史公自序》说：“昔西伯拘羑里，演《周易》；孔子厄陈、蔡，作《春秋》；屈原放逐，著《离骚》；左丘失明，厥有《国语》；孙子膑脚，而论兵法；不韦迁蜀，世传《吕览》；韩非囚秦，《说难》、《孤愤》；《诗》三百篇，大抵贤圣发愤之所为作也。此人皆意有所郁结，不得通其道也，故述往事，思来者。”逆境著书，就是反抗命运的生命结晶。

合传二十六篇，在列传中数量最大。合传中的人物，也能看出司马迁对人与社会认识之深。《廉颇蔺相如列传》中，自然是“完璧归赵”、“将相和”、“负荆请罪”、“渑池会”脍炙人口，连廉颇受排挤逃到魏国，又被仇人诬蔑，编造“廉将军虽老，尚善饭，然与臣坐，顷之三遗矢矣”，不能再为国家效力，也写出了英雄末路的苍凉感。《卫将军骠骑列传》写卫青、霍去病舅甥二人的不同境况，如“大将军（卫）青日退，而（霍）骠骑日益贵。举大将军故人门下多去事骠骑，辄得官爵”等，透视出历史的多重性和世态的炎凉。连霍去病说的“匈奴未灭，无以家为也”一语，也对于民族抗击外敌的意志，起了深远的激励作用。南宋刘过《沁园春·寄辛稼轩》词写道：“古岂无人，可以似吾，稼轩者谁？拥七州都督，虽然陶侃，机明神鉴，未必能诗。常衮何如，羊公聊尔，千骑东方侯会稽。中原事，纵匈奴未灭，毕竟男儿！”

四　史学精神的民间性和开放性

在强盛的汉帝国中，司马迁“读万卷书，行万里路”的工作方式，以及“发愤著书”的写作心态，都使《史记》具有民间性和开放性。从体例上看，列传中的类传和方域传，更能突出体现《史记》的民间性和开放性。宋人晁公武《郡斋读书志》卷五说：“班固尝讥（司马）迁‘论大道则先黄老而后《六经》，序游侠则退处士而进奸雄，述货殖则崇势利而羞贫贱’。后世爱迁者以此论为不然，谓迁特感当世之所失，愤其身之所遭，寓之于书，有所激而为此言耳，非其心所谓诚然也。当武帝之世，表章儒术而罢黜百家，宜乎大治，而穷奢极侈，海内雕弊，反不若文、景尚黄老时人主恭俭，天下饶给。此其论大道所以先黄老而后《六经》也。武帝用法刻深，群臣一言忤旨，辄下吏诛，而当刑者得以货免。迁之遭李陵之祸，家贫无财贿自赎，交游莫救，卒陷腐刑。其进奸雄者，盖迁叹时无朱家之伦，不能脱己于祸，故曰‘士穷窘得委命’，此岂非人所谓贤豪者耶？其羞贫贱者，盖迁自伤特以贫故，不能自免于刑戮，故曰‘千金之子，不死于市’，非空言也。固不察其心而骤讥之，过矣。”也就是说，类传的设置，有司马迁的身世之感存焉。

类传有刺客、循吏、儒林、酷吏、游侠、佞幸、滑稽、日者、龟策、货殖十篇。刺客、游侠与酷吏、佞幸相对抗，它们张扬的是一种社会秩序之外的反抗暴虐和讲究信义诚诺的血性男儿精神，司马迁遭难无援，对这种精神在汉代的收敛和消失，深有感慨。对于朱家、郭解等游侠的记述，主要是针对汉代风气的污浊、虚伪和趋炎附势。写得最有社会思想创新性的，是主张商业经济的《货殖列传》，它主张因民欲而利导，各地物产相异，通商以乐民。在道德论上认为，“仓廪实而知礼节，衣食足而知荣辱”；在财富论上认为，“用贫求富，农不如工，工不如商”。因商致富的人物，秦以前写了陶朱公范蠡、子贡等七人，汉以后写了临邛卓氏、程郑等十二人，还写出了这些人对待财富的比较客观的态度。

方域传有匈奴、南越、东越、朝鲜、西南夷、大宛等六篇。《史记》的一大贡献，是在强调历史的纵向演进中，展示了历史的横向融合。他开辟了中国正史写四夷传的传统，显示了他历史视野的开放性，从而为中华民族共同体保留了古代少数民族和邻近国族弥足珍贵的官方文献。司马迁关注西南夷事务，顺理成章地把这个方域引进历史视野，为出使西南夷有功的司马相如立传，紧跟《西南夷列传》之后。

西汉王褒《四子讲德论》说：“夫匈奴者，百蛮之最强者也……贱老贵壮，气力相高。业在攻伐，事在猎射，儿能骑羊，走箭飞镞，逐水随畜，都无常处。鸟集兽散，往来驰骛。周流旷野，以济嗜欲。其耒耜则弓矢鞍马，播种则扞弦掌拊。收秋则奔狐驰兔，获刈则颠倒殪仆，追之则奔遁，释之则为寇。是以三王不能怀，五伯不能绥，惊边扤士，屡犯刍荛，诗人所歌，自古患之。今圣德隆盛，威灵外覆，日逐举国而归德，单于称臣而朝贺。乾坤之所开，阴阳之所接，编结沮颜，燋齿枭瞷，鬋发黥首，文身裸袒之国，靡不奔走贡献，欢忻来附，婆娑呕吟，鼓掖而笑。夫鸿均之世，何物不乐?”因此四夷传入史，与汉代国力强盛、四夷归附的大一统国家魄力有关。司马迁论“百蛮之最强者”匈奴，认同它为华夏系统，“其先祖夏后氏之苗裔也”。又并列《李（广）将军列传》,《匈奴列传》,《卫将军骠骑列传》，为反对伐匈奴的公孙弘（平津侯、御史大夫）、主父偃而作的《平津侯主父列传》，四篇列传构成关于匈奴问题的单元。

《大宛列传》，写了张骞通西域，把中国人的世界观念引向西北方的广袤土地，张骞要联络的大月氏，就是今天的阿富汗和塔吉克斯坦一带，他所逃奔的大宛，就是今天的乌兹别克斯坦的塔什干之东南，回到长安后，他又把乌孙（今伊犁河到天山一带）、安息（伊朗境）、条枝（叙利亚）、大夏（阿富汗境）、康居（哈萨克斯坦境）等西域大国的信息告诉武帝，汉代便通西域，引进了麦子、葡萄酒、大宛汗血马。汉宣帝时，设置西域都护府，监护西域三十六国，顺理成章。汉武帝为此曾作《天马歌》，如《史记·乐书》说:“尝得神马渥洼水中，复次以为《太一之歌》。歌曲曰:‘太一贡兮天马下，沾赤汗兮沫流赭。骋容与兮跇万里，今安匹兮龙为友。’后伐大宛得千里马，马名蒲梢，次作以为歌。歌诗曰:‘天马来兮从西极，经万里兮归有德。承灵威兮降外国，涉流沙兮四夷服。’”这唱出了汉朝的盛世雄风。

在《史记》五种体例中，互见、互动、互补之处甚多，这使得《史记》结构相互勾连，具有建筑美；又气脉流贯，活力充盈，深邃苍茫。司马迁以其杰出的器识和旷世才华，铸就了史学和文学的“《史记》世界”。

（2009 年元月 18 日）

李杜论要

李白和杜甫，是诗歌上的盛唐气象的杰出代表。李白生于公元701年，杜甫生于公元712年，李白比杜甫年长十一岁。唐朝极盛的开元天宝年间，是公元714—755年。李白器宇轩昂的是开元年间的漫游，杜甫刻骨铭心的是天宝年间动乱后的流离，因此早得大名的李白享受着盛唐的辉煌，晚趋老成的杜甫慨叹着盛唐的沉落。由此，李白诗俊爽，俊爽得“俱怀逸兴壮思飞，欲上青天揽明月”；杜甫诗凝重，凝重到“感时花溅泪，恨别鸟惊心”。他们见证着盛唐诗歌的伟大魄力，兴奋得有魄力，感伤得也有魄力，从不同的侧面充分地展示了中国诗歌的气魄和能力。

讨论诗人的开门见山的方法，是从诗入手，诗是其志趣、性情、欲望、苦恼和梦思的最直接、最动人的见证。李白《客中行》：“兰陵美酒郁金香，玉碗盛来琥珀光。但使主人能醉客，不知何处是他乡。”这是他在四十岁，也就是开元二十八年全盛之日，写于兰陵（今山东枣庄）的诗，呈现其好酒任侠、四海为家、英姿勃勃的习性，有脱口而出、磊落清壮、举杯即成的抒情风采。

杜甫《赠卫八处士》的格调，就完全发生了变异：“人生不相见，动如参与商。今夕复何夕，共此灯烛光。少壮能几时，鬓发各已苍。访旧半成鬼，惊呼热中肠。焉知二十载，重上君子堂。昔别君未婚，儿女忽成行。怡然敬父执，问我来何方。问答乃未已，驱儿罗酒浆。夜雨剪春韭，新炊间黄粱。……明日隔山岳，世事两茫茫。”这首诗作于唐肃宗乾元二年（759年）春，杜甫四十八岁，是天宝末年安史之乱发生四年后，由洛阳回华州的途中所见，“明日隔山岳”之后，就写下著名的“三吏三别”。人间百感，世事沧桑，使杜甫活得很沉重，但他还在追求人际深情、旧友生死、长于忧郁的叙事。

从李、杜二诗差异，起码可领略：一、鲁迅说，李白从天上看人间，杜甫从地上看人间，他们作诗的立场、风格和姿态存在巨大的差异。盛唐的气场鼓舞着李白的精神浮升，看到的是“黄河之水天上来，奔流到海不复回”；观赏的是“飞流直下三千尺，疑是银河落九天”；听闻的是“嬴女吹玉箫，吟弄天上春”；流连难返的是“南湖秋水夜无烟，耐可乘流直上天。且就洞庭赊月色，将船买酒白云边”；担心的是“夜宿峰顶寺，举手扪星辰。不敢高声语，恐惊天上人”；感慨的是“噫吁嚱，危乎高哉！蜀道之难，难于上青天”；梦想的是“我欲因之梦吴越，一夜飞度镜湖月”，如此超拔灵妙的语句，令人感到李白真是个“谪仙人”，登高望远、把酒追梦，都忘不了他所来自的那个苍天。

二、李杜共同代表着中国诗歌的盛唐气象，但只是相差那么十一岁，李就代表前盛唐，精神自由，意气风发，文采风流；杜就代表后盛唐，王朝盛极而衰造成沉重的忧郁和深刻的命运感。司马光《温公续诗话》说：“古人为诗，贵于意在言外，使人思而得之，故言之者无罪，闻之者足以戒也。近世诗人，惟杜子美最得诗人之体，如‘国破山河在，城春草木深。感时花溅泪，恨别鸟惊心。’山河在，明无余物矣；草木深，明无人矣；花鸟，平时可娱之物，见之而泣，闻之而悲，则时可知矣。他皆类此，不可遍举。”还可发现，杜甫《赠卫八处士》重视历史时间维度，重视“焉知二十载”的历史意识；李白《客中行》重视空间维度，重视“不知何处是他乡”的自由精神空间的开拓。李杜合论，可从丰富维度上认识盛唐气象的文化魄力和审美能力。

然则，何以会造成如此共通的魄力、不同的风调呢？察其根本，与唐朝广大而强盛的国势、国力的凝聚和崩散，存在着深刻的关系。闻一多说：一般人爱说唐诗，我却要说“诗唐”——读得唐朝，才能欣赏唐朝的诗。唐朝是历史上幅员最大、国力最强、多民族共同创造的多元一体的国家，充满文化自信心和创造力。唐朝有两个盛世：第一个“贞观盛世”，创造了三种政治哲学：首先是“水舟哲学”，唐太宗在《自鉴录》中说：“舟所以比人君，水所以比黎庶，水能载舟，亦能覆舟。”这是把国家的创立和长治久安的根本，放在民众之上，放在民心之上。其次是“镜子哲学”，唐太宗说：“以铜为镜，可以正衣冠；以古为镜，可以知兴替；以人为镜，可以明得失。”这就把权力的使用，放在镜子面前，懂得自我省察和儆诫。其三是“天可汗哲学”。唐太宗说：“自古皆贵中华，贱夷、狄，朕独爱之如一，故其种落皆依朕如父母。”李唐王室在崛起的数代，其母系，属于少数民族。在唐朝创立的几十年间，李世民以雄才大略，对四方少数民族恩威并重，广为包容。唐杜佑《通典》卷二百说：“大唐贞观中，户部奏言，中国人自塞外来归及突厥前后降附开四夷为州县者，男女百二十余万口。时诸蕃君长诣阙顿颡，请太宗为天可汗。制曰：‘我为大唐天子，又下行可汗事乎？’群臣及四夷咸称万岁。是后以玺书赐西域、北荒之君长，皆称‘皇帝天可汗’。”这是唐朝建国才十三年，即贞观四年（630年）的事情。这就是鲁迅在给曹聚仁的信中说的，“古人告诉我们唐如何盛，明如何佳，其实唐室大有胡气，明则无赖儿郎”。这种大唐胡气，对李白诗浸染甚深。

第二个是开元天宝盛世。武则天曾称玄宗为“吾家太平天子”，国库收入是贞观的十几倍，人口达到五千万。贞观盛世生产了开元盛世，开元盛世消费了贞观盛世。李白生于开元前十二年，杜甫是开元盛世的同龄人。李白在作了上述“兰陵美酒”诗之后的两年，天宝元年（742 年）八月，李白应诏入长安为翰林供奉，次年春写了《清平调》三首，第一首是：“云想衣裳花想容，春风拂槛露华浓。若非群玉山头见，会向瑶台月下逢。”第二首是：“一枝红艳露凝香，云雨巫山枉断肠。借问汉宫谁得似？可怜飞燕倚新妆。”第三首是：“名花倾国两相欢，长得君王带笑看。解释春风无限恨，沉香亭北倚阑干。”这不一定是李白写得最好的作品，但是把神话、历史、名花和倾国嫔妃交织掩映，美轮美奂中极是绮丽风流。后世从中造成贵妃磨墨、力士脱靴的掌故，彰显了诗在唐朝的至高光荣。再过一年，天宝三载（744 年）春天，做翰林供奉前后一年半的李白，被赐金放还，与杜甫、高适作梁宋游。年长而名高的李白，此时成了杜甫的偶像，杜甫对李白其人怀念不已，对李白其诗推崇备至：“白也诗无敌，飘然思不群”；“笔落惊风雨，诗成泣鬼神”。李白对杜甫这位新秀的苦吟作风，却流露出调侃的意味：“饭颗山头逢杜甫，头戴笠子日卓午。借问别来太瘦生，总为从前作诗苦。”这是明星型的天才诗人对苦吟派的调侃。后世论者由此为杜甫打抱不平，这是离开李杜年龄长少、成名早迟的具体历史环境所致。

盛唐诗人在意象选择上，重体量和力度，这是盛唐国力在诗人心中注入的那股劲的审美象征。意象史由此成了精神史。上述李白写牡丹，杜甫在青年时代则刻画了苍鹰、骏马的意象，如《房兵曹胡马》：“胡马大宛名，锋棱瘦骨成。竹批双耳峻，风入四蹄轻。所向无空阔，真堪托死生。骁腾有如此，万里可横行。”这首诗没有李白春风拂槛、行云流水的风姿，它在苦吟中锤炼语言，使之有些拗口，生发出语言盘曲的反弹力。因而前人评论这首诗“落笔有一瞬千里之势，批、峻字，今人以为怪矣”，以怪异陌生的字眼，蕴蓄着“一瞬千里”的力度。杜甫又有《画鹰》诗：“素练风霜起，苍鹰画作殊。㩳身思狡兔，侧目似愁胡。绦镟光堪擿，轩楹势可呼。何当击凡鸟，毛血洒平芜。”它照顾到画上的鹰及真的鹰，左顾右盼，语句曲曲折折，如元人方回《瀛奎律髓》卷二十七所说：“此咏画鹰，极其飞动。‘㩳身’、‘侧目’一联已曲尽其妙。‘堪擿’、‘可呼’一联，又足见为画而非真。……‘何当击凡鸟，毛血洒平芜’，子美胸中愤世疾邪，又以寓见深意。谓焉得烈士有如真鹰，能搏扫庸缪之流也。……诗至此神矣。”这类咏物或题画诗，都是杜甫在开元后期，他二十余岁时写的。他从年青时期，就以凝重盘曲之笔，吸收着盛唐的魄力。杜甫写愁，白发变短：“白头搔更短，浑欲不胜簪。”李白写愁，白发变长：“白发三千丈，缘愁似个长。”愁也愁得匪夷所思，愁得有盛唐魄力。

更具本质性的是，李杜代表着中华民族两个不同的文化子系统的特长和创造。中国文化哲学的特点，如陈寅恪讲：“文化重于种族。”文化可以超越种族分割，成为推动种族融合的深层动力。杜甫是中原文化的产物，生于河南巩县，祖父杜审言是格律诗成熟过程中的关键性诗人。《新唐书・文艺传》谓“杜审言，字必简，襄州襄阳人，晋征南将军预远裔”。他曾经对人说：“吾文章当得屈、宋作衙官，吾笔当得王羲之北面。”唐人范摅《云溪友议》卷上记载：严武当成都尹、剑南节度使，常在酒席上对客人显摆他的笔札。杜甫乘醉说：“不谓严定之有此儿也。”严武怒视他很久，说：“杜审言孙子，拟捋虎须?”合座皆笑，将这件事情遮掩过去。由此可知，杜氏祖孙对家族诗学，是相当自信、自负的。由于有杜审言这样出色的诗人祖父，杜甫说“诗是吾家事”，小时家庭作业大概就是练习格律。杜甫的远祖杜预，是个“左传癖”。杜甫在开元二十九年（741 年）三十岁时，以十三世孙的身份，作《祭远祖当阳君文》，称赞其远祖杜预“《春秋》主解，膏隶躬亲”，矢志“不敢忘本，不敢违仁”。因此从远近两重家族文化基因上，杜甫养成了“诗史思维”。

李白则出生于碎叶，其地在今吉尔吉斯斯坦的托克马克附近，为唐朝安西四镇之一。中唐宣歙观察使范传正在《赠左拾遗翰林学士李公新墓碑》中说：“公名白，字太白，其先陇西成纪人。绝嗣之家，难求谱牒。公之孙女搜于箱箧中，得公之亡子伯禽手疏十数行，纸坏字缺，不能详备。约而计之，凉武昭王九代孙也。隋末多难，一房被窜于碎叶，流离散落，隐易姓名。故自国朝已来，漏于属籍。神龙初，潜还广汉，因侨为郡人。父客，以逋其邑，遂以客为名。”这篇碑文的写作，离李白去世只有五十年。《旧唐书·宪宗本纪》记载得清楚：元和七年（812 年）八月，“以苏州刺史范传正为宣歙观察使”。范传正政事、诗文兼长，他找到李白的孙女，得到李白儿子的手稿残卷，并将李白坟迁至青山之阳。因此他写的新碑铭文关于李白家族世系的说法，比起其他记载更足凭信。李白《与韩荆州书》说：“白，陇西布衣，流落楚汉。”李白《江西送友人之罗浮》又说：“乡关渺安西，流浪将何之？”这些自白，都为范氏墓志铭所说的李白祖籍陇西，生于碎叶，提供了佐证。碎叶是西域胡人聚居之地，唐贞观十二年（638 年），西突厥中分其国为十部，五部居碎叶以东，五部居碎叶以西。西突厥既灭，诸部皆内附。唐高宗调露初（679 年），也就是李白出生前二十二年，安西都护王方翼筑碎叶城，四面十二门。因此胡人风俗乐舞，是出生于此地的李白的童年记忆。李白的父亲李客是丝路商贾，在李白五岁时迁徙到四川绵州青莲乡定居。李白二十四岁出川，漫游长江中下游的名山胜迹，四十一岁才入长安待诏翰林。因此李白以西域胡地文化和长江文化，丰富和改造了中原诗坛。

谈论李、杜所牵连的子文化系统之异，可以从他们先后写作的《登岳阳楼》诗，体验到其中消息。杜甫诗云："昔闻洞庭水，今上岳阳楼。吴楚东南坼，乾坤日夜浮。亲朋无一字，老病有孤舟。戎马关山北，凭轩涕泗流。"宋人方杓《泊宅编》卷二说："诗中用'乾坤'字最多且工唯杜甫，记其十联：'乾坤万里眼，时序百年心'，'身世双蓬鬓，乾坤一草亭'，'江汉思归客，乾坤一腐儒'，'吴楚东南坼，乾坤日夜浮'，'不眠忧战伐，无力正乾坤'，'纳纳乾坤大，行行郡国遥'，'日月笼中鸟，乾坤水上萍'，'胡虏三年入，乾坤一战收'，'日月低秦树，乾坤绕汉宫'，'开辟乾坤正，荣枯雨露偏'。""乾坤"一词使用的广泛，足见杜甫受盛唐气象感染之深。此诗作于杜甫五十八岁时，此时长期漂泊流离的他，已是糖尿病、肺病、风痹症缠身，临楼北望，诗中感慨深沉，在盛唐时汲取的气魄犹存，诚如宋人所说："不知少陵胸中吞几云梦也。"而属于杜甫家学的格律对仗和炼字，也更加精细，如清人王士祯《渔洋诗话》引汪畹的话说："《杜诗》吴楚东南坼，坼字泪字，正以独造为奇。"至于戎马关山之叹，思念故乡和亲朋的殷切而感伤之情，也流露了他心底里农业文明落叶归根的意识。

于此十年前，五十九岁的李白与夏十二同游这一洞庭名楼，赋《登岳阳楼》诗云："楼观岳阳尽，川迥洞庭开。雁引愁心去，山衔好月来。云间逢下榻，天上接行杯。醉后凉风起，吹人舞袖回。"李白虽是流放遇赦归来，却无杜甫那份沉重的心情，他依然是天上云间，行杯舞月，一派胡地游牧游商者，以天下为庐帐，"但使主人能醉客，不知何处是他乡"的做派。不久前，李白遇赦放归时，作《早发白帝城》："朝辞白帝彩云间，千里江陵一日还。两岸猿声啼不尽，轻舟已过万重山。"这是唐人七绝的压卷之作。明人胡应麟《诗薮》说：

“太白七言绝，如‘杨花落尽子规啼’、‘朝辞白帝彩云间’、‘谁家玉笛暗飞声’、‘天门中断楚江开’等作，读之真有挥斥八极、凌厉九霄意。贺监谓为谪仙，良不虚也。”清人施补华《岘佣说诗》分析了此诗的结构形态，认为：“太白七绝，天才超逸，而神韵随之。如‘朝辞白帝彩云间，千里江陵一日还’，如此迅捷，则轻舟之过万山不待言矣。中间欲用‘两岸猿声啼不住’一句垫之。无此句，则直而无味，有此句，走处仍留，急语仍缓，可悟用笔之妙。”

其实，更有深意的是“千里江陵一日还”这个“还”字，读懂了这个“还”字，就读懂了李白。李白活了六十二岁，因永王李璘事件牵连而被流放夜郎，于唐德宗乾元二年（759 年）春三月到白帝城遇赦，已是五十九岁。他如果是农业文明之子，谈到“还”，就应该还到他的家乡绵州青莲乡，但父辈是丝绸之路上的商贾，那里没有他根基深厚的家族，所谓“西望长安不见家”，因此就反方向还到江南了。称李白为“谪仙人”的贺知章《回乡偶书》诗云：“少小离家老大回，乡音无改鬓毛衰。儿童相见不相识，笑问客从何处来？”贺知章是告老回到他的家乡会稽的，“有诏赐镜湖剡川一曲”，即所谓“狂客归四明，山阴道士迎。敕赐镜湖水，为君台沼荣”。因此贺知章“少小离家老大回”的“回”字，与李白“千里江陵一日还”的“还”字，存在着不同的精神指向，一者指向农业文明，一者指向游牧商业文明。

李杜合论，实际上是对盛唐时代黄河文明与长江文明、边疆文明的合论。本人在国家图书馆“文津讲坛”上，曾从醉态思维、远游姿态、明月情怀三句话上分析李白，从诗史思维、沉郁顿挫、语必惊人三句话上分析杜甫。宋人洪迈《容斋四笔》卷三说：“《新唐书·杜甫传》赞曰：‘昌黎韩愈于文章重许可，至歌诗，独推曰：李杜文章在，光焰万丈长。诚可信云。’予读韩诗，具称李、杜者数端，聊疏于此。《石鼓歌》曰：‘少陵无人谪仙死，才薄将奈石鼓何?’《酬卢云夫》曰：‘高揖群公谢名誉，远追甫白感至诚。’《荐士》曰：‘勃兴得李杜，万类困凌暴。’《醉留东野》曰：‘昔年因读李白、杜甫诗，长恨二人不相从。’《感春》曰：‘近怜李杜无检束，烂漫长醉多文辞。’并唐志所引，盖六用之。”从韩愈到洪迈，都是持平论李杜的。假若拘执于某种文化立场和诗学偏见而扬此抑彼，就可能遮蔽了博大视野，埋没了某些诗学智慧，无益于对中华民族文化共同体精神谱系和精神历程的整体性把握。平等而深入地比较李杜，可以展示中华民族多元融合的精神历程；综合而论之，可以彰显中华民族诗学智慧的博大精深。我在2001年提出“重绘中国文学地图”的命题，针对20世纪百年一千六百部文学史，基本上是不写少数民族或写而语焉不详的“汉文学史纲”的状况，强调在展示文学史时间维度的同时，强化空间维度；在展示中心（中原）动力的同时，强化“边缘的活力”；在进入丰厚的文献考订的同时，强化深层文化意义的发掘。以此探讨中华多地域多民族共同创造文明的文化哲学、合力机制和审美原则，就可以深入到李白、杜甫在呈现盛唐审美魄力时，各自不同的文化根系和精神脉络。正在全面振兴的中华民族应该有一幅广博、深厚、完整、体面而富有创造魅力的“文学地图”或“文化地图”。而《诗》与《骚》、李与杜等光焰万丈的经典和文化巨人，在人文地理学上、族群文化谱系学上的充分展开，则可以使我们的文化地图变得根深叶茂、生机勃勃，由此建立同世界进行平等的深度对话的学理体系和知识体系，是可以增强我们民族共同体的精神元气和力量的。

（2007年5月5日）

陆游：诗魂与越中山水魂

在浙江绍兴市召开陆游（1125—1210）诞辰八百八十周年的纪念会，并且对养育了南宋这位最杰出的诗人、至今还滋润着我们的越中山水文化进行国际性的研讨，是一种沟通传统与现代、沟通人与自然、沟通土地与诗魂的非常有价值的行为。传统与现代沟通，使我们掌握了时间的主动权；人与自然沟通，使我们掌握了空间的主动权；土地与诗魂沟通，使我们掌握了更深层次的精神创造的主动权。三者的相互融贯，是我们这次会议的基本主题，它将有可能激发与会者的灵性和才情，容纳丰富多彩的知识和智慧，从而使会议获得深刻的思想文化的收获。

陆游是他那个时代充满灾难、陷入危机的土地上的诗魂。梁启超在20世纪初叶的危机时代，在《读〈陆放翁集〉》一诗中说："诗界千年靡靡风，兵魂销尽国魂空。集中什九从军乐，亘古男儿一放翁。"梁启超是以启蒙者的激情，推崇陆游为中国新生中千年一翁的诗魂的。陆游生于北宋王朝崩溃之际，生于忧患，长于坎坷，但他的心始终与危难之际的民族国家的命运一起跳动。他捧出了一颗被泪水反复浸洗过的心，即所谓"忧国孤臣泪，平胡壮士心"(《新春》)。这种悲壮的意志，连梦也不能使之昏沉："夜阑卧听风吹雨，铁马冰河入梦来。"(《十一月四日风雨大作》）这种悲壮的意志，连死也不能把它阻断："王师北定中原日，家祭无忘告乃翁。”(《示儿》) 南宋前期和末年，有两首以死亡的分量来证明不可摧毁的民族意志的诗，一首是陆游的《示儿》，另一首是文天祥的《过零丁洋》：“人生自古谁无死，留取丹心照汗青。”中原、汗青、丹心，这就是他们不惜以人生大限的死亡来证明的留给我们的沉甸甸的遗产。拥有并且高扬这份遗产的民族，一定是能够排除万难、迎来振兴的民族。

作为“六十年间万首诗”的多产诗人，陆游作诗的过程本身，就可以构成一部诗学的宝典。对于陆游所述“功夫在诗外”(《示子通》)、诗之妙处“正在山程水驿中”(《题庐陵萧彦毓秀才诗卷后》)的议论性意见，研究者多有阐发，成就可观。不过，作为一位卓有成就的诗人，我们同样应该、甚至更应该注意他的作诗过程所提供给我们的经验，注重他的“言外之教”。值得注意的一点是，陆游与同时代的范成大、杨万里作诗，都是从师法江西诗派入手。陆游一再表达，他“自童子时”就读吕本中诗文，他“儿时”就景仰曾几，“愿学焉”，并从中得到作诗的“玄机”。他对自己四十二岁以前的万余首诗，曾两次进行十删其九的大幅度删削，大概所删者多为他的诗学观念转变后不再加以爱惜的江西诗风的诗。这种删诗行为和杨万里有些相似。我们不能从陆游删余的百十首诗中，去评判他早期是否受过江西诗派的影响，而应该尊重他本人的回忆和自白。

问题在于：江西诗派的影响是否都是负面的？陆游这种少年学诗的习作过程，是否必要？后人对江西诗派“资书以为诗”的规矩批评较多，但是忽略了这些规矩训练对培养诗人作诗的基本功的作用。基本功当然不能代替诗人的创新能力，但缺乏基本功的创新，难以形成精品，甚至会造成才华的浪费。因此弊端不在于诗人早期是否接受过江西诗派锤字炼句、驾驭典故的训练，关键在于是否对这种严格的规矩既能入乎其里而得其精髓，又能出乎其表而驰骋才性，融会万象，又独出机杼。如果能够这样，基本功的训练还是必要的，从江西诗派处入手也不必过分非议。正是出于这种理由，戴复古才在《读放翁先生〈剑南诗草〉》中说："茶山衣钵放翁诗，南渡百年无此奇。入妙文章本平淡，等闲言语变瑰奇。"戴复古本人也被时人称为"登三山陆放翁之门，而诗益进"（楼钥《石屏诗集序》）。陆游的经验表明，面对一个成熟的诗派，入其门而不能出者死，入其门而能出者活。入只不过是手段，出而能自主创造才是目的。

与这次会议的主题相关，陆游诗值得注意的另一点，是山水诗写作的精神过程。首先应该承认，陆游对自然山水的诗性敏感，是与他的故乡越中山水的钟灵毓秀分不开的。他即便病卧异地，也忘不了这条精神上的根："我家山阴道，湖山淡空濛。小屋如舴艋，出没烟波中。"（《病中怀故庐》）然而他这条精神的根已经不是沾沾自喜于一角残山破水的根，不同于画家的"马（远）一角"、"夏（圭）半边"，不同于"永嘉四灵"的"因狭出奇"，而是以博大的以天下为己任的胸襟重新审视山水之根，从而赋予这处山水以高远的审美感受和深邃的哲学体验。他降生于淮河舟中，童年就漂泊于黄、淮、江、浙。中年宦游，足迹及于闽、蜀、浙、赣，甚至晚年写下这样的《感昔》诗："行年三十忆南游，稳驾沧溟万斛舟。常记早秋雷雨霁，舵师指点说流求。"这成为中国诗人最早写到台湾的诗歌之一。

脚下地理空间的阅历，在富有感受性的诗人心中可以转化为精神空间的拓展。"剑南九年"的从军从政生涯，对陆游的精神结构的形成至关重要。在这里他得到了"放翁"的别号，这一放不要紧，放出了一种气壮山河的诗歌审美气象。气象对于文学是非常难得的，气象大于风格。正如陆游的《感兴》诗所说，他"饱以五车读，劳而万里行"，这才接上"离堆太史公，青莲老先生"，也就是司马迁、李白的精神源头，以及中国文化的大家气象。再反过来观照他所面对的山水田园之时，才可能出现“山川与风俗，杂错而交并”的境界，才可能获得“村村皆画本，处处有诗材”的自由。这种自由、境界和气象是贯注在他每时每地的山水情境的体验之中的。他写江南、写越中山水之时，也就自然而然地出现了“山重水复疑无路，柳暗花明又一村”（《游山西村》）的哲理把握，出现了“小楼一夜听春雨，深巷明朝卖杏花”（《临安春雨初霁》）的情境体验，出现了“云归时带雨数点，木落又添山一峰”（《晚眺》）的审美直觉。刘克庄说：“古人好对偶被放翁用尽。”（《后村诗话》卷二）清人陈衍说：“古人写景句脍炙人口者，亦不过代数人，人数语，而在宋代，则以陆放翁为最。”（《石遗室诗话》卷十四）应该说，陆游诗中大量富有精神、令人眼睛一亮的对句的出现，不应埋没他早年受江西诗派锤字炼句、化用典故的训练，当然更重要的是他行万里路而接上了《诗》《骚》、司马迁、李白以及杜甫的大家气象，是一种功力与气象相融合的诗学创造。由此他与南宋范成大、杨万里诸大家一道，推进了中国山水田园诗的风俗化进程，赋予了山水田园诗以人间性和民俗性的素质，或如他自述：“今代江南无画手，矮笺移入放翁诗。”（《春日》）这样，他的山水田园诗的风格，也就由于民俗人情的热量和压力，膨化为一种气象。

前面已经提到，陆游精神的根联系着越中山水文化。在某种意义上说，越中山水是东晋风流和唐宋山水诗词的重要的灵感源泉，认识了越中山水文化，就从一个角度认识了东晋风流和唐宋山水诗词的审美情趣。东晋风流的代表人物王羲之说，每行山阴道上，如镜中游。他与谢安、孙绰等人的兰亭雅集，以及他写下的“天下第一行书”《兰亭集序》，使这里成为书法文化的圣地，有“永和春色千年在”（刘长卿语）、“曲水流觞千古胜”（陆游语）的美誉。《世说新语·言语》篇记载王献之的话："从山阴道上行，山川自相映发，使人应接不暇。若秋冬之际，尤难为怀。"这就使得"山阴道"成为由晋至唐最有魅力的山水名胜。会稽多名士，它的山水也在人文化的过程中，飘散着清逸的名士气。王、谢两个家族在会稽郡的经营，使越中山水成为中国山水诗的重要发祥地。东晋风流宰相谢安高卧东山，"朝乐朗日，啸歌丘林；夕玩望舒，入室鸣琴。五弦清激，南风披襟。醇醪淬虑，微言洗心。幽畅者谁？在我赏音"（《与王胡之诗》），成为中国士大夫非常倾慕的名士风采。淝水之战是谢家军的战争狂欢节，但战后，谢玄即请求改授会稽内史，在东山附近构筑始宁别墅，怡情山水。

这种谢氏家风，直接影响了谢玄的孙子谢灵运自称的"山水，性之所适"的性情，他好山水胜过好高官。被贬为永嘉太守后，他无心政务，肆情于游赏奇山秀水。后来干脆称病回祖父在会稽的始宁别墅居住，与族弟谢惠连等结成"四友"，以"曲柄笠"遮阳，以"谢公屐"登山，在越中山水漫游中开辟了中国诗歌以山水作为独立的审美对象的可能性。所谓"脚著谢公屐，身登青云梯"（李白《梦游天姥吟留别》），又所谓"平生几两谢公屐，爱山爱水真成癖"（宋赵汝鐩《仰山行》），谢公屐成了山水诗的极佳意象。因此，越中山水是中国山水诗创设和衍化成千古不绝的诗脉的大功臣。晚明袁宏道（中郎）曾经把越中山水和唐宋以后名声日盛的杭州西湖山水相比较，写了一首《山阴道上》的诗："钱塘艳若花，山阴芊若草。六朝以上人，不闻西湖好。平生王献之，酷爱山阴道。彼此俱清奇，输他得名早。"最为杭州西湖添声价的诗，出自苏轼之手，《饮湖上初晴后雨》诗云："水光潋滟晴方好，山色空濛雨亦奇。若把西湖比西子，淡妆浓抹总相宜。"它由此得了"西子湖"的雅号，但这位西子即西施，也是越中山水所产："西施越溪女，出自苎萝山。秀色掩今古，荷花羞玉颜。”（李白《西施》）苏轼喜欢西湖，以越中诸暨苎萝山这位美神喻西湖；陆游喜欢梅花，为了赏梅，甚至说“何方可化身千亿，一树梅前一放翁”（《梅花绝句》），因此他以这位苎萝山美神喻梅花：“苎萝山下越溪女，戏作长安时世妆。白白朱朱虽小异，断知不是百花香。”（《红梅》）

正是感染到越中山水中从先秦到东晋的风流信息，陆游写了《春晚自近村归》的诗：“山阴道上柳如丝，策蹇悠悠信所之。”考虑到南宋民间几乎没有马的情形，他所驱策的这匹“蹇”很可能是行动迟缓的驴。这令人联想到他的《剑门道中遇微雨》诗：“衣上征尘杂酒痕，远游无处不销魂。此身合是诗人未，细雨骑驴入剑门。”这又为中国历史上诗人与驴的因缘，增添了一个带有名士气的故事。唐宋以下诗人好骑驴，明代王越的《满庭芳·题四诗人骑驴图》词，吟咏的诗人就有李白、杜甫、孟浩然和贾岛，他们骑驴的故事都相当有名。如《唐诗纪事》卷四十记载：“（贾）岛赴举至京，骑驴赋诗，得‘僧推月下门’之句，欲改‘推’作‘敲’，引手作推敲之势，未决，不觉冲大尹韩愈，乃具言。愈曰：‘敲字佳矣。’遂并辔论诗久之。”

在唐代诗人的心目中，会稽郡是“山水州”，是名山奇水荟萃的地方。李白《秋下荆门》诗：“霜落荆门江树空，布帆无恙挂秋风。此行不为鲈鱼脍，自爱名山入剡中。”杜甫《壮游》诗：“越女天下白，鉴湖五月凉。剡溪蕴秀异，欲罢不能忘。”孟郊《越中山水》诗：“日觉耳目胜，我来山水州。蓬瀛若仿佛，田野如泛浮。”孟郊“山水州”的说法为宋人戴复古所认可，其《寄山台赵庶可》诗云：“天族文章士，会稽山水州。地灵钟秀异，人物信风流。……好月登楼夜，清秋落木时。见君花萼集，梦到谢公池。”这些诗都表达了对越中山水一种千里远游的向往，一种终生难忘的记忆，一种宛如神仙境界的幻觉。

山水—情趣—文化的这种联结，使诗情勃发的唐代诗人纷纷游赏和吟咏越中山水。在《全唐诗》中，我们发现重要的诗人如骆宾王、宋之问、崔颢、孟浩然、李白、杜甫、顾况、戴叔伦、刘长卿、孟郊、元稹、白居易、刘禹锡、姚合、杜牧、许浑、赵嘏、韦庄等等，都在诗文中留下过越中山水的面影和意态。可以说，没有别处山水像越中山水那样作为审美对象，如此广泛地吸引着唐代诗人。这些诗人中还应该提到贺知章，他是会稽人。李白《送贺宾客归越》诗说："镜湖流水漾清波，狂客归舟逸兴多。山阴道士如相见，应写黄庭换白鹅。"后来朱彝尊游绍兴鉴湖的时候，也把这位四明狂客看作越中山水的精灵，他的《鉴湖》诗说："狂客当年归四明，经过遗迹不胜情。澄湖一曲明如镜，身在山阴道上行。"越中山水实在也是多情，她给诗人的吟咏奉上了许多名胜。白居易《沃州山禅院记》说："东南山水越为首，剡为面，沃州天姥为眉目。夫有非常之境，然后有非常之人栖焉。"这些名胜常见于诗者，有稽山、禹迹亭、天姥山、剡中、鉴湖、兰亭、若耶溪、山阴道等等。比如兰亭，由于王羲之等人在上巳节（也就是三月三）流觞曲水，饮酒赋诗，就使这个踏青洗浴、举行求福除灾仪式的节日增加了不少诗酒风流的特色。唐朝赐宴曲江池，倾城士女都去踏青禊饮，皇帝赐宴说是"流觞想兰亭"（唐德宗诗句），士大夫联句作诗，也说"簪组兰亭上，车舆曲水边"（刘禹锡与白居易联句中语）。兰亭禊饮已经成为上巳节的重要符码，渗入到士大夫的节日风俗中。又比如天姥山，远在山东的李白听到越人谈论此山，他就"我欲因之梦吴越，一夜飞渡镜湖月。湖月照我影，送我至剡溪。谢公宿处今尚在，渌水荡漾清猿啼。脚著谢公屐，身登青云梯。半壁见海日，空中闻天鸡"（《梦游天姥吟留别》），淋漓尽致地在梦中几乎把越中山水游个够。

正是由于越中山水拥有如此出色的风光魅力和文化内涵，陆游在诗中一再自豪地赞叹："吾州清绝冠三吴，天写云山万幅图"（《小雨泛镜湖》）；"千金不须买画图，听我长歌歌镜湖"（《思故山》），以至后世称赞"陆放翁诗，山居景况，一一写尽，可为山林史"（清梁清远《雕丘杂录》卷一）。直到年逾八旬，陆游还作了《稽山行》，叹息着："稽山何巍巍，浙江水汤汤。千里亘大野，勾践之所荒。"他又充满自豪感地赞叹着："禹庙争奉牲，兰亭共流觞。空巷看竞渡，倒社观戏场"；"镜湖滀众水，自汉无旱蝗。重楼与曲槛，潋滟浮湖光"。他用自己的诗，来颂扬养育着自己的越中山水的泱泱大国之风，悠悠千古之思。当然，文学的地理问题存在着一个不断发展、变化、积累和更生的动态过程。越中山水的神采和意蕴是不断地丰富着、发展着，与我们这个文明古国一道经历千古风雨而历久常新的。陆游就为之增添了他的沈园："城上斜阳画角哀，沈园非复旧池台。伤心桥下春波绿，曾是惊鸿照影来"；"梦断香消四十年，沈园柳老不吹绵。此身行作稽山土，犹吊遗踪一泫然"。直到现代，鲁迅又为之增添了他的百草园、三味书屋、咸亨酒店，包括酒店中的曲尺形柜台；周作人也为之增添了乌篷船。王羲之、谢灵运离现在已逾一千五百年，陆游离现在已是八百年，鲁迅离现在也将近七十年。越中山水不仅养育了千古风流、旷世诗魂，而且养育了从传统进入现代的"民族魂"。对陆游和越中山水文化的理解，因而也就成了从一个独特的角度对中国文化的精神、趣味、品格和命运的理解。深刻地理解历史，将使我们更加充实、自信、理智和自强不息地走向未来。

（2005年11月）

桐城派与“文章的清朝”
——在桐城派研讨会上的讲话

本人对桐城派感兴趣，但没有专门的深入研究。很感谢安徽大学和桐城市能给我提供这么一个机会，走近桐城、感受桐城和认识桐城，身临其境地考察一个地域文化群体何以能够上升为主宰一代文章的主流写作。

研究桐城派实际上就是研究“文章的清朝”，认识整个清朝的文章学是怎么发展演变的。所以我想从整个清代文化中心的转移和清代文化结构的形成这么一个大的背景来考察桐城派。

安徽省的学术和文化、学统和文章，在18世纪中叶以来的近三百年间深刻地影响着整个中国文化的进程，这主要表现为两个浪潮、四个方向。两个浪潮：一个浪潮在清朝的中期，就是乾隆年间。在这个浪潮中，一方面是戴震为代表的皖学，开创了经史考据这样一种主流学术，至今还引起我们很高的崇敬。在此同时，又出现以方苞、姚鼐为代表的桐城派，开了清代此后二百年文章的传统，曾经获得“古文辞不让唐宋人”的声誉。三百年来的第二个浪潮，是影响整个中国的“五四”新文化运动，这个浪潮以怀宁的陈独秀和绩溪的胡适之为主将，推动了中国古典文化向现代转型。它分别趋向两个方向：一个是激进化的发展方向，一个是世界化的发展方向。很有意思的是，陈独秀和胡适之掀起新文化运动的时候，恰恰就拿桐城派“开刀”。在1918年的《新青年》

上，钱玄同化名“王敬轩”，跟刘半农演了一场双簧戏。戏里面就把“桐城谬种，选学妖孽”作为他们对传统文章抨击的口号。新文化运动因为要活在自己的活法里面，要建立自己的文化正宗地位，就必须对传统的文化采取激进的态度，而且相当程度地对传统文学进行了妖魔化。它在对明清的文章进行妖魔化的过程中来开创自己的文化传统。陈独秀的《文学革命论》提出十八妖魔里面就有归震川，就有方苞，就有姚鼐，他要把这些人推到一边去，为创造自己的新文化开拓空间。

但是现在已经过了一个世纪，再回过头来，就要重新调整我们的文化姿态和文学态度。平心静气地考察就不难发现，桐城派实际上是唐宋文章、程朱理学和清代学术的一个综合体，它是把中国传统文章的一派精华、传统道学的一个脉络和传统学术的一种精彩的东西结合在一起。所以对这个文派，我们必须从这样丰富的角度，必须从包括唐宋文章、程朱理学、清代学术三维结构中，考察它是如何把如此丰富复杂的文化成分有效地融合成为一代文章流派的内在特质和基本特点的。

我觉得桐城派有一个很重要的特点，它扎根的桐城本来是一个地区，是一个地域的概念，是安徽省的一个城市。但就是这么一个地域，而且在过去是默默无闻的这么个地域，在清代竟然一下子生长出一个主宰天下文章二百年的学派，这就是一个奇迹。它带动了整整二百年之间的主流写作，一个小小的城市搅动了一个中国。考察其渊源脉络，我觉得桐城派的成功可以从四个方面来看：一个是它的旗帜，所谓“学行继程朱之后，文章在韩欧之间”，把程朱的道统和韩欧的文统结合起来，用文统来蕴含着道统，用道统来支撑着文统。清人进关之后，一个东北胡地的民族入主中原，面对着明代文章的空泛和浅薄的趋势，要寻求怎么建立新王朝的文章正宗。新王朝建立的正宗文统，要笼络汉族士大夫，就要使文统进入道统，作古文本于经术，文章规范由重性情趋向重义法，应该说桐城派是适时地抓住了这个契机的。这个文派是把文章、道统和一个新王朝治理国家的方针结合起来，方苞奉旨编《钦定四书文》(也就是八股文)，示天下学子以科举考试的准绳；姚鼐编《古文辞类纂》，把归有光、方苞、刘大櫆的文章并列于《史记》和唐宋八大家文章之中，作为古文分类的范本，这些编纂比他们的议论文章更能吸引天下人望。它以一个新的王朝政治在寻找文统作为它的背景，起了对整个社会的导向作用，这是桐城派成功的一个很重要的原因。桐城派成功的第二个很重要的原因，我觉得是宗师相承，不断地接替，又节节提升。桐城三祖——方、刘、姚，大家都很清楚，方的时代是寻找正宗的时代，他把自己的义法之学跟《春秋》、跟《易经》联系起来，就是说从儒家的五经里面找正统的源头。刘海峰（大櫆）这一代，主要是在义法之学的基础上加入“神气”，使寻找到的这个正宗活起来了。“神者，文家之宝”；“神气者，文之最精处也”；气随神转，也就使义法，以及音节、字句有神气灌注，是使它们活起来的一个重要的支持力量。

但是真正使这种正宗的文章学形成一个体系的，我觉得是姚鼐。所以第三个成功点是姚鼐的文章理论，应该说，这是清代文章理论一个重要的里程碑。它有“三纲”、“八目”、“二美”。“三纲”就是我们熟知的“义理”、“考据”、“辞章”，这三者为基本。“八目”就是他在《古文辞类纂》的序言中所讲的“神、理、气、味、格、律、声、色”八个字。以“三纲”为本，以“八目”为用，然后提倡文章的“二美”，就是“阳刚”和“阴柔”，相互为用。这个文章纲领，是清朝最有自己学术文化内涵的，而且是最有效的文章纲领。

第四个成功点，是人才的培养。办书院是古代学脉相传的重要方式，像姚鼐，在几个书院里面执教四十多年，培养了一大批的姚门弟子。孔夫子的儒学之所以能传下来，而且成大气候，就是有宗师相承，门庭广大。对于一个学派来说，多育英才，便成气候，那么姚门有四杰，像梅曾亮、管同、方东树、姚莹这些人都是当时的文章重镇。到后来曾国藩那个时候，也有几大弟子在那里撑着，这几大弟子都是天下文章之宗，这个可不得了。将来如果要创造我们的文化学派，人才的培养是非常重要的。桐城派被《四库全书总目提要》认为“源流极正”，加上弟子盈门，纲目高张，才得以代代相传，广为流布。

在方苞的时候寻找正宗，到姚鼐的时候确立正宗，到了后来曾国藩的时候出现正宗之变。因为所谓清代的学术，清初学术的特点是大，乾嘉学术的特点是精，道咸以下是变。那么桐城也要适应时势，不变不行。曾国藩在“义理”、“考据”、“辞章”里面加了一个“经济”。“经济”就是要跟当下的现实结合起来，求变以经世济民。而且他不仅是加了“经济”，还把这几个名目的顺序重新排列，“义理”还居先，是本；“辞章”提到上面，排第二，“辞章”为用；然后“经济”，“考据”放在最后。这跟在乾嘉时候是不一样的，乾嘉时候考据是时尚所在，谁都想靠它作面子。但是桐城派文化在思“变”的时候背着很大的包袱，程朱理学、唐宋文章，包袱沉重。它心思转移到经济上来，这个包袱却拖累它进一步退两步。实际上像吴汝纶、林纾、严复这些人都在思“变”，但是包袱太大，放不下这个包袱，就弄得进退失据。所以“五四”新文化运动一来，激进思潮奔涌，它跟时代脱节了，也就逐渐地销声匿迹。桐城派给我们提供了很多的教训，它的兴起，它的发达，和它最后的消退，走了春夏秋冬这样一个循环轨迹。它的循环反衬着时代的蜕变和历史的进化，为我们感知一代文章的生命和命运提供了很多的启示。

门外文谈，谢谢大家，敬请指正。

（2007 年 6 月）

第四辑

现代大国学

国学热与建立“现代大国学”

——答《中华读书报》特约记者问

记者：我们都知道杨老师从研究现代文学转向对古典文学的研究，真正实现了学术上的古今贯通。历年来，多有关涉中华民族共同体的形成和传统文化的著作问世，如《中国叙事学》、《楚辞诗学》、《李杜诗学》、《中国古典小说史论》、《感悟通论》、《中国古典文学图志——宋、辽、西夏、金、回鹘、吐蕃、大理国、元代卷》，以及在香港、内地出版的《插图本中国诗词经典》八种，主持《中国文史讲堂》十四种，近时又有关于先秦诸子发生学的著述问世，在传统文化领域耕耘多年。作为一名资深学者，您如何看待最近这些年兴起的国学热？

杨义：国学是民族思想学术的根本性、综合性文化集合体，是民族文化血脉相承的旗帜。以“国”称“学”，我们应该对之有一份亲切而尊重、敬畏而开新的文化自觉，把它做新、做大、做强，与我们这个伟大民族的现代发展相称。

“国学”一词，最早见于《周礼·春官·乐师》：“乐师掌国学之政，以教国子小舞。”这里所说的“国学”指古代的国家教育机构，所说的“国子”就是国学里的贵族子弟，以年幼少时教之舞。《礼记·学记》说：“古之教者，家有塾，党有庠，术有序，国有学”，这里的“国学”也指当时朝廷及诸侯国中的最高学府，略似后代“太学”，与现在称一国固有的思想学术之根本为“国学”，自是不同。一百多年来，从晚清到民国初年，章太炎、梁启超都在谈“国学”。1902 年秋，梁启超在日本拟办《国学报》；章太炎 1906 年主持《民报》笔政，主张“以国粹激励种性”、“以宗教发起热情”，不久创立“国学讲习会”，在《民报》第七号上发表了一篇《国学讲习会序》，其中说：“夫国学者，国家所以成立之源泉也。吾闻处竞争之世，徒恃国学固不足以立国矣；而吾未闻国学不兴而国能自立者也。吾闻有国亡而国学不亡者矣，而吾未闻国学先亡而国仍立者也。故今日国学之无人兴起，即将影响于国家之存灭，是不亦视前世为尤岌岌乎？”这种把国学与国家命运相联系的观念，从发表至今已经一百余年。其后邓实、黄节、刘师培等人都提倡国粹、国学、国故研究。

现在我们也在谈国学，但是我们的文化姿态已经发生了变化，用句老话来说，就是“旧瓶装新酒”。在 20 世纪初，国学是中西文化碰撞后产生的，知识者讲国学多采取保守的姿态，反映了一种忧国忧民的思虑。国人对自己文化的坚持和文化的反思，是在西方思潮冲击下产生的文化反思中的守持、应变和求变。

不同于前者的是，21 世纪的国学思潮是在全球化趋势和一个东方文明古国全面复兴的背景中出现的，是文化自尊、自立、自新、自强的一种姿态。在全球化的大潮中，中华民族满怀信心地抖落历史的尘埃，以世界视野和原创意识，开发固有文化上的源头活水，使文化国脉、文脉、人脉与血脉得以承续，从而成为现代大国文化的深厚根基，使人类在其古今融通的原创性的现代思想建构之中，重新“发现东方”，重新呈现“光明从东方来”的灿烂情景。同样一个名词，我们却发现历史不是重蹈故辙，而是走上新台阶。对国人来讲，国学是在全球化背景中的一张崭新的、有品位的文化身份证，是我们寻找精神归宿的自信的、有趣味的精神家园。对人类来讲，我们应该点化和提升东方智慧，为当代世界贡献自己的思想、自己的创造。

我想讲一讲最近想到的"三字诀"原则，就是从、比、化三个字。我们在文化上应该走出狂热的"从西"和迟暮的"从古"的姿态，走出"从"字而采取"比"字，如《说文解字》所说"二人为从，反从为比"，采取与世界民族比肩而立、比较进取、比比创新的姿态。不是有个词语叫"比比皆是"吗?"比比"就是多，就是采取开放兼融的态度博采广纳，以资创新。首先要在深度开发本土核心的经典、经验、智慧和血脉的基础上站稳脚跟，同时放开眼光，敞开胸怀，接纳世界人类的文明成果和文化精华。文字学上还有一个"倒从为化"的说法，就是"从"字右面的"人"字倒过来，就成了"化"字，原来的事物翻一个筋斗就进入化境。比如外来的佛教翻一个筋斗成为禅宗，它也就成了国学，而且以中国思维方式影响东亚，影响世界。因此，无论对传统文明还是外来文明的成果，中国语义学上相互关联的从、比、化三个思维程序都是饶有深意的，从以深入，比而对话，化出新创。这也是我们国学研究中应该综合使用的"三字诀"思维程序。

国学热的问题不是简单的时尚和凑热闹的问题，实际上它应该是热中有冷，在对中国文化自信心的热情中增加冷静的历史理性，增加经史与诸子、思想与文字、文献与考古、民族与民俗、专学与百艺等各个领域研究的厚度、深度和创新度，以及它们在传播与接受中喜闻乐见的力度。现在的国学热以民间的姿态表达对民族文化的自信心，对于这种民间热情应该倍加珍惜，珍惜的关键在于注入丰富、新鲜、深刻的文化含量，使之耐久、充实而洋溢着大智慧。在这些关键问题上，不应该把国学只当作娱乐性的消遣或消费。中华民族的全面振兴，包括着它的文化的振兴，以之振奋我们的精神，创新我们的思想，提升我们的智慧，宣扬我们的国际形象，增强我们的软实力。在这一系列关键点上，我们的国学热准备好了吗？

记者：我们看到，在国学热的同时，也有一些令大众质疑和唏嘘的事情发生。在国学传播中，存在良莠不齐的现象，对此我们应该如何看待？

杨义：我们现在讲国学，是在市场经济和高科技环境下来讲的。国学传播就是要让国学走向广大民众。我认为，文化的建设有两个东西很重要：一个是原创性，一个是共享性。原创性是共享性的灵魂，共享性是原创性的基础，二者应该相互促进，浑融一体。

在共享性方面，媒体、教育以及各种各样的制度起到很大作用，应该精心规划，广泛调查，选择好能够发亮的话题，以及研究有素又长于表达的讲述者，让民众共享文化创造和国学智慧的喜悦。不然的话，我们的文化就可能出现脱层的问题，在价值层面，讲的时候有很大的道理，但是做的时候却略显低俗。在学理层面，不是说没有精深的研究，而是说某些脱离精深研究的耍嘴皮子倍受青睐。这就提醒我们，在传播国学过分讲究点击率和收视率的时候，要注意防止肤浅化。我们有必要时时自省，现在的“热”有无虚热的成分？通过大众传媒传播的“国学”里面真货色到底有多少？有多少东西是兑的口水？我们要注意，国学传播水平既反映了我们这个民族的精神档次，也模塑着我们这个民族的精神档次。不要给人一种误解，原来国学是那么肤浅，那么满是噱头。

在国学传播过程中，既要防止“热闹的泡沫”，也要防止以假冒真的伪知识。长期津津乐道地在民间传播伪知识，会给民间带来很多负面的影响，它扭曲了实事求是的思想路线，混淆了历史判断的真伪是非。例如一些地方争抢《金瓶梅》中西门庆的故乡，西门庆既然是淫荡邪恶的小说人物，又何必拿它当自己家乡的招牌，如此拉动当地旅游，又赚的是何等门路的钱？这些毫无根据的炒作，其实就是在传播伪知识。我们应该尊重民间文学、口传文学，但是把什么当成文化血脉，是应该去伪存真、去恶扬善、明辨是非的。

既然要认认真真地讲国学，我们对于中国历代学术，尤其是清代以来的学术，就有必要重新审视。我们的传统学术既有汉学和宋学，其实还有明学和清学。明学有通俗化市场化的特点，但是清人不以为然，认为明学束书不观、游谈无根。明人、清人各有偏重，虽然成就有丰歉，却也各有特点。清代学术教人如何读懂经典文字，如何辨别古书真伪，直至晚清教人如何进入边疆史地，都做了许多前代无法比拟的坚实功夫。王国维认为清初学术的特点是“大”，乾嘉的特点是“精”，道咸以后是“新”。特点各殊，长短互异，范式已变，清学留给我们的不是单一的学术形态和学术标准。我们研究国学，自然也可以有不同的学术方式，学术的大忌在于把人们丰富多彩的创造力封闭在陈陈相因的家数之中。

对于历代的学术，尤其是清代学术和民国学术，考究源流，追踪盛衰，比较长短，辨析利弊，可以从中寻找出当代国学的许多原创点、立足点和出发点，提供很多资源和思路。这都是要认真吸收和清理的。只有在吸收和清理的过程中，我们的原创才是有根基的原创。

记者：您刚才谈到了要从清代以来的学术研究中，寻找新的学术生长点，从而为学术原创提供新的立足点。能否具体讲讲您在这方面是如何做的？

杨义：中国作为一个现代大国，理所当然地会提出这么一个历史性的命题，就是我们需要用世界视野和现代意识来反省和重构我们的学术传统，思考如何从创造性地超越历代的学术，尤其是清代和民国学术中走出一个新的境界，把学术推向一个创新的空间。我们能不能做到这点？这是对当代学术的文化姿态和创造能力的一场大考试，就看我们交出的是一份委委琐琐的答卷呢，还是一份意气风发的开拓者答卷。

过去存在着一种习惯性的文化姿态，就是对清人都是仰着脖子的，尤其对乾嘉诸老，把脖子都仰酸了。学术是需要有一点敬畏心的，但这种敬畏心是双向的，既要敬畏前人的学术造诣，给我们树立一个高深的标准；又要敬畏自身的学术责任，给我们开拓一代新学术输入充沛的元气和内在动力。对自己也知敬畏的人，才是真正的人。出自这种“双向的敬畏心”，我们应该看到清人在达到学术最好的时候，已经埋下了学术思维的根本性局限和弱点。一只手的五个指头都有三个长、两个短，一代学术又怎能没有三个长、两个短呢？不要把自己的思维弄倒筋了。由此可知，解放思想的命题，还有进一步深刻化的必要。看不到前人的弱点就看不到自己的原创空间，就可能削弱和失去我们作为一个称职的当代研究者的资格。

平心而论，清人的弱点起码有三条，可以概括为清学“三弊”：

第一，是不敢讲民族问题，民族问题长期是清代学术的禁区。因为当时是少数民族入主中原，文字狱阴影浓重，严华夷之辨者可能招致诬陷株连，甚至剖棺断尸。编纂《四库全书》时，“胡”字都要全部删掉，如何敢讲民族问题？一时间，关系到国家荦荦大端的民族问题无人敢讲。这就给我们研究古代典籍，留下了巨大的空间。例如《左传》，如果仅从文字考证，或现在从叙事学角度来研究，是略有训练的人都可以做的学问。但是《左传》的一个根本问题是中华民族这个共同体是怎么形成的，这就少见有人进行全面的清理。这里面涉及列国兴亡、部族兼并、家族姓氏、士人流动、客卿制度、学派纷争、战争与外交等一系列的问题。举例而言，商末周族的泰伯奔荆蛮而开吴，是华夏变蛮夷；吴通中原，并迅速称霸，是蛮夷变华夏。这是中华民族共同体形成过程中，华夏与蛮夷互融互化的一个典型。司马迁的《史记》列《吴泰伯世家》为“三十世家”第一，是潜伏着中华民族大一统的世界观的。吴公子季札到鲁国听《诗三百》的音乐，此时孔子才八岁，为什么被视为蛮夷的吴国能出现这样的人才？通解了这一关键，就会明白吴通中原不仅是政治外交上通中原，而且非常内在地隐含着文化上通中原。

还可谈一个例子。公元前655年，晋国发生争太子的斗争，原因在于骊姬乱政。骊姬本来出自陕西骊山一带的戎族，少数民族本来就有妇女参政的传统。那么，太子申生为什么不听劝告，学商末周族的泰伯让位而出奔？他恪守周公礼制，精神状态与泰伯有什么不同？出奔的倒是公子重耳，被迫出逃到狄国。《左传》记载，说重耳在狄娶狄女生子，“处狄十二年而行”。要知道，与重耳一道出逃的舅父狐氏也是戎狄之后，重耳是周族与少数民族的混血儿，而狄国是北方少数民族统治的一个国家。因为汉族和少数民族有着不尽相同的政治制度和邦交制度，混血儿重耳在这里又重缔政治联姻关系，可以得到在其他国家得不到的庇护。可以看到，春秋战国时期，中原各国和边疆少数民族有着千丝万缕的联系。那么，为什么重耳出奔，不能够像泰伯开创吴国那样，在狄地开拓一个世代相传的国家，却在其后又流亡于卫、齐、曹、宋、郑、楚等国家，才由秦国派军队护送他回晋国即位呢？这同周初分封诸侯以前的政治空间，与春秋列国兼并时的政治空间的差异，存在着什么关系呢？重耳十九年流亡所锤炼出来的意志、阅历、能力和对列国政治关系的理解，对他称霸中原，又有什么因果关联呢？如此这般的深入研究，可以为研究当时各国的政治史、各民族的融合史以及家族史提供有力的佐证，并从中华民族共同体的角度拓展一个以往学术未能展开的新的国学研究的空间。我正在指导一位古典文学博士后学者从这个角度研究《左传》，并取得了新鲜的进展。

第二，是民间问题。清人心目中只有四库之学、只有经史之学才是学问，关于四野之学，比如民间的东西、口传的东西或者野史志异的东西算不了学问。如果敦煌石窟文献是在乾隆年间被发现，到底能有多少进入四库全书都很难说。清人注意不够的民间的东西，对于研究一个民族文化的发生是很重要的。比如敦煌文献就为我们保存了许多关于曲子词、关于佛教俗讲与小说的具有发生学价值的材料，这类材料都是正统文献不屑收录的。它们的出现，几乎改写了我们的词史和小说史。应该认识到，人类开口讲话，据英国牛津一个研究室对人类语言基因变异的研究，已经有十二万年。但人类有文字才五千年，中国殷墟的甲骨文才三千多年。而且在有文字的漫长岁月里，有条件识字和写作的人占极少数，大量的文化叙事存在于民间的口头，民间口头叙事是上层书面叙录的最初基础和源泉。

比如儒学的经典《论语》，既然不是孔子亲自写的，是他的弟子和再传弟子的回忆编集，那就必然包含有其弟子、再传弟子对老师的理解和选择，谁负编辑的责任也就掌握着话语选择的权力。清代学者都相信柳宗元和二程、朱熹的说法，说《论语》是曾子弟子编的，或加上有子弟子编的几条材料。这当然有根据，因为《论语》最晚的材料，是曾子临终遗言："鸟之将死，其鸣也哀；人之将死，其言也善。"非曾子弟子，不能提供这种材料。但是，孔门有德行科、言语科、政事科、文学科等四个科系，一共排列了十个哲人，对这些优秀弟子都称字，显然不是孔子定的名单。而且十哲中没有曾子，能说这是曾子的弟子开的名单吗？因此《论语》第一次编集，应是孔子初死，子贡等六十四人为他庐墓守丧三年的时候，即《汉书·艺文志》所说的“夫子既卒”的时段，这一点我们应该相信郑玄等汉儒的说法。四科中德行科是传道统的，德行科中当时还年轻力壮、可以传道统的是仲弓（冉雍），如郑玄所说，他负这次编辑的责任。这样，中国儒学中的两大学派，一派由仲弓、子夏、荀子通汉儒，一派由曾子、子思、孟子通宋儒，早在《论语》两次最重要的编集中，已经埋下深刻的伏笔。我们所以能够如此提出两千年来没有人发现的这个重大问题，是由于我们不像清以前的人那样崇圣，不去分析圣贤书背后的手脚；也不像民国时人那样要打倒“孔家店”，不及分析就去推倒。当代国学是要以现代大国的文化姿态，去如实地清理自己的文化根子。把握世界的文化姿态的不同，必然导致被把握到的世界的不同。

第三，是清代只有金石之学而没有考古之学。尤其是近八十年的考古发现，为清代学者所未见，也不断地给民国时候疑古学派的学者提出了不同的反证。当然疑古对于突破经学中心的积习，解放我们的思想，清理我们的学术有好处，民国学者在以怀疑精神打破旧局面，以中西汇流的方式创立新学科，又在文化价值观发生根本转变和新的材料包括甲骨学、敦煌学的发现中，开拓了百家争胜的新的学术潮流，做了许多前无古人的贡献。但是一些学者疑古过头，疑古成习，对于古史记载，包括司马迁的贡献不够理解和重视。司马迁除了占有大量文献资料以外，还做了很多实地考察，把很多民间的东西写进了《史记》，这样的写作方法有点类似诸子，是历史家中带有诸子气象的一人。比如《史记》为今存的先秦文献中失载的屈原立了一篇《列传》，显示了对中国文学独特的理解和深刻的共鸣，鲁迅还为此称扬《史记》是“史家之绝唱，无韵之《离骚》”。但是一些疑古学者质疑屈原在先秦的存在，根据西方某些理论推导出“屈原否定论”，认为他是后世创造的“箭垛式的人物”。然而，太史公是生活在距离屈原仅一百五十年的人。他不仅阅读了大量后世无法读到的史料和档案资料，而且实地考察过屈原的故乡，在生活节奏极慢的当时，有可能看到屈原曾经住过的房子以及和他有关系的族人邻居。他还到过屈原被流放的沅水、湘水流域，到过屈原沉江的汨罗。我们到底相信一个历史学家的这种考察所做出的判断，还是相信两千年后某些学者根据一种外来理论推导出来的看法呢？这是不言而喻的。

又比如，《史记》明明记载《孙子兵法》十三篇是孙武所写，战国时的孙膑著有另外一种《兵法》。但是由于《孙膑兵法》失传已久，《左传》记吴楚战争又无孙武的名字，就有博学的民国学者引经据典，想证明《孙子兵法》十三篇的作者是孙膑。然而1972年山东临沂银雀山汉墓竹简，同时出土了《孙子兵法》和《孙膑兵法》，既给学者的考证开了个大玩笑，也证明《史记》的历史真实性是不应低估的。清代有位学者说，“六经无髭髯”，难道可以因此就说，中国人的胡子是在汉代才长出来的吗？在六经中没有出现这两个字，可能是古人写书并未注意到胡子。我们什么时候注意到和记载下来了，这与事情是否存在是两个不同的问题。

在考古材料扫清《孙子兵法》的著作权谜团之后，我们应该把研究的焦点对准《孙子兵法》的发生学问题。孙氏出自齐国的大家族田氏，后来这个大家族把姜氏的齐国变为田氏的齐国。孙武祖父孙书，属于这个家庭的支系，因讨伐东夷莒国的战功，被赐姓为孙。这场战争的经验在《孙子兵法》中有所反映。此事见于《左传》。在孙武的伯祖父辈中，还有一个田氏庶系的司马穰苴。他是一个大军事家，后来的兵书《司马兵法》就与他有关，他当过大司马，因官职得姓氏。他杀掉齐国违犯军法的宠臣，说过的一句话

“将在军，君令有所不受”，这在孙武诛杀吴王宠姬时被沿用。此事见于《史记》卷六十四《司马穰苴列传》，卷六十五《孙子列传》。司马穰苴的一些军事思想行为，也在《孙子兵法》中有所投影和升华。本来《左传》中没有孙武的名字，《史记》也只写到“孙子武者，齐人也，以兵法见于吴王阖庐”，都在他的家族脉络中留下了空白。经过我们从先秦时期家族制度和姓氏制度的考证，就从发生学上揭示了《孙子兵法》与其家族文化的深刻的历史渊源。

以上所谓“清学三弊”的发现，乃是现代学术创新意识的结果。它不是为了否定前人，而是为了超越前人，在肯定前人的伟大贡献的同时，给当代人敞开充分的创造性空间。懂得这一点，就懂得什么叫做“学术文化的自觉”。国学研究要走上新台阶，是不能离开这种“学术文化自觉”的。有了这种自觉，就会明白，历史失载的空白远远大于历史记载的文献。有根柢、有思想的学者应该从文献上入手，从空白处运思，发现历史隐藏着的深层意义。从老式教育制度中走出来的前人，凭着记诵之学、考据之学的优势，做出过许多精深的研究。当代学者的优势在于世界视野、现代意识和高科技对文献检索的介入，完全有可能在新的时代高度上综合文献、考古、田野调查，以及民族、民间、民俗的丰厚资源和多元参证的方法，还原与创新并重，敬重与明达兼用，打开国学研究的一片新天地。我们有必要开创崭新的“现代大国学”形态，作为中华民族共同体的身份、血脉、智慧和精神家园的证明，也作为中国学术向当代人类贡献具有自身特色的话语、情思、旨趣和智慧形态的证明。“当代无大家”的说法可以休矣，我们的国学在中华民族全面振兴的历史进程中将会放射出新的光芒，这难道不是可以预期的吗？

（2009 年 7 月）

“现代大国学”的内涵和魄力

“国学热”的兴起，不应只看到它表面的热闹，而应深入省察，透视其深层的原因，认识到它是一个既古老、又现代的文明大国喜逢全面振兴时期，而必然出现的一种文化现象。近百年来，中国人热心学习西方，在受到思想启蒙的震撼后开始了百折不挠的现代化行程，既创造了可歌可泣的辉煌，又经历了饮泣吞声的母语文化情感的压抑。直到改革开放创造了经济三十年持续高速发展的奇迹，才深切地觉察到中国人的聪明才智是可以信任的，大可以在世界民族之林的竞争和对话中，托起国格的尊严。这就使中国人舒解了那种长期郁积的“可爱者不可信，可信者不可爱”的文化精神焦虑，启动了一种新的文化心理机制，开始重建文化自信，重振文化尊严，重新评估国学在应对全球化浪潮和强势文化的赐予及挑战中的根本价值，进而探讨国学与民族全面振兴相适应的当代创新形态。

我是把当代国学创新的形态，称作“现代大国学”的。既然要重估国学的价值，再造国学的辉煌，那么，何为国学？国学既然姓“国”，它就不是一家或几家的私学，而是一种综合的公共的知识共同体，融汇着这个国家数千年的思想学术、典籍制度、百行百艺、族群民俗，蕴涵着国魂、国脉、国宝、国本，是中国人的尊严所在、根基所在，以原创性的智慧与世界进行平等对话的源泉所在。这就是所谓“大”，这就是《中庸》所说的：“博厚所以载物也，高明所以覆物也，悠久所以成物也。……天地之道：博也，厚也，高也，明也，悠也，久也。今夫天，斯昭昭之多，及其无穷也，日月星辰系焉，万物覆焉。今夫地，一撮土之多，及其广厚，载华岳而不重，振河海而不泄，万物载焉。今夫山，一卷石之多，及其广大，草木生之，禽兽居之，宝藏兴焉。今夫水，一勺之多，及其不测，鼋鼍、蛟龙、鱼鳖生焉，货财殖焉。”这就是说，“大”就要大到有吞吐天地山川的内涵和魄力。

因此国学价值的重新认定，理所当然地既激活世世代代铭刻在中国人心头的那份智慧的刚强，又激活世世代代流动在中国人心头的那份深情的柔软。它首先是中国人的性命之学。我们不避千辛万苦地穿越时间和历史，把今日之复兴和古老之文明在内在精神脉络上对接起来，是包含有几分感恩的，枝繁叶茂感恩于根系发达。感恩中孕育着创造，以创造来弘扬传统，使创造成为不失根本的、可以不断生长着的生命过程。面对着这种创造性的生命过程，切不要用早已成为俗套的“保守/激进”的二元割裂的思维方式来评头品足，中国人吃割裂性的俗套的亏，还不够吗？国学的当代形态实际上已经涵盖了两个传统：一个是五千年的老传统，另一个是百年的新传统，二者之间难免有所扞格，但更值得重视的是二者已有所融合。超越扞格，古今贯通，抛弃画地为牢的小家子气，实行有根柢的深度创新，“致广大而尽精微”，乃是一个现代大国的文化魄力之所在。

把国学昌明从保守主义的陈陈相因的套数中剥离出来，乃是改革开放中深化思想解放的一项独特的收获。之所以称“独特”，有两重含义。首先的一重含义是，它打破了传统与现代截然对立的思维模式，重建中国文化现代性创造的主体性。究竟是把现代性创造扎根于自己的主体性土壤中，还是把现代性创造嫁接在他人的主体性枝杈上，这是现代文化转型的百年难题。割裂现代性和主体性的联系，陷入文化自虐的迷局，这种“失根创造”似乎追求“低成本”，实际上是游离了世界上属于一流的中国文化经验和智慧的优势的。如此追求文化上的“同步”，即便手忙脚乱地捋扯皮毛，也很难避免邯郸学步的尴尬。鲁迅曾经感慨：“中国的古书里有一个比喻，说：邯郸的步法是天下闻名的，有人去学，竟没有学好，但又已经忘却了自己原先的步法，于是只好爬回去了。我正爬着。但我想再学下去，站起来。”从爬到站，这是文化自主创造的姿态。当代国学形态的探索和创建，可能提倡一个新的契机，恢复文化创造主体的完整生命形态，首先站稳脚跟，同时总览世界当代思潮，把发现中国与发现世界有机地结合起来，用生命去拥有和消化林林总总的知识和思想，一步一个脚印地走出一条开拓现代大国文化创新体系的路子。历史的契机是要用文化自觉来把握的，不要再延耽在“雾失楼台，月迷津渡”的彷徨之中了。

其次的一重含义是，国学的升温超越了汹涌而至的物质主义和消费主义的世俗价值理念，在遭遇商品大潮中，坚守着人文精神价值的尊严。人文精神之用，不在于充饥，不在于炒股，也不能在金融风暴中“救世”。人文精神之用，乃是“无用之大用”，大在其可以丰富、美化、淬炼和提升人的精神境界，培养人的道德情操、人生智慧和审美趣味，提高人的文化素质和民族的凝聚力。记得一位前辈学者曾经做出如此精彩的发问：试想，如果我们的心灵中没有诗意，我们的记忆中没有历史，我们的思考中没有哲理，我们的生活将成为什么样子？总之，国学的当代价值，应该成为我们文化创造的主心骨，文化对话的身份证，文化旅行的精神家园。然而，国学遭遇商品大潮和进入现代传媒，在它被大众化从而做大做火的同时，也潜在着被异化的危险。民间的国学热情应该珍视，应该充实和提高，不容把它戏弄成为虚热或泡沫。媒体把国学推向大众，居功至伟，却也须警惕某种以肤浅冒充通俗、以伪知识混淆真知、以卖弄噱头换取笑声的小把戏。如果不警惕这“媚俗三弊”，不防微杜渐而任其滥情作秀，久而久之，就会败坏国学的声誉，让好学多思的人在哄堂大笑之余难免感到胃口不适。这样看来，以“国”命“学”，还是在喜闻乐见中保留几分敬畏为好。

这就足以使我们明白，当代国学的品格，具有基础性，又具有尖端性。没有基础，尖端容易坍塌；没有尖端，基础则流于浅陋而庸俗。这就令人联想到胡适的一句名言：“为学要如金字塔，要能广大要能高。”但他谈论的是学问之道的“博大”与“精深”的关系。我们则引申而言之，讲的是当代国学的功能与出路，既追求高度创新，又追求广泛传播，把握住原创性和共享性这两个关键，使之各有侧重，又互动互补，在不同的维度上把国学做大、做新、做强。这部《开心学国学——不可不知的国学一千问》，邀请北京一批学有所长的专家，就文、史、哲等十个科目的一千个国学知识点，以解惑释疑的问答体，提供简明扼要的基础知识。有道是：能读千赋则善赋，能观千剑则晓剑。这个“千”字似乎别具魔力。知识点一千，是配合中央电视台“开心学国学”栏目开展全国性的大型国学知识竞赛活动而编纂的，旨在使国学知识如春风化雨，千点万滴洒入民众的心田。我们又回到孔夫子的话：“知之者，不如好之者；好之者，不如乐之者。”智慧也是含笑的。开心学国学如果能够抵达学思的好与乐的境界，那么它开启的就不是嬉皮笑脸的闹心，而是智慧的心扉向文化的尖端笑吟吟地敞开。

（本文为2009年6月4日为《开心学国学——不可不知的国学一千问》所作的序言）

《格萨尔》千年纪念

2001年10月17日，联合国教科文组织在巴黎决定，在2002—2003年参与中国史诗《格萨尔王传》千年纪念。

这是对我国少数民族，包括藏、蒙、土、裕固、纳西族史诗创造智慧的国际认可和崇高的肯定；也是对建国五十多年以来，尤其是新时期二十多年来我国《格萨（斯）尔》史诗的搜集、整理、研究和出版工作的国际认可和崇高的肯定。

我们新一届的全国《格萨（斯）尔》工作领导小组在新世纪元年成立，可谓适得其时，这“千年纪念”可以使我们在上一届领导小组富有成效的工作的基础上，把《格萨（斯）尔》的抢救、研究和推广工作注入新的活力，推向新的境界，走上新的台阶。新中国成立以来，青海、西藏、甘肃、内蒙等地的民间文学研究组织，在抢救、翻译和出版《格萨尔》方面陆续起步，在上世纪50年代、60年代已经做了不少难能可贵的工作。80年代初至今，我国政府对抢救《格萨尔王传》投入大量的人力、物力和财力，史诗的抢救与出版多次被列为国家级重点项目和中国社会科学院重点项目。国家民委、文化部、中国文联、中国社会科学院四部委专门设立了全国《格萨（斯）尔》工作领导小组，办公室设在中国社会科学院。同时在西藏、青海、内蒙古、甘肃、新疆、四川、云南等七省区设立办公室。四部委联合召开了全国范围的表彰会两次，《格萨尔》说唱家命名大会一次，成果展览一次，召开国际学术研讨会四次，出版研究集刊、集成、论文集等十五部。迄今共出版藏文《格萨尔王传》七十五部，蒙文《格斯尔可汗传》二十二部，藏译汉近三十部，蒙译汉五部，《格萨尔》文库（科学版）四本。另有学术研究专著近二十部，录制艺人说唱磁带五千小时。中国社会科学院重点项目，四十部的《格萨尔》精选本已出版四部，四十五部的桑珠艺人说唱本已出五部。

也就是说，经过近二十年的努力，经过上一届《格萨（斯）尔》领导小组的工作，这项史诗建设工程已初具规模，规划领导已形成体制，文本整理出版已上了路子，研究工作也取得了相当可观的成就。这些都为我们新一届的《格萨尔》工作，受益于前人又超越前人，打下了坚实的基础。

千年纪念乃是对一项国宝级的文化遗产，进行世纪性的展示。我们有责任把这项纪念做好，不能做坏，要做得精彩深入，影响广大，从中展示中华文明的一个重要侧面的光彩。因此，必须从党中央“三个代表”伟大思想的高度，认识到这是弘扬中华民族优秀文化的盛举，是保护人类文化多样性的盛举，也是加强民族团结的盛举。

（一）《格萨尔》是中国西部藏、蒙等几个少数民族在这千年的漫长岁月中共同创造的盖世瑰宝。对它的纪念，就是对我国少数民族文化创造力的纪念。你要了解高原上、草原上的少数民族具有何等辉煌的第一流的创造力吗？请读一读《格萨尔》。它的想象空间是雄伟壮阔的，可以说，它是中华民族这千年来最具有高山旷野气息的超级史诗。其想象出入于天地三界，驰骋于高山神湖。写英雄则自天而降，赛马夺魁，降妖伏魔；写魔王则“吃一百个人做早点，吃一百个男孩做午餐，吃一百个少女做晚餐”，胃口极大，贪欲无限，凶恶至极；写美人则如彩虹，如雪山月光，灿若太阳，美若莲花。这些想象方式都具有高原民族的崇高感和力度。就拿写美人来说，中原民族喻之杨柳腰、樱桃口，与此对比，就显得过于文弱秀巧了。霍尔王派出选美的乌鸦说珠牡“她前进一步，价值百匹好骏马；她后退一步，价值百头好肥羊”，这也是游牧民族才有的比喻，汉族地区说是“价值连城”，说绝世佳人是“一顾倾人城，再顾倾人国”，这都是平原地区以城池作为攻守的基本依靠所产生的比喻。

只有具备这种高山旷野的魄力和气概，《格萨尔》才可能在千年间的艺人说唱过程中，像滚雪球一样愈滚愈大，成为世界上篇幅最长、长到六十万行以上的超大型史诗，茫茫九流，滚滚滔滔如长江大河。

（二）《格萨尔》是人类文化多样性魅力的伟大见证。对它的纪念，也就是在全球化的当代潮流中保护文化的多样性，保护非物质文化遗产，保护文化的生态环境，为人类文化多保留一份精采。它产生的年代是在西藏9世纪达玛灭佛、赞普王朝崩溃之后，那几百年间藏传佛教教派纷起，政治上分崩离析。民心、民气、民风都转向一个“寻找英雄”的时代。这个英雄在北方可以征服吃人魔王鲁赞，征服抢劫美人和牛羊财富的霍尔王，也就是说北方是他们的家庭、国家的主要威胁。这个英雄在南方可以保护盐海不被姜国萨丹王吞占，可以保护自己的盟友不被门国的魔王骚扰，即是说，南方是他们的衣食之源和后院。这个英雄赛马夺魁，不需什么高贵血统，就能当岭国国王，娶最美的美女珠牡为妻，这也是游牧文化的价值观，而不是宗法文化的价值观。

它的战争观也与中原礼乐文化不同。古希腊哲学家赫拉克利特说：“战争是万物之父。”康德说：“战争乃是带动文明继续前进的一种不可或缺的手段。”西方文化在战争观上是带有进攻性的。中原文化，比如《诗经》少有对战争场面的描写，多写征人思归。《国语·周语上》记载：“（周）穆王将征犬戎，祭公谋父谏曰‘不可。先王耀德不观兵。'”这个记载也被《史记·周本纪》采录。诸子书中,《老子》则说:“以军旅处凶事,以丧礼处军礼。”这种主张“耀德不观兵”的文化,即使战争失败了,也能以柔克刚,以文化把对方同化过来。而《格萨尔》则是战争的颂歌,降妖伏魔,大小百十战役,连它的赞词长至十数行、数百行,也多是英雄赞、马赞、鞍赞、刀剑赞、弓箭赞、盔甲赞等战争礼赞。主张以柔克刚的中原文明,由于有了这种少数民族边疆文明而变得质文互补、刚柔相济,呈现出内在的丰富性。我常说,文化上有一种“边缘的活力”。就是说当中原文明模式化甚至僵化之后,边疆地区的文明给它输入了带原始野性的新鲜血液。中华文明五千年不中断而保持坚韧的生命力,正是这种中原文明的凝聚力和边疆文明的新鲜活力互动互补的结果。

就史诗本身而言,《格萨尔》提供了高原史诗的形态,与《江格尔》、《玛纳斯》和南北少数民族的百余部史诗在一起,又提供了草原史诗和山地史诗的形态。这是与巴比伦的河流史诗《吉尔伽美什》,古希腊的海洋城邦史诗《伊利亚特》、《奥德赛》,古印度的森林史诗《罗摩衍那》、《摩诃婆罗多》形态不同的文化创造。《格萨尔》既丰富了人类史诗的形态,也将改变人类史诗分布的地图。黑格尔《美学》第三卷说:“中国人没有民族史诗,因为他们的观照方式基本上是散文性的,从有史以来最早的时期就形成一种以散文形式安排得井井有条的历史实际情况,他们的宗教观点也不宜于艺术表现,这对史诗的发展也是一个大障碍。”这种议论,只不过是涉猎了一点汉文西译材料的肤浅之见,并不能涵盖中国多民族文化共同体的丰富多彩的史诗创造。

(三)《格萨尔》蕴含着中华文明多元一体文化格局的历史文化哲学。对它的纪念,包含着对少数民族文化的重新认识,包含着对中华民族文化的重新认识，也包含着对中国文化哲学的重新反思。在数千年的民族行程中，汉族先在黄河地区实行多部族的融合，然后及于长江、岭南和北方部分胡人，都在滚雪球过程中形成汉民族。藏族和蒙古族内部也有滚雪球，融合多部族的过程，最明显的是松赞干布在公元7世纪统一吐蕃，蒙古各部落1206年在鄂嫩河源头结盟，推举铁木真为全蒙古的大汗，即成吉思汗。《格萨尔》写岭南有上岭色氏八部落，中岭文布六部落，下岭穆姜三部落，还噶珠秋部落，丹玛十二万户，达绒十八部落，也表明它们在竞争中融合的民族史哲学。

从更广阔的视野来看，中华民族多元一体的文明形态，包含着各民族的文化原创性和兼融性的双重的文化哲学，以原创牵动兼融，以兼融托起原创。我们过去讲中华文明，着重讲黄河文明，近三十年发现了大量楚文物、四川三星堆、浙江河姆渡文明，长江文明的加入，使我们对中华文明的认识开拓了新的境界。《格萨尔》属于江河源文明，在长江黄河源头的周围发生。江河源文明的特点是什么？首先，它是高山文明，具有雪域高原的崇高感、原始性和神秘性，崇尚高山圣湖，崇尚尚武精神。唐代杜佑《通典》卷一百九十记载："吐蕃在吐谷浑西南，……兵器有弓、刀、楯、槊、甲、胄。每战，前队皆死，后队方进。人马俱披锁子甲，其制甚精，周体皆遍，唯开两眼，非劲弓利刃之所能伤也。其战必下马列行而阵，死则递收之，终不肯退。枪细，而长于中国者。弓矢弱而甲坚。人皆用剑，不战亦负剑而行。……重兵死，恶病终，以累代战没者为甲门。临阵奔北者，悬狐尾于其首，表其似狐之怯。其赞普弄赞，雄霸西域。"《旧唐书·吐蕃列传》也说其"吹蠡鸣鼓为戏，弓剑不离身。……军令严肃，每战，前队皆死，后队方进。重兵死，恶病终。累代战没，以为甲门。临阵败北者，悬狐尾于其首，表其似狐之怯，稠人广众，必以徇焉，其俗耻之，以为次死”。这里蕴藏着《格萨尔王传》文化基因的内核。

其次，它既保持了高山文明的原始性特征，又渗透着中原文明、西域文明、蒙藏文明、印度文明的多重因素，是东亚、中亚、南亚文明的结合部，各种文明交汇之地。其三，它又是丝绸之路贯穿其间的一种文明，由这种人文地理学和文化人类学的定位，可知《格萨尔》文化基因的流动性和复杂性。1219 年，全真道道士丘处机以七十余岁高龄，率十八高徒跋涉数万里，远赴西域雪山行营见成吉思汗。四十年后，即 1260 年，忽必烈入主中原，尊藏传佛教萨迦派的领袖八思巴为国师，就发生在这块土地的附近。江河源文明的加入，也势必如当年长江文明的加入一样，将我们对中国文明的认识推向一个新的阶段。加强对藏族文化史、蒙古族文化史、蒙、藏、汉、西域文化关系史的研究，将会使我们更加深刻地认识《格萨尔》代表的江河源文明的混杂性、高原文化的崇高感、神秘感和它的自由想象空间的开阔性的认识。

因此，《格萨尔》不仅代表人类史诗的一种形态，而且代表着多元一体的中华民族的一个子文明形态。以《格萨尔》为代表的少数民族史诗和口传叙事诗的开放，将能展示中国文化与文学奇光异彩、灿烂辉煌的另一侧面，将从根本上改变中国是“史诗穷国”的世界知识盲区，显示中华民族文化共同体是史诗富国、强国的真实面貌。因此，把对《格萨尔》的千年纪念，视为贯彻代表先进文化的发展方向的一次盛举，也就顺理成章了。

（2001 年 12 月 15 日在出任全国《格萨（斯）尔》领导小组组长会议上的讲话）

五四：一种新文化哲学的考察

1919年的“五四”运动至今已经九十年了，鲁迅西安讲学也已经八十五年了，八九十年的跨度已经有足够的思想文化和历史实践上的时间和空间，让我们来进行创造性的反思，来重新看待“五四”，重新思考这样一个问题：一个现代大国应该如何建立自己的文化精神？应该有什么样的文化哲学？

“五四”是青年的时代，是青年人站在思想文化的前沿，思考民族命运和世界思潮的时代，思想务新，意气风发。包括胡适、郭沫若、傅斯年、罗家伦、茅盾、冰心、徐志摩都是那个时代的二三十岁的青年。我常常感慨，那个时代的年轻人为什么能洋洋洒洒地写思想文化上的文章，但我们今天有些二三十岁的博士、硕士却连一篇书评都写得非常拘谨，或者你是研究张爱玲的，花一两个月写一篇论郑振铎的文章，都写得别别扭扭。他们领风气之先固然有时代优势，但我们的教育制度甚至学位制度存在什么弊端？也值得深思。如果“青年学”是一门学问，我们实在应该针对当今青年的问题，从“五四”时代的“青年学”获得思想上和体制上的启迪。因此，我们既要在“五四”运动中发掘新的文化哲学，又要以新的文化哲学考察“五四”运动。

“五四”为我们打开了视野，开通了时代潮流，提供了一个新

的思考问题的维度。

反思历史，应该采取开放的思维、动态的思维。“五四”是伟大的，同时“五四”也是一个伟大的未完成。它的伟大在于给中国现代的思想、文化和社会开了个头，而它的未完成也是因为它仅仅只是开了个头。只靠一次思想启蒙运动不能解决中国所有的问题，一次思想文化运动再伟大也不能包打天下，还要有社会体制的革新以及整个社会经济的发展。所以说，“五四”留下了巨大的空间让我们去创造，而我们应该拥有一种新的文化哲学，既要还前人应有的伟大，同时也要给现代人充分的创造的空间。新文化哲学不是把传统当作沉重的文化行李顶在头上，而是把传统当作现代性对话的伙伴，在与传统对话中使现代性变得务实而深厚，一道走上开创历史实践和思想文化路程的新台阶。“台阶说”的文化哲学，是文化创造者、文化建设者的文化哲学。

中国是个文明古国，创造过许多辉煌，但也应看到经过漫长的积累，文化肌体逐渐僵化，也产生了很多废物，就像人老了连破铜烂铁都舍不得丢掉一样，屋子里的废物太多了，新的、有用的东西就不能进来。而“五四”为我们提供了一个新的发展空间，打开了我们的视野，人类在现代化的进程中创造了很多物质财富和精神财富，对此要了解、要吸收，“五四”让我们看到这个世界很大，不能关起门来发展。

“五四”运动为中国的发展提出了三个议题：一是如何处理中国的历史遗产和传统文化；二是如何借鉴外来的现代文化和处理中西文化的关系；三是如何选择中国的现代化道路和发展模式。从不同的社会文化立场出发，“五四”“三议题”可以各有各的说法，从而使“五四”成了“说不完的五四”。陈独秀作为“五四运动总司令”，他在《蔡孑民先生逝世后感言》（1940年）一文中说，“五四”运动不管如何估价，“蔡（元培）先生，（胡）适之和我乃是当时在思想言论上负主要责任的人”。但即使陈、胡、蔡三人，思想方向和文化渊源也是很不一样的，更何况一时蜂起的青年才俊？这就是说，“五四”运动是多重思想复合体的运行过程，既是复合的，又是动态的，纷纷在寻找自己的合理位置和有前景的出路。由此可知“五四”在丰富的维度上开通了时代的潮流，我们要革新、要创造，思想文化和社会体制各个方面都要进行创造，要向前走。“五四”又为我们提供了一个新的思考问题的维度，从此以后，我们可以思考革命与保守、启蒙与救亡、科学与民主等一系列问题，这些都是随着“五四”的潮流涌进来的。这些历史关键词的历史文化内涵，铸造了“五四”人的思想维度和思维方式，也成为现代思想能通行的语言基础和社会传播的载体，影响十分深远。我们要理解自己为什么现在这样思考问题，就有必要回溯“五四”时期的概念生成的历史。

打开思路很重要，思路指向出路。我们从中国自己的需要、中国自己的问题、中国人自己的感受，甚至包括中国人自己的尊严出发，把我们的知识重新加以组合，让传统和现代、人文主义和科学主义所提供的思维方式介入到我们的知识系统，重新整理，重新理解，开拓创造，中国人的聪明足可以使我们的国家走向新的天地。

颂扬“五四”的人，可能是想在这场运动中的功劳簿上排座次的人；而忧虑“五四”的人，却是真正珍重“五四”精神的人。

“五四”的实质，是中国思想、文学、文化之现代性的大启动。“扫荡废物，催发新生”，是鲁迅对“五四”精神的概括。他讲的是扫荡废物，而不是扫荡旧物，废物自然在旧物里面，东西过于陈旧了，也容易废，但是废物不等同于旧物。到了一定的时候，我们还要在旧物中重新挑挑拣拣，选择有价值的东西。以“废物”的说法代替陈独秀的“旧物”的说法，概念的准确化，为“五四”精神的深化和可持续发展留下了空间。

鲁迅对于“五四”是忧虑重重的。在这样一个轰轰烈烈的大事件过去之后，有种种人对它的成果有种种的宣传，而不完全是革命与保守的问题。鲁迅担心的是“五四失精神”。因为很多人会陷入到一个杀人放火、受招安的模式中，以获得新的权力。鲁迅曾引用宋人庄季裕《鸡肋篇》中“欲得官，杀人放火受招安；欲得富，赶着行在卖酒醋”的谚语，去反思十几年前的“五四”运动的蜕变：“而北京学界，前此固亦有其光荣，这就是五四运动的策动。现在虽然还有历史上的光荣，但当时的战士却‘功成，名遂，身退’者有之，‘身隐’者有之，‘身升’者更有之，好大的一场恶斗，几乎令人有‘若要官，杀人放火受招安’之感。”在“五四”刚刚过去的时候，颂扬“五四”的人，可能是想在这场运动中的功劳簿上排座次的人；而忧虑“五四”的人，却是真正遵循“五四”精神的人。看看上个世纪二三十年代的中国知识分子的精神史，他们创造了各种神话，其目的就是为自己找一个座次。相反，对“五四”感到彷徨迷茫的人，倒是因为爱之过，忧虑生焉。

鲁迅在解释“五四”精神的时候，强调过两个问题：一个是白话文运动，一个是文体的革新。鲁迅认为白话文运动是成功的，但是白话文既可以作进步思想的文章，同样也可以用来作腐朽思想的文章，所以还需要思想革命。鲁迅用“腐朽思想”一词代替“旧思想”，也在概念准确化上向前走了一步。鲁迅认为，最后还要进行社会革命，而这些都是在为社会改革做先导。

“五四”时期尝试了很多新文体。小说的地位被抬高了，而小品文的成功还在小说、戏剧、诗歌之上。莎士比亚作为“戏圣”，并没有引起大家很大的兴趣，倒是大家都说易卜生好，究其原因就是因为“五四”是一个探索性的、个性活跃的时代，而不是经典性的时代，产生真正的经典还要经过努力。

“五四”作为一个伟大的开端，启动了中国向现代文化和现代社会的整个转型，这是它的伟大之处，但是它并没有完成，也没有给整个转型设计好方案。今人应该有更高的创造，而不是去重复它，“五四”精神就是要向前开拓，一味守成就背离了“五四”精神。这需要一个境界，整天在文化上吵吵闹闹，不搞经济建设、不搞社会革新，很多问题是不能解决的。我们要充分肯定“五四”的价值，它是我们伟大的遗产；同时，现代社会的发展还需要很多人去创造，不是“五四”那一代人就能完成的。

鲁迅当年反复地讲，他有一种季世之感，那种感觉是他那代人忧国忧民的责任感的体现。鲁迅在《华盖集·忽然想到》中说：“试将记五代，南宋，明末的事情的，和现今的状况一比较，就当惊心动魄于何其相似之甚，仿佛时间的流驶，独与我们中国无关。现在的中华民国也还是五代，是宋末，是明季。”这种充满危机的感觉，契合了激进思潮。黄河之水天上来，到龙门、壶口必然湍急，我们不能因黄河下游的平缓开阔，就质疑它曾经的历险湍急。思潮的缓急，乃时势使然。脱离时势而抽象出急进、舒缓，乃是纸上谈兵之论，可能消解思潮的实践品格。一代人有一代人思维的方式、感觉的方式，因为不同代人面对不同的时势。“文武之道，一张一弛”，周文王的时候不能采取周武王式的急进方法，周武王的时候不能采取周文王式的稳重方法。方法瞄准时机，这才是战略家之知战略。我认为，在当下时机以稳健的开拓和创造，不断弘扬中国现代精神，实现现代人强国的梦想，就是对“五四”最好的继承。

面对民族生存危机，鲁迅不惜以血荐轩辕，这与传教士是不可同日而语的。

新的文化哲学应该透入事物真相，辨析精微。解剖国民性、改造国民性，是鲁迅当时作为思想文化和社会改革过程中的一个命题提出来的，是他在思考了中国长期以来儒道释的思想对老百姓的深刻影响之后，所沉积下来的一种思想状态。现在有些海外的学者认为，鲁迅讲这些话是殖民话语、是传教士的史密斯、是支那人的气质。但事实果真如此吗？我觉得对这个问题应该重新理解。鲁迅解剖国民性的思想的形成，虽然受到了西方传教士和日本一些思想家对国民性的思想的传播，以及维新派的梁启超对国民性的看法的影响，但他并未停留在这个层面上，而是有着自己的文化辨析和思想深度。

早在1920年，鲁迅就分析过国民性和人性的问题，他以《天演论》的思想为基础，对国际竞争的残酷性，表现出了强烈的民族危机感。他提出"我以我血荐轩辕"，不惜以鲜血来进行血荐，这跟传教士是不可同日而语的。鲁迅说，传教士史密斯的《支那人的气质》，那时在日本已翻译二十年了，倒是作为支那人的我们不甚留意。"国民性"一语最早见于鲁迅作品，是在1908年发表的《摩罗诗力说》。在《摩罗诗力说》中，鲁迅就曾以英国诗人拜伦的战斗不已的思想和反叛的精神作为自己的支柱，他讲到要扫除古国之国民性陋习，这和传教士也是没有共同之处的。

鲁迅的思想更多的是从中国的现实感受出发，而不是从一个空洞的外来观念出发。鲁迅在写《阿Q正传》时，阿Q的影像已经在他的脑子里晃动了好几年了，他就是要用阿Q来画出清末民初之际国民的灵魂。"我也不知道我画好没有，但是，我是根据我对现实的感受和体认来画的。"他画出来之后，很多小官僚、小政客惶惶不可终日，总觉得是写了自己。可见，鲁迅对国民性的思考，是从中国自身的问题出发，而不是从某个概念出发。从自身最深的感受出发进行独到的提炼，反而能使文学走向世界，融入历史。

另外，鲁迅把对国民性的思考纳入到整个社会革命的进程中来，他的出发点和归宿点与传教士都是明显不同的，他不是采取静止的、观赏的，甚至妖魔化的态度，而是采取动态的、批判的、改革进取的态度。他说，国民性是很难改革的，但是该改还得改。也许老奶奶的脚是三角形的，穿着一双绣花鞋，步履维艰，但是，她的孙女很可能是一个天足，就能飞跑；丈母老太太出过天花，脸上有些缺点，令夫人却种的是牛痘，所以细皮白肉，这不就可以改革嘛！历史的进程证明了鲁迅的预言是正确的，依靠新的观念、新的制度和科学技术的发展，国民性是可以改造的。所以说，把鲁迅改造国民性的观点说成是一种殖民话语，说成是从传教士那里舶来的，是不切合实际的一种说法。

改造国民性是鲁迅的一个深刻的命题，它提倡启蒙，重视教育，改良习俗，这对于在当代现代化、城市化进程中提高我们国民的素质，以焕然一新的面貌面对世界，仍有启发。

民间的情调过去是受压抑的，鲁迅要为它伸张话语权。

鲁迅的文学观到了后期，更重视大众性。有人说，这是鲁迅文学思想的人民性，我觉得与其叫人民性还不如叫民间性。因为鲁迅从来没有使用过“人民”这个词来谈文学，他认为旧的文学衰退了，往往要从民间文学和外国文学那里吸取营养来重新振作。“五四”运动使整个文化的价值结构发生了变化，民间文学在价值结构中整体上升，官方的东西在下降。他是以这种观点写成《中国小说史略》的，也是以这种观点从容言说《门外文谈》的。

19世纪的俄罗斯民粹派，提倡到民间去，这个思潮对“五四”有很大的影响。鲁迅在1930年翻译普列汉诺夫的《艺术论》时，把“民粹派”翻译成“民众主义”，这里就存在着他对民间性的认同。看问题总要从精神现象看到精神内核。有人认为鲁迅批评梅兰芳，好像是在批评京剧，但是我们先来看看鲁迅批评的是什么。梅兰芳以前的戏有些很低俗，但是老百姓喜欢，后来一些文人士大夫把它变高雅了，老百姓也就听不懂了，像《天女散花》、《黛玉葬花》的词很雅，老百姓听不懂。所以鲁迅说，与其去看一个不死不活的天女，还不如去看一个健康活泼的村女。从“天女”到“村女”，其立足点从天上落到地下。他是带着民间的立场去讨论梅兰芳这一现象的变化的，而不是去讨论一个剧种。

当然这种民间的立场，也有它的局限性。艺术也可以更高雅一点，许多经典作品就讲究大雅大俗。但是，鲁迅认为，这种民间的情调过去是受压抑的，他要为它伸张话语权。明朝东林党出事的时候，知识分子都不敢说话了，只有几个书呆子和几个老百姓敢去说话，而且发动了示威游行，鲁迅从这件事上发现了群众的力量。鲁迅的民间性，还体现在他对“火种”这个意象的使用上。这其中有个前后期的变化：在前中期，他反复使用普罗米修斯盗取天上的火种给人间；到了晚年，他认为“敲石取火”，只要有石头在，火种是不会绝的。就这样，鲁迅从西方神话的境界回到了现实中国的民间。既内在地考察鲁迅的精神脉络，又外在地考察鲁迅行为的历史语境，如此内外兼修，在联系中思考意义，在深度上把握历史潜流，乃是新的文化哲学的重要原则。

（原载《陕西师范大学学报》2009年第3期）

鲁迅与孔子沟通说

在中华民族的总体智慧中，孔子和鲁迅属于不同时代的两份最伟大又各具特色的文化遗产。对于已经、而且还在深刻地影响着和塑造着民族精神素质的东西，是不应该轻易废弃的。诚如郁达夫所说，没有伟人的民族是可悲的民族，有伟人而不知尊重的民族，尤为可悲。林则徐于 1839 年为广州越华书院书写对联说：“海纳百川，有容乃大；壁立千仞，无欲则刚。”在世界列强觊觎中国而山雨欲来风满楼之秋，有识之士就提示以海洋般的广大胸襟，毫不介怀地容纳千百川流，以壁立千仞的主体精神，把中国的事情做大做强。在百余年后中华民族渡过艰危，崛起为现代大国的时候，我们在文化建设和创造中，更应该拥有这种山包海纳的博大胸怀。若不如此，岂非愧对先贤？

对鲁迅、孔子这两个伟人的论衡，必须超越 20 世纪一二十年代的时代的思潮，在建立中华民族现代文化的新高度上确立健全的而不是偏颇的立足点。关键在于要在中华民族现代文化的整体结构中，对这两份遗产重新整合，可沟通者沟通之，不可沟通者并存之，去弊择善，建立一种具有博大精深的内涵和丰富多彩的层次，因而生气勃勃、与时俱进的文化机制。百川的姿态、水质都是不同的，世界上没有姿态、水质相同的两条河流，如果大海挑三拣四，它就不能成为大海。

我并不否认，鲁迅在“五四”及其后一段时间，是反叛孔学道统的。1916 年前后，《新青年》杂志针对袁世凯祭孔、康有为陈请定孔教为国教，以及三纲五常的伦理体制对世人思想的禁锢，曾掀起一股颇具声势的反孔非孔浪潮。这反映了宋明理学对孔子的阐释因僵硬而断裂，以及当时官方哲学因腐朽而崩溃，反映了一代新文化先驱者对摆脱中国文化困境的锐意求索。包括鲁迅以及陈独秀、李大钊在内的这代先驱者，都以不同方式承认孔子作为历史人物是伟大的，但又深恶痛绝地抨击由孔子思想蜕变而来的三纲五常不适于现代生活，尤其抨击权势者利用孔子偶像作为复辟的护符。圣人也是可以分析的，圣人的价值应在民族的生存和振兴中予以理性重估，这是一代文化先驱者留下的文明启示录。鲁迅大声疾呼："我们目下的当务之急，是：一要生存，二要温饱，三要发展。苟有阻碍这前途者，无论是古是今，是人是鬼，是《三坟》《五典》，百宋千元，天球河图，金人玉佛，祖传丸散，秘制膏丹，全都踏倒他。""全都踏倒"的表述，是足够激烈的了，但细检鲁迅开列的陈年簿子的账单，并无五经四书、诸子百家、二十四史的踪影，足可以感受到在激进的深处潜藏着某种历史理性的精神。后人不应随意演绎，把鲁迅潜藏着的这种精神空间都堵塞了。那是肤浅和浮躁之过。

这里并没有排除鲁迅思想和孔子思想同具某种东方文化的特征。他们有一种入世用世的精神，一种为人生的态度。孔子非隐者，鲁迅嘲老庄，他们生逢糜烂时世，都于绝望中寻找希望，有"知其不可而为之"的执着，有不计成败而追求真理的"过客"品性。他们在不同时代，成为中华民族实践理性的光辉代表。据记载，诸葛武侯庙有一集句对联："可托六尺之孤，可寄百里之命，君子人与，君子人也；隐居以求其志，行义以达其道，吾闻其语，吾见其人。"还有对联是："伊吕允堪俦，若定指挥，岂仅三分兴霸业；魏吴偏并峙，永怀匡复，犹余两表见臣心。"以及"自任以天下之重如此；是知其不可而为之与"。这些都被认为"恰称身分，胜读陈（寿）承祚史评矣”。这种历史担当的精神和坚韧不拔的意志，是中国脊梁所构建的伟大传统。

然而，鲁迅精神富于现实战斗性，孔子思想却带有相当程度的时代超越性。鲁迅始终实践着他的诺言，不留情面地进行社会批评和文明批评，“自己背着因袭的重担，肩住了黑暗的闸门”，放青年一代“到宽阔光明的地方去；此后幸福的度日，合理的做人”。孔子当然也关切年青一代，认为“后生可畏，焉知来者之不如今也”。但他更重视社会自上而下的礼乐秩序，“孔子三月无君，则皇皇如也”，其学说是当“王者师”，依附于上层政治势力的。而“西狩获麟”，则是春秋末世儒学命运的一个极妙的寓言，孔子叹息“吾道穷矣”，包含着他行道终生、无处立足的悲哀。他推崇上古盛世，尤其是周公礼仪，实际是为悬想中的理想国设计一套相当完备的政治、家庭、社会秩序的原则和人格原则。这些原则不是为乱世、而是为治世而设计的。孔子周游列国，退而授徒述学，可以看作是儒学创建时期的一次“天路历程”及其最终归宿。春秋战国之世的几门显学，各有各的命运：老庄远世而传世，墨法讲究近期效益反而近期罹祸，儒学入世、并为未来的治世设计蓝图，却享受了千年圣庙香火。平心而论，中国成为千年文明古国而不堕，成为礼义之邦而饶多儒雅意味，甚至士人阶层居四民之首而成为历代社会的共识，孔子之功是不可没的。

中国早期学术，昌盛于春秋战国群雄割据之岁。这就使得文化母体，孕含着丰富的地域性的子文化形态。燕赵齐楚，各领风骚；秦晋吴越，互竞异彩。鲁迅、孔子之异，不仅在于其时代性和个人气质，而且在于其承袭的文化地域性。《史记·孔子世家》记载孔子整理原始经籍，他考察夏礼、殷礼的损益之处，说“后虽百世可知也，以一文一质。周监二代，郁郁乎文哉。吾从周”。孔学源于鲁，是从周公、伯禽这个系统来的，所谓“周礼尽在鲁矣”。这是孔子将其学说建立在礼的基础上的得天独厚之机缘。孔子祖先是宋人，上联殷商，因而其学说具有文质彬彬的形态。孔子的七世祖正考父“追道契、汤、高宗所以兴，作《商颂》”，他的家族传统是联系着《诗三百》的。这就沉积成孔子思想学术的丰厚性，他崇仁非战、重义轻利，讲究忠恕诚敬，讲究礼仪等级，讲究以诗书礼乐治国。

鲁迅思想的源头之一是越文化，古越文化是从夏禹系统来的，形态较为质实。其特点是真实直率，反对繁文缛节，较讲血性与实干，自勾践卧薪尝胆之后，又带上一种复仇雪耻的内在强力。因而鲁迅早年在《〈越铎〉出世辞》中说：“于越故称无敌于天下，海岳精液，善生俊异，后先络驿，展其殊才；其民复存大禹卓苦勤劳之风，同勾践坚确慷慨之志。”鲁迅风骨峻拔奇峭，与他感受会稽的海岳精液和山岳气息，存在着深刻的人地渊源。他晚年写《女吊》之时，还忘不了乡邦先贤的一句话：“会稽乃报仇雪耻之乡，非藏垢纳污之地！”与孔子“不语怪力乱神”不同，具有现代科学知识的鲁迅，反而写了鬼世界中诙谐可亲的无常，“那怕你，铜墙铁壁！那怕你，皇亲国戚！”写了“一个带复仇性的，比别的一切鬼魂更美，更强的鬼魂”女吊，这些都是越地民间精神趣味和创造力的结晶。可见，鲁迅和孔子的乡土地理因缘本身，就反映了中国文化智慧和品性的不同侧面，相互间带有一定的异质性。

孔子一生，似乎与越文化没有多少纠葛，除了他晚年齐国想伐鲁之时，他的弟子子贡游说列国，导致“子贡一出，存鲁，乱齐，破吴，强晋而霸越”。尽管《史记》对此举大事记载，《论语》却只字不提，而源自孔府档案的《孔子家语》却在后面加了一段孔子的话：“夫其乱齐存鲁，吾之始愿；若能强晋以弊吴，使吴亡而越霸者，赐之说之也。美言伤信，慎言哉！”这显然是儒门后学或孔府后人加的，孔子本人见不到“吴亡而越霸”。《吴越春秋》卷十《勾践伐吴外传》，却有一则故事：

> 越王（勾践）既已诛忠臣，霸于关东，……孔子闻之，从弟子奉先王雅琴礼乐奏于越。越王乃被唐夷之甲，带步光之剑，杖屈卢之矛，出死士以三百人为阵关下。孔子有顷到，越王曰："唯唯，夫子何以教之？"孔子曰："丘能述五帝三王之道，故奏雅琴以献之大王。"越王喟然叹曰："越性脆而愚，水行山处，以船为车，以楫为马，往若飘然，去则难从，悦兵敢死，越之常也。夫子何说而欲教之？"孔子不答，因辞而去。

这当然是小说家言：孔子死于鲁哀公十六年（前479年），越王勾践灭吴、诛大臣、称霸是在鲁哀公二十二年及其后，二者年代不相及。孔子不能死了六年后复生，南见勾践。但它可以当作一则政治文化寓言来读。它说明发源于鲁文化的孔学与越文化之间，存在着相去颇远的旨趣、色彩和习性，在弱肉强食的战时环境和封闭自守的文化心态中，是难以相互沟通的。在某种意义上可以说，正是由于缺乏对不同文化因素取长补短，加以融合创新的魄力，越国的霸业才会很快就凋萎。这就难怪引起李白《越中览古》诗中无限的感慨了："越王勾践破吴归，义士还乡尽锦衣。宫女如花满春殿，只今惟有鹧鸪飞。"唐人窦巩《南游感兴》还剿袭李白诗意，写道："伤心欲问前朝事，惟见江流去不回。日暮东风春草绿，鹧鸪飞上越王台。"

鲁迅思想自然不能等同于古越文化，它是20世纪前期中国人面对世界强权和民族危机之时，对自己文化深度反思和创新建设，尤其是对自己文化传统弊端进行空前深刻的解剖的结晶。因而它带有明显的现代性，这一点非孔学所能比拟。当民族积弱，需要发愤图强之时，越文化和鲁迅精神是一种极好的铦锋利刃的抗争武器和刺激剂；但当民族需要稳定和凝聚之时，孔学的优秀成分也是不应废弃的精神纽带和黏合剂。儒者，柔也；而越文化与鲁迅，则属于刚。在稳定、开明的文化环境中，二者未尝不可以刚柔相济、文野互补、古今互惠。中华民族的现代文化建设应该超越狭隘的时间空间界限，广摄历代之精粹，博取各地域文化智慧之长，建构立足本土又充分开放的壮丽辉煌的社会主义文化形态。正是在这种意义上，我认为鲁迅和孔子之间，并非不能融合和沟通。

提高沟通能力，乃是中国文化品格的一大进步。《清史稿·文苑传》说："世谓（林）纾以中文沟通西文，（严）复以西文沟通中文，并称'林严'。"这里讲的是中国文化现代化早期进程中的中西沟通。现代大国的文化建构，不仅要沟通孔、鲁，还要沟通老庄、孟荀、墨韩，沟通古今、雅俗、中外。《周易》如此描述天地变化沟通的原理："一阖一辟谓之变，往来无穷谓之通。"因此它认为"唯君子为能通天下之志"，"见天下之动，而观其会通"。把握了这种变化沟通的通则，就会焕发出文化生命力的效应："穷则变，变则通，通则久"，"通其变，遂成天下之文"。也就是说，即便在文化上，也是能通才能泰，能通才能大。此即《文心雕龙》之所谓"文律运周，日新其业，变则可久，通则不乏"。鲁迅与孔子之间，确实存在着古今、中外、南北、刚柔等多层面的同同异异，存在着不少异质对撞之处，因此能够以现代大国文化海纳百川的胸襟将之沟通，在沟通中持久变新，乃是一种大智慧。

（原文是1991年9月在山东曲阜"鲁迅与孔子比较研讨会"上的发言，首倡"鲁迅与孔子沟通说"，初刊于同年11月《群言》月刊。）

钱锺书与现代中国学术

钱锺书的学术，标志着20世纪中国学术与世界进行广泛对话的新的深度。学术已是他生命的一部分，而且是最精彩的部分。但他无意于用这最精彩的部分竖旗号，造流派。他用札记、选本、论文的形式，展示了一个无体系的体系，正因为“无”，用他“正言若反”的说法，便也无所不包，触处逢春，涉笔成趣，以学术的片断性蕴含着往返于中外古今的大智慧。

这里隐含着钱锺书的一种基本的学术方法：消解现成的意识形态的结构，发现和剥离中西文化的精华，沟通人类的心智。支持这种消解——剥离——沟通的基本方法的文化态度，就是那句著名的话：“东海西海，心理攸同；南学北学，道术未裂。”〔1〕这十六字真言，是贯串那六字方法的。尽管他的不少思想闪现，若加以逻辑推衍，都有可能成为一个新的学理体系，但他既然化解体系的僵硬和封闭，转为无体系的灵便和开放，我们聪明的做法，与其削足就履地从中硬凑成一个严密的体系，反不如自然潇洒地领略和体味蕴含其间的生命情趣、智慧境界和学思形态。

钱锺书学思过程，有“三大境界”存焉。

一曰会通境界。钱锺书曾说，偏见是思想的放假；那么，会通就是思想的旅游了。他把书读活的办法，在于“择总别集有名家笺释者讨索之，……以注对质本文，若听讼之两造然；时复检阅所引书，验其是非”。[2]这是他学思的起点，1942 年《谈艺录》于此走出第一步，1979 年《管锥编》依然采取此路数。对质、听讼、复验，以剀切犀利的眼光，牵来作家、注家和原始经典的多重智慧相对撞，激活自己颖悟深思、会通多端的能力，并且在持续性研究中一步一个脚印地留下愈来愈多的坚实可靠的“知识质点”。这些质点是经过质疑和求证的反复打磨，会通多重智慧而成，一旦得之，又可进行同类联想，贯通中外多种学科的文本，形成了“积小以明大，而又举大以贯小；推末以至本，而又探本以穷末；交互往复，庶几乎义解圆足而免于偏枯”的“阐释之循环”的会通境界。[3]

比如《谈艺录》旧本说“圆”，从里昂大学一篇论文《考希腊哲人言形体，以圆为贵》说起，把圆形思维作为知识质点。在日积月累的不断补订中，贯通中外哲学、经学、宗教、史学、诗文、诗话等近五十种书，从评说“《论语》小而圆通，有如明珠”，到西人小说中谓“真学问、大艺术皆可以圆形象之，无起无讫，如蛇自嘬其尾”，再到古诗文集说“诗之妙如轮之圆也”，直到西人诗剧中“诗好比星圆”之句，莫不圆照周览，广证博论，充分地阐发了人类内心的圆满情结和圆形思维模式。不仅此也，它又在《补遗》中多方引证，揭示我国诗文评惯于以珠、弹等圆形物喻诗论画，直至在考释李商隐《锦瑟》之“沧海月明珠有泪”时，放开手来解说全篇，辨析何焯、厉鹗的“悼亡说”和程湘衡、汪韩门“以古瑟自况说”之是非，最后论定“沧海月明”一联，乃“言诗成之风格或境界”，“喻诗虽琢磨光致，而须真情流露，生气蓬勃”。如此联想生发，已述离说圆的初衷，牵联到名诗重解，说明他的会通境界并非刻意追求体系严整，而更讲究知识联动状态中的智慧自由闪射。

二曰慧悟境界。钱锺书每称要打通人文诸学科，文艺诸形式。其实，各种学科及文艺本是作为人间知识交融一体的，科学主义把它们分割成各有严密体系的分科，打通乃是对人间知识整体性在新的高度上的还原。同时，既然分科，各科知识或具象或抽象，或感情或思辨，或玄想或切实，在一定的方向和侧面上把专门知识发挥到极致，形成各自有别的优势和缺陷。打通使分科知识交互辉映，以此之明启彼之暗，取彼之长补此之短，知识在挪位中变异重组，使人在聪慧悟入中开发创造的契机。会通不是把各科知识加以堆砌，必须以卓识高才对之进行体悟和梳理，体悟出生命，梳理出真知和脉络。没有主体的聪慧悟入，是无法打破知识分科的厚重壁障的。

比如南宋郑樵主张会通，治史旨在“通古今之变”，著有《通志》。清朝的“通儒”焦循沿袭他的一个观点，认为诗乐本是一体，分则诗失其本。焦循《雕菰集》卷十四《与欧阳制美论诗书》说：“不能弦诵者，即非诗。周、秦、汉、魏以来，至于少陵、香山，体格虽殊，不乖此旨。晚唐以后，始尽其词而情不足，于是诗文相乱，而诗之本失矣。然而性情不能已者，不可遏抑而不宣，乃分而为词，谓之诗余。诗亡于宋而遁于词，词亡于元而遁于曲。”对于这种崇尚古老的混沌，非议专精的发展的历史退化观念，钱锺书以独具的才识和悟性，跳出成见，批其荒谬，揭示事物发展的通则：“诗、词、曲三者，始皆与乐一体。而由浑之划，初合终离。凡事率然，安容独外。文字弦歌，各擅其绝。艺之材职，既有偏至；心之思力，亦难广施。强欲并合，未能兼美，或且两伤，不克各尽其性，每致互掩所长。”为了说明诗乐混一可能互掩其长的道理，钱氏作了一个机智的比喻，调和黑白二色，只得到灰色，已是别具新格，不能兼有黑白二美，反而失掉了纯净的黑白。以精彩的比喻得到的结论，或许不那么严谨，却也不枯涩，它把人的精神引向一个深受启发的慧悟境界。

慧悟是解开精深奥妙的中国智慧之结，或中国文化范畴的学术思想方式。要在跨学科中能通晓中国思想方式的互借，离不开慧悟。钱锺书论“神韵”，打破古诗文评者“一曲自好”地固守自己的分科领域，沟通诗、书、画、乐诸门学理，对其他学科“凿壁借明，乞邻求醯”，相互会通以推源溯流，把神韵当作中国智慧之结而层层解扣。他从《全齐文》卷二五谢赫《古画品》所谓“画有六法”说起，对原文重新标点梳通，判定“谈艺之拈‘神韵’，实自赫始；品画言‘神韵’，盖远在说诗之先”，严羽《沧浪诗话》提倡神韵，“不啻自谢赫传移而光大之”。谢赫拈出神韵，所论的是当时成熟的人物画，这一点又与魏晋以来的人物品鉴风气相关，实际上用品鉴人物神韵来论画艺，“赫取风鉴真人之语，推以目画中之人貌以至物象”。五代两宋以后，山水画取代人物画之主流地位，神韵说逐渐扩散，“盖初以品人物，继乃类推以品人物画，终则扩而充之，并以品山水画焉”。

然后，由论画的神韵转换成论诗的神韵，原因出自人类审美心理的内在同构性：“风扇波靡，诗品与画品归于一律。然二者顾名按迹，若先后影响，而析理探本，正复同出心源。诗文评所谓‘神韵说’匪仅依傍绘画之品目而立文章之品目，实亦迳视诗文若活泼剌之人。盖吾人观物，有二结习：一、以无生者作有生看（animism），二、以非人作人看（anthromorphism）。鉴画衡文，道一以贯。图画得具筋骨气韵，诗文何独不可。”他引用大量文献资料证明这“道一以贯”，阐释已不仅是神韵说在不同学艺分科中的移位，而是古代诗文评的人化或生命化的历史过程了。尤其是引用《永乐大典》所存北宋范温论诗的千数百言，认为“吾国首拈‘韵’以通论书画诗文者，北宋范温其人也”，他这长篇大论“匪特为‘神韵说’之弘纲要领，抑且为由画‘韵’而及诗‘韵’之转捩进阶”。它的价值在于“融贯综赅，不特严羽所不逮，即陆时雍、王士祯辈似难继美也”。

为了进而打通中西，他首先要站稳脚跟，广征荆浩、韩拙画论，以及司空图、严羽、姜夔、苏轼诗论，综会诸说，确定神韵这个知识质点的真实内涵："画之写景物，不尚工细，诗之道情事，不贵详尽，皆须留有余地，耐人玩味，俾由其所写之景物而冥观未写之景物，据其所道之情事而默识未道之情事。取之象外，得于言表（to overhear the understood），'韵'之谓也。"由此进而沟通西方17世纪谈艺盛称"不可名言"，古印度说诗主韵一派，直到叔本华所说："作文妙处在说而不说，正合希腊古诗人所谓'半多于全'之理。切忌说尽，法国诗人所谓'详尽乃使人厌倦之秘诀'。"尤多慧悟者，他援引西方学人以音乐论诗、画之妙的比喻，证明他们"以不尽之致比于'音乐'、'余音'、'远逝而不绝'，与吾国及印度称之为'韵'，真造车合辙、不孤有邻者"。[4]以上对神韵说的穷源溯流，纵横通释，相当充分和典型地呈现了钱锺书的学术方法。它穿透了艺术、文学、历史、哲学、心理、宗教诸多学科，以及考据、校勘、翻译、比较、阐释多种手法，会通了汉语古文献和英、法、德、梵语诗学等语言资源，材料来源处既浩如烟海，学思贯通处又壁障重重，实在是对治学者主体的知识结构、感悟力、思想穿透力的全面考验。钱锺书有言："文人慧悟逾于学士穷研。"[5]他的学术是融合穷研与慧悟的，知识百川交汇有待慧悟境界以疏决江河，凿通龙门。

三曰创化境界。钱锺书以"管锥"命名自己最厚重的著作，谦逊之外别有深意。他着力矫正流行的概念先行、大而无当，以现成体系推衍而泯灭原创性感觉的学术方式。"管锥"二字出自《庄子·秋水》"用管窥天，用锥指地"，此为众所熟知。殊不知这种借名带有反讽意味，绝不能与《庄子》同篇的坎井之蛙、邯郸学步两则寓言等量齐观。其英译名为 *Limited Views*: *Essays on Ideas and Letters*（有限的观察：关于观念与文学的札记）。管锥的功能在于它聚焦的集中性和穿透性，把知识、智慧和精神凝聚于一个有限的领域，形成具有原创性的知识质点，然后在大量读书中随时剔出与知识质点有内在联系的知识片断，集腋成裘，汇涓滴而成流脉。这好有一比，如一石击水，波澜千叠。又如钱锺书说歌德称谈艺者之见，“能入，能遍，能透”；“遍则不偏，透则无障，入而能出，庶几免乎见之为蔽矣”。[6]

这种聚焦而求创化的学术境界，在上述说圆、说神韵已有论述，另外如通感、理趣、妙悟、比喻之两柄而多边诸说，也闪烁着原创的光芒。在创化境界中，有生命冲动的直觉的投入是问题的关键，它赋予文献材料有感觉的生命，作为原创性学理的内在动力。宋祁《玉楼春》词的“红杏枝头春意闹”句，早已驰名，连词人也得了“红杏枝头春意闹尚书”的绰号。但后世李渔诸人隔靴搔痒，褒贬都未得其秘密。钱锺书旁征博引，揭示“宋人常把‘闹’字来形容无‘声’的景色”，并且以生命直觉进行观照，体认到“闹”字把事物无声的姿态说成好像有声音的波动，视听二觉相互感应，借用心理或语言学术语，称之为“通感”（synaesthesia）或“感觉挪移”。生命直觉体认出这种知识质点，刺激着学者进行同类联想的敏感，既联想到日常语言，又联想到名家诗文和哲学家的妙喻。在波澜推进中，对马融《长笛赋》中“听声类形”一语格外注意，于是引用大量诗文证明听音乐能在心灵中产生视觉或触觉的印象，诗词中许多奇句出现“理外之理”，声音不但有气味，而且有颜色、光亮，如“笑声绿”、“鸡声白”、“鸟话红”之类，这就使五官感觉有无相通、彼此相生了。

钱锺书认为，通感作为艺术手法，在西方16、17世纪“奇崛诗派”，19世纪前期浪漫主义诗人，19世纪末叶象征主义诗人手中，都有广泛的使用，尤其是象征派诗歌几乎使通感成为它的风格标志。深入探讨通感的哲学基础的时候，他发现西方神秘主义、象征主义，中国的道家和佛家，都在谈论把各种感觉打成一片、混作一团的神秘经验，如佛家的“诸根互用”，老聃的“耳视目听”，禅门的“耳中见色，眼里闻声”，这就难怪“听香”一词在中国诗文里少说也有六百多年的来历，而现代的口语常把嗅觉不灵敏称作鼻子“聋”了。通感是人类日常生活语言、诗文表达和宗教玄想中的经验和现象，一经钱锺书以生命直觉和学理论证的妙手拈出，就成了一种直指人类心源的普遍性学理。在这番论证的过程中，知识质点“通感”被拈出而确认之后，它就像一颗有多重折射功能的宝石，“顺着轴心转动，接受不同方向的光照而连续闪亮”〔7〕，从而爆发出原创性的思想光芒。

可以说，钱锺书学术的创化境界，以富有生命感觉的妙手，翻动多重折光的宝石的学术方法，触摸着人类心智的深层。钱锺书的创化，是会通的创化、慧悟的创化，他的“学思三境”本身也是相互贯通的，贯通到了“化书卷见闻作吾性灵，与古今中外为无町畦”的地步。因此，不阅读钱锺书，是不能全面地理解20世纪中国学术的品位极境和智能深度的。

（2004年3月10日。本文曾刊于《文汇报》2004年4月4日、《甘肃社会科学》2004年第4期，转载于《新华文摘》2004年第7期）

注　释

〔1〕《谈艺录·序》，《谈艺录》（补订本），中华书局1984年版，第1页。

〔2〕《谈艺录》，第346页。

〔3〕《管锥编》第1册，中华书局1986年版，第171—172页。

〔4〕《管锥编》第4册，第1352—1365页。

〔5〕《管锥编》第2册，第496页。

〔6〕《管锥编》第3册，第1052页。

〔7〕Morris Croll：*The Baroque Style in Prose*，Stanley Fish，ed.，*Seventeenth Century Prose*，New York，1971.

第五辑

精神谱系学

建造“中国心灵”

人文工程，是一种具有根本性的“人心工程”。人文是人类之纹，是人类的精神徽志，是人的精神展示和归属。这就是《周易》所谓：“观乎人文，以化成天下。”人文是一股春风，可以染绿千里万里的江南岸柳，可以化入广大社会与千千万万人的精神深处。《礼记·乐记》说：“礼主其减，乐主其盈。礼减而进，以进为文；乐盈而反，以反为文。”人文具有对人的思想行为、精神取舍的规范和调节功能，可以使人在自我约束、调适和进取中，达到善而美的境界。因此，失去人文，也就失去了人之为人的标志。《南齐书》卷三十七史臣曰：“千金可失，贵在人心。”此之谓也。在这种根本性认识的基础上，我们才能投入充分的智慧，建立“现代大国学”。

当商品经济大潮汹涌而至之秋，国力飙升，百业繁荣，人的生存方式也丰富多彩。这是社会的正能量，然而正能量背后隐藏着负效应。精神诱惑的东西变得五花八门，人们的物质欲望获得愈来愈充分的满足的同时，也面对着愈来愈强烈的刺激，如果不能得到制度的规范、社会的引导和人文的培育，则必然导致精神的空虚和倾斜，或人文精神的衰落或坍塌。人作为万物之灵，总是要有点精神追求的，不然人就混同于动物。记得有一次参加文学学科正高级职称评审会议出来，一位委员发问：人文科学有何用？我说：正因为颇有人觉得人文科学无用，社会才或许有病。如果许多人都信奉

《金瓶梅》的“西门庆哲学”，声称“咱闻那佛祖西天，也止不过要黄金铺地；阴司十殿，也要些楮镪营求。咱只消尽这家私广为善事，就使强奸了常娥，和奸了织女，拐了许飞琼，盗了西王母的女儿，也不减我泼天富贵”，那么世界上什么伤天害理的事情不会发生？人文科学要探讨和解释的不是一般的物质实利的问题，而是要探讨和解释人生价值、道德形态和精神境界，也就是人如何做一个“文化”人的问题。在“一切向钱看”的迷雾中，它会提醒什么是不义之财，把那些坑蒙拐骗、假冒伪劣的商业行为视为“反文化”的行为；在一个人有点钱的温饱状态中，它也会教你如何建设一种艺术的人生，如何修养高雅的趣味和提高生存的境界，自然也就把贪婪饕餮、赌博嫖娼之类视为污浊之地了。这比起那种扫一扫大街就当成“精神文明建设”，具有更为内在和实质性的文化内涵。

因此看似与温饱无关的人文科学，实际上关系到人的灵魂建设，关系到商品大潮是否可以排除“反文化”的干扰，关系到一个民族的精神文化素质的关键环节，一个有理智的社会是不能对此掉以轻心的，而应该进行积极的社会导向。那种任凭人文精神衰落的行为，并非对社会发展负责任的行为。如果一个社会任由财神爷压倒众神，对精神领域更高尚、更珍贵的精髓茫然无知，这样的社会是可悲的。文化官员对金钱腐蚀人心的现象熟视无睹，就是渎职；人文学者对金钱腐蚀人心只求洁身自好，就是失职。中国特色的社会主义市场经济的健全发展，应该是在高速度地提供丰富的商品满足人民的物质需要的同时，使富裕起来的人民在精神上同样富有，具有高尚的道德、美好的情操和充满生趣的审美世界。社会应该认识到自己的这种责任之重大。对于整个社会体系的发展而言，人文科学已经不仅仅是一个学术科目，而是与人间文明状态紧密相关的精神探索和心灵建造。

西方社会商品经济异化人的精神，从而不断出现拯救人的精神世界的呼声，无疑是值得引起我们的警觉，而预为未雨绸缪之思的。英国在19世纪是机械工业和商业竞争的第一国度，科学技术的长足发展，瓦解了宗教世界的根基。人们惊呼“上帝死了！”，惊呼人文精神的危机。于是当时牛津大学的一位文学教授挺身而出，在就职演说中大声疾呼：“英国病了……英国文学必须拯救它。教会已经没落了——就我所了解——社会上的救济对策缓不济急，英国文学此刻负有三重任务，我想，它依然要给我们娱乐和教育，可是同时最重要的是拯救我们的灵魂和医治我们的国家。”（参见Terry Eagleton《文学理论导读》第一章）在一批人文学者和优秀作家的努力下，英国建立了以乔叟、莎士比亚、弥尔顿等杰出作家为代表的民族人文精神家园。他们对民族人文精神之重视，以至把英国文学列入文官考试项目，甚至有这样调侃性的俗谚：“宁可失去印度，不可失去莎士比亚！”因为在他们看来，一个社会如果不再珍视文学，简直是致命地自绝于创造和维持文明精华的驱动力。诗人余光中序《帝国虽大，语文更久》时写道：“英国人曾说：宁可失去印度，不可失去莎士比亚。印度很快便失去了，莎士比亚却风行全球。莎士比亚的光彩固然照亮了英文，但英文也因为日渐流行而推广了莎士比亚。如果莎翁写的是拉丁文，恐怕就不会像今天这么‘活跃’。英文所以这么‘活跃’，开始应该是由于大英帝国之盛，后来自然是因为美国广土众民，代之兴起，大而至于政治、经济、军事，俗而至于好莱坞与麦当劳，影响遍及全球。何况英文的母语人口里，美国人占了三分之二。”值得注意的是，英国维多利亚时代重视人文精神家园的这种社会发展战略思想，在20世纪的西方商品经济大潮中，不断地受到冲击和解构，以致人文思潮有若时装表演一样追慕时髦，丰富多彩，却往往事过境迁，对精神的刺激性大于对精神家园的建设性。西方影视文学流行着艳情和凶杀，探索文学散发着危机感、怪异感和苍凉感，质之高明，是否盖源于此？

毫无疑问，创造现代中国的人文精神家园，需要有一种开放心态，一种世界视境，一种充分吸收世界人类智慧的博大胸怀。但是我们在吸取当代世界人文智慧中，面临着“两难处境”：既要毫不介怀地充分吸收，又要避免“时间谬认”和“情景谬认”。这两难处境并非坏事，反而是一个开放的民族吸收外来智慧时，理性精神开始成熟的一种境界。我常常说，中西文化是两个不同心的圆，19、20世纪以来，两圆交叉重叠的部分愈来愈大了，而且存在着进一步扩大的猛烈势头，但是至今没有改变两圆不同心的形态。充分利用两个文化圆有所重叠而不同心之间的张力，对峙互补，互借互推，取长补短，融合创新，是可以促进相互竞争和共同发展的。但是由于显态的或隐态的“西方中心主义”作怪，以及中华民族处于挣脱灾难和贫弱而追求发展的状态，这种文化圆的张力的开发，是不对等的，不充分的。随着我国经济在改革开放环境中的持续高速发展，中华文化（包括它的人文精神文化）的主体意识将进一步觉醒、增强和展示，在“中国心灵”建造工程中，既有主体性又有开放性的综合思维方式将有可能成为优势的思维方式。

中华民族五千年的文明史，尤其是它不仅是原创和独特的，而且在相当长的时期是居于世界第一流的和绵延不断的，为中国人文精神家园或“中国心灵”的主体性建设提供了无比丰厚的源泉。从先秦诸子到儒佛道经典，从源远流长的史和诗的传统，到近古以来蔚为大观的“奇书”，以及武艺食经、书画医术和民情风俗，如此等等，其间所包含的古老、卓绝、神奇，甚至神秘的智慧，都应该得到充分的、深入的现代化的解读、阐释、转化和弘扬。充分重视这份人文精神的背景和潜力，点醒沉睡的元神，改造遗风流韵，化腐朽为神奇，是有可能涵养我们的现代人文精神的底气和魄力的。所谓“国学热”，应该进一步追求国学的大、深、新，建立“大国学”、“深国学”、“新国学”。也就是说，我们要建立的国学，是“现代大国学”，而不应把国学等同于消费性的娱乐。应当意识到，在世界古老智慧中，古希腊罗马智慧是经过西方人文学者数百年的努力，已经进行深度的现代化开掘的。而在复杂深奥程度上比起任何一种文化都有过之而无不及的古中国智慧，则存在着许多未经开发的处女地，存在着许多未经现代化转化的朦胧混沌。当我们的人文学者分润着源于古希腊罗马的西方现代思维的时候，是否也可以反身思之，如何建立源于古中国智慧的东方现代思维，而使整个人类得以分润？如果我们不做这份本职之内的工作，而醉心于一味地贩卖别人的成果，是否会被历史嘲笑为既是中国祖先的不肖子孙，又是西方哲人的蹩脚学生？

对于古老的中国智慧的复杂深奥、朦胧混沌之处，并非一篇短文可以详解，这里只是想提几句涉及本体论方面的话。中国祖先是把人和天地万物作为一个大道流贯、生命互渗的完整的体系，来考察人的生存处境的，这就是“三才”思维模式。《周易·说卦》说：“昔者圣人之作《易》也，将以顺性命之理。是以立天之道，曰阴与阳；立地之道，曰柔与刚；立人之道，曰仁与义。兼三才而两之，故《易》六画而成卦。”这就把两极对立共构的大道存在和运行法则，贯穿于宇宙人间万有之间，以它们的分化迭用，对应感通、摩荡推移，形成了一个富有张力的动态体制。这当是两千年来人类最具天才的思想之一。那么“三才”的“才”字，又有何种含义呢？《说文解字》说：“才，草木之初也。从丨上贯一，将生枝叶。一，地也。”段玉裁注：“一，谓上画也；将生枝叶为下画。才，有茎出地而枝叶未出，故曰将。草木之初而枝叶毕寓焉，牛人之初而万善毕具焉。故人之能曰才，言人之所蕴也；凡草木之字才者，初生而枝叶未见也。”据此，“三才”既是三种材质，又是三种材质中生命的原始状态。对于贯穿天地人的生命原始运行形态，《周易》在解释八八六十四卦象的时候说“乾卦”:“天行健，君子以自强不息”；说“坤卦”:“地势坤，君子以厚德载物”。在象征天地的乾坤二卦上，寄托着何等刚健和博大的人文精神理想。现代“中国心灵”不必彷徨无主，完全可以从这里寻找到自己的精神原型。这比起那些颓废感伤、精神破裂，以及各持宗教和种族偏见，刀枪相见，“卧榻之侧，岂容他人酣睡”的精神状态，不知高明到哪里去了。

中华民族是一个具有丰厚的历史意识和诗心情趣的民族。我们的祖先从《春秋左氏传》和二司马的《史记》、《资治通鉴》为代表的历史经典中吸取了何等丰富的立德立功、成仁成义、奋发图强的精神支柱以及处世谋略。同时中国的人文精神又是刚柔相济的，它追求着诗心情趣，来调节和提升人生境界。《诗经》、楚骚、《庄子》、《史记》、唐诗、宋词、韩柳欧苏文，直至《三国》、《水浒》、《西游》、《聊斋》、《红楼梦》，再降至以鲁迅为代表的现代文学，中国人的诗心世界是非常广阔，具有永远也解读不完的深邃精妙的精神层面的。居住在广袤国土上的少数民族的民俗、宗教、口头和书面文学，包括藏族、蒙古族的史诗《格萨（斯）尔》、蒙古族的史诗《江格尔》、柯尔克孜族的史诗《玛纳斯》，都是异彩纷呈、波澜壮阔的，也应进入“现代大国学”的视野，方能称得上名副其实的“大”。当然，我们有必要吸取世界现代人类智慧来建设我们的现代精神家园，永远不应该把自己封闭起来，这个道理很清楚——没有世界视境，也就没有现代意义上的人文精神。同样很清楚的道理是，没有数千年博大精深的中国人文智慧的现代化转化和本体性的参与，我们也无法建立现代人文精神的“中国家园”。这似乎是老生常谈，但是在中国文化百年转型的过程中，传统文化受到极其严峻的挑战和清算，受到在转型期往往是必要和不可避免的，但在和平建设时期还无休无止，因而有可能走向荒谬的讨伐和批判，而疏于对其进行大规模的深度现代化转化的时候——在世界任何一个民族中也很难见到的这种情形下，就可能把上述的“老生常谈”转化为富有历史针对性的至理名言。质之高明，此见然否？

总而言之，在我看来，切切实实地在改革开放的中国经济崛起的今日，开展建造“中国心灵”的系统工程，已是当前中国社会以及它的人文学者和作家责无旁贷的历史命题了。但愿这个需要集数代人之努力的历史命题，在今日社会中就具有“千里之行，始于足下”的自觉意识。

人文工程，必须以国家之力，在教育上扎下根基，以民俗培植基础，以传媒助其推广，是可望大成的。或许，“文学博物馆”这个小小的网络栏目的创立，能为建造“中国心灵”这个大工程出一点绵薄之力。只要扎扎实实地做，一点一滴地建设，我们相信定会有可喜的收获。

（2004 年 2 月 23 日为网络“文学博物馆”开栏所作）

文学史研究与中华民族的精神谱系

文学史研究是对文学发展过程的家底研究，是文学研究的整个学科中最有历史深度、文化内涵、文献基础的领域。文学研究是一个庞大的学科领域，在它的史、论、评三个分支中，如果说文学理论是研究文学的大脑，最有思想；文学批评是研究文学的手足和感应神经，最有才气；那么文学史是研究文学的躯干，最有分量。它对文学作品的评判，讲究全局在胸，贯通脉络，以历史理性揭示前人的智慧和情趣，立论有如老吏断狱。朱熹说过："看文字，正如酷吏之用法深刻，都没人情，直要做到底。若只恁地等闲看过了，有甚滋味。大凡文字有未晓处，须下死工夫，直要见得道理是自家底，方住。"[1]文学史、文学理论、文学批评是相辅相成、相互渗透、彼此不能割裂的一个有机的学科整体，用我的家乡话来说，都是要"读破书胆"，探知文心，因此，德、才、学、识是每个研究者都需要具备的。

我们今天邀请海内外的学者召开研讨会，探讨文学史写作的理论和实践，就离不开理论给予文学史的思想和眼光，使之开拓创新的可能；也离不开批评给予文学史的敏锐和感觉，使创新获得一种新鲜活泼的生命。而且我们需要探讨的文学史，涵盖面非常广泛，遍及古代、近代、现代、当代各时段，遍及大陆、台港澳及少数民族各地域，遍及文献资料、口传传统、民间文学各个文化层面。这些文学史分支都具有自身的非常独到的知识结构、学术理念和研究方法。我们邀请海内外专家、学者来共同探讨文学史写作的理论和实践问题，就是汇集多重的知识结构、多元的学术理论和多样的研究方法，搭造一个学理讲座的群言堂，如《文心雕龙》所说“凡操千曲而后晓声，观千剑而后识器，故圆照之象，务先博观”，从丰富的维度和繁复的声音中相互启发，相互碰撞，产生精神的“聚变反应”，把文学史研究推向新的学术境界。

文学史研究，实际上是对一个民族共同体在漫长的历史时期如何个性化地感知和想象世界的研究，是对一个民族共同体的感情、志趣和自由想象的精神历程的研究，是对一个民族共同体的日常生活、社会伦理、精神风尚和历史命运的审美化风俗史的研究。这些历史过程个性审美化的研究，都和我们如何理解“文学”这个概念紧密相关。那么，何为文学？晚清有一个王懿荣，曾经当过国子监祭酒，是最先从药店的龙骨中发现甲骨文的金石学家。1900 年在北京东便门率领团勇抵御八国联军，兵败投井而死，谥号“文敏”。这位王文敏善骂，凡至美至恶之事，皆说是“王八蛋样”，比如谈论某人文学很好，一定说“好似王八蛋样”。有人讨厌他这种骂法，他的一位同乡进士给他解套说：“这不是骂。王八蛋样，就是朱熹所说的无以复加的意思。”王懿荣非常高兴地说：“老同年啊，您真善于解经啊！”[2]我们就是要认识王懿荣所骂的文学是个什么“王八蛋样”。

文学作为一种独立的精神本体、独立的精神对象、独立的学科，是与现代民族国家意识觉醒、高扬，并最终成为民族的公共精神财富的过程分不开的。英语 Literature（文学）一词本来兼有文献、学识、诗文之文学等含义，这是它的原始意义在近代民族国家意识形成的过程中逐层累积而成的。19 世纪以前，英语 Literature 和欧洲其他重要语种对文学的理解，多指文献和书本知识，包括哲学、布道、演讲，直到浪漫主义文学运动起来之后，推重精神和情感，讲究主体创造意识的“文学”才脱颖而出，独立成为学科。

我们中国的文学史写作的理论和实践，也经历了同样的民族精神演变的过程。在19世纪末20世纪初的西学东渐的趋势中，中国知识界凭借输入日本以汉字翻译西方的Literature为“文学”，转变了自己的文学观念和文学史写作的观念。章太炎在《国故论衡·文学总略》中说：“文学者，以有文字著于竹帛，故谓之文；论其法式，谓之文学，凡文理文字文辞皆称文。”这样理解文学，没有脱离“国故”的知识框架，没有把文学从文献学问中脱离出来，甚至把文学等同于文献、学问。

因此鲁迅在东京听章太炎讲授《说文解字》的时候，对章太炎的文学定义不以为然，他这样回答章太炎：“文学和学说不同，学说所以启人思，文学所以增人感”；私下谈论，亦认为章太炎“先生诠释文学，范围过于宽泛，把有句读的和无句读的悉数归入文学”。[3]这里强调了文学的独立价值，只有强调了这一点，才能看到文学在“立人”、“立人国”中可以改变国民精神的性能，看到拜伦、雪莱、裴多菲等摩罗诗人有“争天抗俗”，振奋国民精神的力量。只有确立了这种文学观念，王国维的《宋元戏曲史》、鲁迅的《中国小说史略》才能在“自来无史”的地方开拓文学史的新天地，胡适的《白话文学史》才能把眼光投向口语的“活文学”和它的民间起源。

我们今天集合海内外学者讨论“文学史写作的理论的实践”的时候，已经面临着与百年前截然不同的世界文化情境。百年前的19、20世纪之交，中国积贫积弱，持续战败；百年后的今天这个20、21世纪之交，中国改革开放，持续发展振兴。文学史应在文学发展进程中，探索中国民族的精神结构和文化谱系。在一百年前的1904年，京师大学的青年教师林传甲和苏州东吴大学国文教授黄人，分头撰写国内最早的《中国文学史》。黄人所著是一百七十余万字、凡三十册，历经数年才写成。林传甲以一个二十八岁的年轻人，用半年就写出他的《中国文学史》，又持着“京师大学堂国文讲义”的头衔一印再印。以致郑振铎在十八年后还撰文批评林传甲的“王八蛋样”：“名目虽是《中国文学史》，内容却不知道是些什么东西！有人说，他都是抄《四库提要》上的话，其实，他是最奇怪——连文学史是什么体裁，他也不曾懂得呢！”[4]在开头这二三十年中，中国人的文学史总要写一章“什么是文学”的导论，以便按照从西方和日本借鉴来的文学观念，把文学作品与经史子集的传统知识结构分离开来，从情感和想象的审美专门领域，重塑民族灵魂和国家精神的表达过程。从当年讨论“文学定义”到今天讨论“文学边界”，在出版了一千六百部文学史之后，我们对文学史写作和民族精神重铸的关系的关注重点、深度和博大精深的整体性，已经发生了实质性的变化。百年前注意的焦点是文学如何才能独立，如今是文学独立百年后应如何进一步开拓。

由此可知，中国人对文学史的认知，需要走一条积极的否定之否定的螺旋式上升的道路。文学依附于经史未获独立的时候追求它的独立价值，长期独立而反复对之进行纯粹的思想艺术的分析，进行结构、功能、内在函数和要素的解读之后，又应该进行文学与文化之关系的还原研究，使按照西方观念剥离出来的文学，克服无源之水、无本之木的弊端，把文学归还到它原本的文化语境之中，这就是我们提倡“大文学史观”的要义所在。这就以文学文本为中心，发掘它与文化人类学、人文地理学、民族学、民俗学、知识分子精神史、文化制度史以及编年学、文献学等丰富维度上的联系，由此透视文学的深层文化身份、特质和意义。这是经济全球化的大趋势中文学研究的内在需求和历史担当。这才出现了近年来不是在简单地搬用外来观念的意义上的重写文学史，发掘民族民间文学史资源，以及重绘中国文学地图等一系列的重要命题，才出现了从众多的角度进入文学历史脉络和精神过程的文学史写作形态多样性的探索实践。在这里我们提请大家注意，这百年来以《中国文学史》命名的许多著作，基本上都是汉语文学史，很少对诸多古民族和少数民族的文学进行发掘阐释、融会贯通。从我的研究经验来看，正如不研究汉族文学史就讲不清楚诸多古民族和少数民族的文学史一样，不研究诸多古民族和少数民族的文学史，也讲不清楚汉族文学史。顾炎武《日知录》卷二十三说："言姓者，本于五帝，见于《春秋》者得二十有二。……战国时人大抵犹称氏族。姓也，汉人则通谓之姓，然氏族之称犹有存者。……北人重同姓，多通谱系，南人则有比邻而各自为族者。……唐朝已前最重谱牒，如《新唐书》言：河南刘氏本出匈奴之后刘库仁，柳城李氏世为契丹酋长，营州王氏本高丽之类，此同姓而不同族也，又如《魏书·高阳王雍传》言：博陵崔显，世号东崔，地寒望劣，此同族而不同望也。"汉族与少数民族之间经过数千年的碰撞融合，早已是你中有我，我中有你，共同形成一个多元一体的文化总体结构，衍化出一种伟大的文化精神和文化哲学。少数民族文学的"边缘的活力"，应该在中华民族的全面振兴中进入我们的主流文学史的写作体制之中。

（2007 年 12 月 17 日）

注 释

〔1〕《朱子语类》卷十，中华书局 1986 年版。

〔2〕陈恒庆：《谏书稀庵笔记》，中华书局 2008 年"近代史料笔记丛刊"本。

〔3〕许寿裳：《亡友鲁迅印象记·从章先生学》，人民文学出版社 1953 年版。

〔4〕郑振铎：《我的一个要求》，原刊 1922 年 9 月《文学旬刊》。

以大文学观重开现代文学史的新格局

一 大文学观与“以易释文”

要研究文学史，首先要搞清楚文学是什么，文学的存在如何。文学的历史存在，是以无序隐含着有序，以芜杂隐藏着潜流，维度多端，色彩斑斓，众声喧哗，一切都处在纷繁复杂的动态之中。必须以大文学观，才能总览文学纷纭复杂的、历史的、审美的文化存在，深入其牵系着人心与文化的内在本质，展示其广阔丰饶的文化地图，揭示其错综纷繁的精神谱系。这似乎是文学研究者的常识，然而，有些迷惑往往就出在“常识不常”上。

为了破解迷惑，不妨回到中国元典，尝试一下“以易释文”，从《周易》思想接近文学。《周易·系辞下》说：“物相杂，故曰文。”文学存在的本质性特征，就是杂，五色相杂，纹彩焕然，不杂就不叫文学。因而我们不能用一个单纯的术语来裁剪文学，肢解文学，而要以各得其宜的多维思想方法，直指文学之本原。研究鲁迅有契合鲁迅的思想方法，研究老舍有契合老舍的思想方法，研究张爱玲有契合张爱玲的思想方法，研究莫言有契合莫言的思想方法。思想方法的单一化，叫做“文化贫血”。

同时，文学的复杂存在，是处在动态中的，新中藏旧，旧中含新，瞬间牵连着永恒，永恒离不开瞬间。《周易》革卦有一条“象”辞：“君子豹变，其文蔚也。”豹子皮色鲜丽，一经变化，就文采蔚然。《说文解字》引古《周易》异文，这句话是“君子豹变，其文斐也”，也就是文采斐然。豹子在古人的眼中，是非常美的，屈原《九歌·山鬼》说：“若有人兮山之阿，被薜荔兮带女萝。既含睇兮又宜笑，子慕予兮善窈窕。乘赤豹兮从文狸，辛夷车兮结桂旗。被石兰兮带杜衡，折芳馨兮遗所思。”山鬼披着香草藤萝，骑着红毛黑花的豹子，跟着有花纹的野猫，眼睛顾盼生姿，这就是美，这才叫文学。这个鬼精灵带着野性，沐浴着自然清风，含情脉脉，魅力独具，显得色彩斑斓。而且“豹变”，强调变。因此对文学的考察，应如《周易·系辞上》所说：“参伍以变，错综其数，通其变，遂成天地之文。”或三或五，以相参合，以相改变，不同性质意义的事象数理，交错综合，能把如此错综复杂的变化贯通起来，也就可以得到天下文章、古今文学了。也就是说，《周易》关注的是天下之文的多样性、过程性，以及其间存在的神秘性。

为何想到要“以易释文”呢？因为《周易》有这么一个重要的命题：“观乎天文，以察时变。观乎人文，以化成天下。”贲卦之象辞的这个说法，是人文，或者文化在中国历史上最早的表述。“人文化成”一语，从原始经典上，就把“文化”当作动词来对待，就把文化视为一个过程。站在文化过程的这头，来考察文化过程的那头，应该秉持历史的理性，进行高屋建瓴的大时段、大视野审视，才不会被一时涌动的波涛、偶尔浮泛的泡沫迷失了眼神。我常常有一种感慨：中国现代文学的研究，时段不够长，视野不够大。比如，分析“五四”，它是中国文化现代化的一个伟大的起点，而不是全面现代化的整个过程。那么是以“五四”的标准为标准，以蔡、陈、胡、鲁等当事人面对当时文化命题而采取的标准为标准，还是以中华文明的标准、人类文明的标准为标准，拉开一段心理距离来进行考察和反思呢？百年的文学纵览，是否要融入百年文明发展的教训及新开发的智慧呢？如此一想，就使我对现代文学史研究中采用的种种概念和得出的种种判断，难免产生这样或那样的迷惑，出现不少需要请教的地方。

在全面搜集和梳理现代文学的文献之后，退回三十年、六十年、九十年来观察和反思现代文学，我总感觉，有些研究者用种种概念、判断，将现代文学原本存在的丰富维度、复杂状态，作了大幅度的、往往是伤筋动骨的删除、遮蔽，甚至难免有时自充媒人，乱点鸳鸯谱了。这样我们又何从获得中华民族精神史在这个千古未见的转型期的完整图景和复杂过程呢？这一点并非不要紧，因为它涉及我们对 20 世纪中国文化状态、精神构成的总体认识。当然最近三十年，这种总体认识在不断丰富和深化，但是进两步，退一步，徘徊犹豫，也存在着对丰富和深化的抗拒。“抗拒丰富的深化”，是否成为现代文学研究领域保守地盘的一种心理情结，不敢贸然判断。不过，不少人似乎并没有从百年文明的高度，掌握“物相杂，故曰文”的本义，并没有采取“通其变，遂成天下之文”的学术姿态。

这就要求我们回到“文学”，回到“现代”，回到“中国”，回到文学的多样性，回到现代的间杂性，回到中国的完整性。作为一个具有五千年文明史的国度，中国由传统到现代的转型，充满着痛苦、艰难和坚持，充满着打断骨头连着筋的神经震颤和古今间杂融会。这就是中国文化和文学的现代性处境。文学是需要面对世界，敞开开放的心灵的，文学研究也是如此，这是不需怀疑的。但对于中国现代文学而言，它作为数千年文学牵连着数千年文化、文明的现代转型，充满着各种纠结、挣扎、突围和重造，并不是说哪位文化英雄振臂一呼，就会干干净净地在一片旷野上，平地拔起一片西洋风格的文学大厦群。文学借鉴不是机械化的搬运和组装，在不断借鉴着的文学本身，依然是一种生命化的体验和创造过程。“文化”这个动词，动在文学的心灵之中。豹变豹变，是发生在原来那头豹子身上的变化，离不开它本是中国豹子，而不是美洲豹。我们依然是黑眼黄肤，变成金发女郎的梦只能发生在美容馆，无法发生在娘胎里。中国人是穿上西装了，而且也可以搞点“花生秀”（fashion show）了，但中国人摆脱不了自己的文化基因，必须以自己的文化基因作为出发点开始变革，这就是中国现代文学总体结构发生变迁时的宿命。

二 “现代性”观念与通俗小说、文言诗词的尴尬

面对如此错综复杂的百年文学，我们难道只需搬用一些自己半懂不懂、并未将之消化的外来术语，对三四代学者过滤和阐释过的一些老材料另立新见；而无需自己独立地搜集和清理别的层面、别的维度的久被尘封的材料，追究其被尘封的“视角缺陷”，以现代意识加以比较与会通，从而创生学术话语，就可以对之解释得透，解释得到位吗？外来术语可以启发研究的思路，但外来术语与中国文学的实际存在着相当的距离，这个距离才是我们原创的空间。对存在着距离的物事，只作“零距离”处理，得出的结论哪怕耸人听闻，也只能算是生搬硬套，是经不起事实的考验的。应该认识到，距离所在，就是意义所在。我们首先要在发现距离、解释距离上下功夫。

克服“视角缺陷”，发现文化距离，重组现代文学史的结构，已经成为现代文学研究要取得重大进展的根本性命题。从这种意义上说，现代文学研究业已在一些方面取得可喜的进展。比如“雅俗互动”的命题。苏州大学范伯群先生先是从鸳鸯蝴蝶派“礼拜六的蝴蝶梦”入手，切入现代文学的一个久被尘封的层面，其后又带领学术团队，经过多年的独立而深入的文献清理和积累，以丰富坚实

的成果，发现原有的现代文学史结构存在着严重的缺陷。进而证明现代文学除了新小说之外，还有大量的有价值的通俗小说，因而倡导“新体”、“俗体”比翼齐飞。这是否背离了当时满天飞的“现代性”原则呢？由于是资深学者的倡导，又有众多资深学者的推许，研究界并没有以通俗小说缺乏什么“现代性”而进行过分的拒绝，现代文学史开始被重新构架。问题在于，现代文学史总体结构的重审和重组，难道于此就可以止步了吗？

对于通俗小说，还有深度研究的必要。能够使之作为现代中国文学之一翼，进入研究者的正常视野，这是一个重要的进展。进一步的问题，是切入其文本的肌理，剖析即便在通俗小说中，也存在着文化转型期的神经颤动和精神选择。现代性的历史命题，使看似保守或媚俗的通俗小说也不能置身度外，只不过它是采取异类的反应方式而已。出生于北京下层旗人家庭的王度庐（1909—1977），从 20 世纪 30 年代起，写过二十余部将侠义与爱情融为一体的长篇小说，属于“悲情武侠”一路，与“奇幻仙侠派”还珠楼主等人，被誉为“北派五大家”之一。其代表作《鹤惊昆仑》、《宝剑金钗》、《剑气珠光》、《卧虎藏龙》、《铁骑银瓶》五部互有联系又各自独立的武侠小说，被称为“鹤—铁五部曲”。在其作品中，可以找到对西方名著，包括莎士比亚剧作的一些精到分析，又可以发现以弗洛伊德深度心理学表现人物心态的探索，尝试着将西方技巧融入传统叙事模式之中，推动了通俗文学的“雅化”和“现代化”进程。《卧虎藏龙》的叙述方式就带点“现代味”，写九门提督之女玉娇龙，逃离贵族婚配，倚仗盗来的青冥剑闯荡江湖，与新疆沙漠大盗罗小虎之间爱得曲折而痛苦，最终在一夜温存之后，怀着“我爱你，但是不能嫁给你”的破碎之心，孤剑单骑，远走大漠的悲情姻缘。作者对江湖文化与贵族文化的冲突，采取流动的多视点、多层次的非全知叙事角度，发掘人性的消磨与人生的无奈悲苦。结构绵密复杂，情节起伏跌宕，充满悬念和张力。上自京城贵族官僚，下至地痞无赖乞丐混混，诸如侠客、盗贼、镖师、班头、贵妇、民女，形形色色人物往返穿插，市井、江湖、官府百态俱陈。书中穿插着铁小贝勒府的教拳师傅，绰号“一朵莲花”的“闾巷之侠”刘泰保，受命捕盗，浑身“酒色财气”的“青皮”做派，屡挫屡战，咬住不放，可恶可笑处流露出几分可爱可敬。至于作品行文幽默，有一种自然流露的京味儿，应算是京味儿文学和旗人文学的别支。由李安执导，周润发、杨紫琼、章子怡主演的影片《卧虎藏龙》，消解了一般武侠片“笑傲江湖”的豪气，代之以对江湖人文内涵的深沉思索与审美探寻。2001 年该片获奥斯卡最佳外语片奖，是迄今唯一获此殊荣的华语片，亦是迄今全球票房最高的华语片。电影的成功掀起了一股“王度庐热”，上映后于国际市场上大放光彩，各国观众的口碑也不绝于耳，甚至小说的章回被选入人民教育出版社高二《语文读本》之中。我们的文学史的慧眼何在，是否应该来一个晚半拍的出口转内销呢？

通俗小说对现代文学史写作的大力介入，令人感到，雅俗互动问题在文学史写作中已是顺理成章。然而还存在许多“顺理”而不“成章”之处，迷惑很快就出现在新诗与文言诗词的关系上。通俗小说与新小说“比翼齐飞”的逻辑，于此没有得到贯通，在这个领域依然是两翼分离，各说各话，单翼放飞。回顾历史，“五四”新文化运动首先是从白话开刀的，而且在文体上首先是从诗开刀的，以新诗作为“五四”新文化运动通向新文学运动的第一个切入口。这个切入口击中要害，因为诗是文学中的文学、语言中的语言，由此切入，对整个中华民族的审美精神结构和文化心理，产生了巨大的震荡。

但是，九十五年来旧体诗词并没有被打倒，始终是一股顽强的津津有味的写作潜流。“五四”时期，新文化运动的主持人蔡元培就主张白话诗与文言诗并存，而“五四”新文化运动的总司令陈独秀在十几年后的南京老虎桥监狱，也写文言诗。一批新文学的主要作家，如鲁迅、胡适、沈尹默、郭沫若、郁达夫、田汉、老舍等人，都写了一批功力深厚、悟性飞扬的文言诗词，用于言志抒怀、酬唱应和。诚如闻一多所言，“勒马回缰写旧诗”的新文学家为数甚伙。文言诗词写作者的构成，与通俗小说的作者构成截然不同，有许多新文学作家也乐于此道。鲁迅“横眉冷对千夫指，俯首甘为孺子牛”诗句的知名度，超过了不知多少新诗的语句。这难道不值得研究者深思吗？即便在写作心态上，也存在巨大的差异，其吟唱多是自况、自娱、自嘲，以文会友，追求雅趣，以创作牟利的思想比通俗小说作者来得淡，以创作求名的意念比新诗作者来得清。这种写作心态是自由的，自赏的。在许多情形下，属于私人写作，是新文学家的“双轨写作”。

私人写作的情形，在一批旧学根基深厚的学人中，就更为明显。著名学者陈三立、马一浮、夏承焘、顾随、陈寅恪、吴宓、钱锺书、吕碧城、沈祖棻等人写了大量至性至情的诗章，甚至在国难当头时日，发为慷慨激昂之音。许多教授、艺术家、书画家都写了大量功力深厚的诗词，才情荡漾，趣味清雅，在现在中国燥热的主流文化之外，保留了一个小桥流水的后花园。比如齐白石的题画诗，《题〈虾误图〉》：“苦把流光换画禅，工夫深处渐天然。等闲我被鱼虾误，负却龙泉五百年。”又有《题〈不倒翁〉》三首：“秋扇摇摇两面白，官袍楚楚通身黑。笑君不肯打倒来，自信胸中无点墨。”“乌纱白扇俨然官，不倒原来泥半团。将汝忽然来打破，通身何处有心肝。”“能供儿戏此翁乖，打倒休扶快起来。头上齐眉纱帽黑，虽无肝胆有官阶。”这些诗与画幅相互映照，沉吟志趣，嘲讽世情，游戏笔墨，别具奇趣。

除了私人写作之外，还有一种超出文学界的公共写作，这就是一些政治要人的诗词写作。国共两党多有能诗的领袖，如毛泽东、朱德、董必武、陈毅、林伯渠、徐特立、谢觉哉、于右任、冯玉祥、何香凝、李烈钧、程潜、李济深等，以及民主人士沈钧儒、黄炎培、陈叔通、柳亚子等人，都喜爱吟咏，颇有佳篇。尤其是毛泽东气象非凡，那“五岭逶迤腾细浪，乌蒙磅礴走泥丸”的《长征》诗，那“山舞银蛇，原驰蜡象，欲与天公试比高”的《沁园春》词，雄视千古，堪称杰作。胡乔木甚至说，毛泽东诗词佳篇的文化生命力可能超过他的一些政论文章。至于于右任《望大陆》诗：“葬我于高山之上兮，望我大陆；大陆不可见兮，只有痛哭。葬我于高山之上兮，望我故乡；故乡不可见兮，永不能忘。天苍苍，野茫茫；山之上，国有殇。”五十六字的“骚体”绝唱，抒发了何等以身许国的深情，归乡无期的沉痛，唯有苍茫的碧海苍山作证了。政治人物的诗词，往往是胸襟独具的，评论者不应以个人好恶无度褒贬，而应潜心体验，考察其穿透历史的传世魅力。

另一种写作方式就是所谓“潜写作”了。在20世纪后半期，政治运动不断冲击文学，尤其是“文革”十年政治与文学一同失序的岁月，文言诗词却成了一些默默的文化守夜人寄托心灵的首选文体。京津的聂绀弩、俞平伯、钱锺书、张伯驹、邓拓，岭南的陈寅恪、冼玉清、詹安泰，长江一线遍及苏沪浙皖湖湘巴蜀的胡小石、汪东、夏承焘、沈祖棻、吴宓，齐秦二地的冯沅君、霍松林，青灯独吟，有诗无坛，万端感慨郁积，发为满纸牢愁嘲讽，萦绕着不散不灭的诗魂。何其芳1976年入蜀寻找花溪诗魂，写下《成都杜甫草堂》：“文惊海内千秋事，家住成都万里桥。山水无灵助啸咏，疮痍满目入歌谣。当年草屋愁风雨，今日花溪不寂寥。三月海棠如待我，枝头红艳斗春娇。”聂绀弩1976年出狱时，作《赠周婆》（周婆即聂妻周颖），则发出满纸苦涩的嘲讽：“添煤打水汗干时，人进青梅酒一卮。今世曹刘君与妾，古之梁孟案齐眉。自由平等遮羞布，民主集中打劫棋。岁暮郊山逢此乐，早当腾手助妻炊。”这些诗章都是意在言外，感慨良深，诗趣氤氲的。这就形成现代文言诗词写作的四种方式：双轨写作，私人写作，公共写作，潜写作，各有千秋，诗才不老。常见一些研究者用五花八门的外来术语来分析新诗，讲得头头是道，一读起文言诗词，却非常隔膜，缺乏必要的审美感觉，这样又如何理解中国审美形式的特质呢？人文风流不要在我们的文学史写作上流失了，那是非常可惜的。

据统计，改革开放后成立的“中华诗词学会”已有会员一万八千余人，当是全国最大的文学社团；其机关刊物《中华诗词》，每期发行近两万五千份，是全国发行量最大的诗歌刊物（含新诗刊物）。不少省、市、县也有自己的诗词学会。文言诗词和新诗平分秋色的局面已经形成。作为一个文化学者，一个文学史的研究者，是应该像一般的新诗批评家那样，追逐和推涌新诗浪潮呢？还是应该退出一段距离，来看看百年新诗怎么了，百年文言诗词又怎么了，从而通盘思考一下自从“五四”新文化运动以来，中华民族诗性精神受到什么样的冲击和震荡？发生了什么样的变化？中国诗的出路何在？共存兼容、推陈出新的道路，如何开拓？如果说，现代文言诗词不符合“现代性”的标准，不能进入现代文学史，那么这是美国标准、英国标准、法国标准，还是日本标准？请举出事实来，说明这些国家在追求诗歌现代性的时候，将固有的诗歌形式通通打倒在地，再踏上一只脚。退一步说，即便这是外来的现代性，那么它与中国诗歌的现代存在大有距离，我们是否有必要从距离中发现意义，从而对自身的审美现代性做出创造性的解释？

三　曹禺与梅兰芳都在书写戏剧史

中国戏剧的百年存在，同样值得文学史家全面观察和深度反省。因为这种存在也是多维的，而非单维。单维化只是研究者的一种方便和权宜，多维化才是客观存在，才能生发出文化智慧的启示。中国戏剧，主要包括现代话剧和传统戏曲。自20世纪初李叔同等一群留东学人，借鉴西方话剧及其在日本的表演方式，演出“文明新戏”《黑奴吁天录》、《茶花女》，意味着话剧起步已有百年历史。“五四”以后留东学人郭沫若、田汉，留美学人余上沅、顾一樵、洪深对话剧作了大力推动。1928年4月，曾在哈佛大学师从贝克（George Pierce Baker）教授攻读戏剧的洪深，率先以“话剧”一词命名新体戏剧，并于次年撰写《从中国的“新戏”说到“话剧”》一文，遂使“话剧”名称，沿用至今。几年后，毕业于清华大学西洋文学系的万家宝，将他的“万”姓，拆为“草字头”和“禺”，草、曹置换，变成“曹禺”笔名，陆续写成《雷雨》、《日出》、《原野》、《北京人》等话剧，使中国现代话剧仅用三十年时间，就出现经典，走向成熟，生根结果。话剧的内传和新创，改变了现代中国戏剧的生存格局，形成了不同戏剧形式竞争的态势，这实在是有点“君子豹变，其文蔚也”的意味。

与此同时，中国戏曲依然根深叶茂。它作为“国粹”，包括京剧、地方戏曲、傩戏、傀儡戏、皮影戏，林林总总，蔚为大观，依然是中国文化的一种充满活力的重要组成部分和重要表现形式，各以其独具艺术魅力的表演形态，为全国各地民众自娱自乐，喜闻乐见。从其历史渊源上说，中国戏曲与古希腊悲喜剧、印度梵剧，并称为人类历史上三大古剧。从其表演体系上说，以梅兰芳为代表的中国戏曲表演体系，与苏联戏剧家斯坦尼斯拉夫斯基（Constantin Stanislavski）、德国戏剧家布莱希特（Bertolt Brecht）的表演体系，并列为世界戏剧三大表演体系。在20世纪，戏曲名家辈出，其文化影响足以同话剧作家比肩而别有风神。比如京剧名家梅兰芳，与程砚秋、尚小云、荀慧生并称“四大名旦”，梅兰芳居其首位。其代表性名剧《天女散花》、《宇宙锋》、《霸王别姬》、《贵妃醉酒》，常演不衰，在国内外享有伟大的演员和美的化身的崇高声誉。此外如越剧中的袁雪芬、豫剧中的常香玉、黄梅戏中的严凤英、评剧中的新凤霞，都在戏曲表演上推陈出新，名满天下。

尤其是经过梅兰芳等名家改造的京剧，“唱念做打”的综合美学方式极其独特，间离与共鸣统一的效应震撼人心。写意性的表现程序，突破时空限制，超越形似而追求神妙。虚拟式的动作，虚拟式的布景，造成一个与实际生活面目相去甚远，却富有意境美的舞台艺术世界。表演时通过“程序化”而出现带有流派风格的“化程序”，载歌载舞地刻画着经过精心体验的人物形象，腰姿曼妙，顾盼生辉，打破了话剧艺术对生活逼真模仿的方式，彰显着动人心弦的象征性。这是一种以演员为中心的综合艺术，“戏随人走，景随人迁”，突出程序化的、写意性的形式美，脸谱做派，音乐唱腔，都沉积着丰厚得令人陶醉的中国趣味。谈论建筑学，我们赞美北京的紫禁城、颐和园、天坛，惋惜古老城墙的拆毁，并不一味地称许拔地而起的西式高楼大厦；那么，为何在谈论戏剧时，却采取双重标准，大谈话剧的卓越开新，而对声遏流云的戏曲，却转开那张高傲的脸呢？学科的藩篱，容易使人的知识贫血。如果不是将眼光局限于狭隘的单维，而是多维兼容，那么就会发现，现代中国戏剧，一方面既是血脉绵长，另一方面又是新潮奔涌，其丰富性和原创性，在世界范围内都堪称奇观。如果文学史将这些该写的都写进来，不做那种删除奇观、流于贫乏的傻事，那又何尝不是更有魅力、更可涵养心灵呢！

其实，就连话剧艺术大家曹禺本人，对传统戏曲也不无心仪神往，并不像某些研究者那样，唯恐玷污自己纯粹到不可再纯粹的“现代性”。翻开他的传记和对话录就会发现，曹禺继母酷爱戏剧，少年时他常常跟随继母观看戏曲和文明戏，由此形成的审美趣味甚至影响他终生。他在清华大学学西洋文学，自然嗜读西洋名著，如古希腊悲剧，莎士比亚、奥涅尔、契诃夫的戏剧；但也兴致勃勃地与二三好友，到北京广和楼看京剧，到天桥听曲艺。他不是采取非此即彼的二元对立分割的态度，看待文学的传统与现代性的，而是采取多元汲取、相互融合的态度，为其话剧创作作了深厚的文化素养和审美形式上的准备。尤有意思的是，曹禺最后的夫人是京剧表演艺术家李玉茹，此夫人工旦角，师承王瑶卿、梅兰芳、程砚秋等名家。她的弟子、国家京剧院二团团长邓敏回忆说："我是 1994 年跟李玉茹学戏，当时曹禺正在住院，她从早上四点多钟就开始给曹禺做饭。我学的是梅派《贵妃醉酒》，她教得特别细致。有时，曹禺就在旁边看她教我，无论李玉茹说什么、唱什么，他都表现得特别爱听，总是附和'说得对，唱得真好'。"在中国戏剧体系上，曹禺早就实行"一家两制"了，而某些以学术前沿自居的学者，却在实行"两制"分家！现实中的文学艺术现代性，与纸面上用了许多外来术语修饰的现代性，成了两层皮，这就是理论的吊诡。

尚可值得一提的是，往返于台湾、美国、中国大陆的著名作家白先勇，大概人们不会怀疑他的文学艺术行为，具有充分的现代性吧。但他在 2004 年 4 月，却主持制作了由两岸三地艺术家携手打造的"青春版"昆曲《牡丹亭》，以其"美丽的古典"和"青春的现代"相融合，轰动了海内外。原剧是汤显祖在四百多年前写的，汤氏自称："一生四梦，得意处惟在牡丹。"其他三梦是《紫钗记》、《南柯记》、《邯郸记》，而独以《牡丹亭》为最。汤显祖由于与英国莎士比亚同处一个时期，颇有人称之为"中国的莎士比亚"。田汉 1959 年到江西临川拜访"汤家玉茗堂碑"，作诗云："杜丽如何朱丽叶，情深真已到梅根。何当丽句锁池馆，不让莎翁在故村。"

诗中认为汤显祖堪与莎翁媲美，杜丽娘就是“东方的朱丽叶”。1960 年，梅兰芳扮演其《游园惊梦》一幕，被拍成电影在世界巡演。从梅兰芳到白先勇对于《牡丹亭》，采取不同的撮其精华的方式，从传统的艺术形式中走向现代性和世界性。

青春版《牡丹亭》将汤显祖原剧 55 出，删作 27 出，曲文从 435 曲简约为 128 曲，集中演绎这幕传情绝调“梦中情”、“人鬼情”、“人间情”的精髓，更加洗练地展示了其超越生死界限的缠绵四百余年的至性至情。杜丽娘和柳梦梅瑰丽的生死离合的爱情传奇，被演绎为典雅唯美的昆曲，又启用青年人演青春剧，舞台设计讲求美轮美奂。唱腔和旋律上，则把西洋歌剧的音乐技法运用到戏曲音乐之中，丰富了戏曲的音乐表现力。汤显祖笔下的大花神，红衣戴花，改编后增加了花神数量和场面，三个男神配合着十二月女花神，以著名舞蹈家精心设计的舞步舞姿，舞动长幡，挥起舞袖，舞台景片上还点缀着唐人柳宗元的散文行书，从而以其激情奔放的想象，打破了传统“红氍毹”的舞台作风的含蓄委婉，奉献了一席青春与色彩一同飞扬的视听盛宴。汤显祖——梅兰芳——白先勇，中国审美现代性穿透了时间和剧种，生生不息，人文化成及于东方和西洋。这就是现代性吗，既然昆曲也能包容现代性，那么又何必将其他戏曲品种拒之门外？我们实在是受困于时间距离太近，总是斤斤计较用何种思潮去写，而不甚看重写得怎样。但是历史的长河滚滚滔滔，从长时段来看，它总是记下那些最有光彩的杰作。就拿陶渊明来说吧，也许在六朝的骈俪之风中，他缺乏当时人们所认同的类似于“现代性”或什么“性”的标准，但是经过历史长时段的淘洗和审视，还是将他奉为六朝时期最伟大的诗人。对于现代中国戏剧的观照，难道不可以从中汲取一些文化启示，擦亮我们分析问题的“长时段眼光”吗？

四　文学民族学、地理学的本质意义

还有一个非常重大的问题，是现代文学的民族学和地理学问题。文学史要接上“地气”，要沟通中国多地域、多民族的文化血脉，要重新绘制中国现代文学史的完整的文化地图，不大量搜集原始资料，展开对这些基本领域的深度研究，就会成为一句空话。经过近三十年来的努力，港澳台文学进入文学史的主流写作，已获得重要的进展。接下来的课题，是丰富多彩、成就灿然的少数民族文学如何超越边缘化，进入主流书写。人们应注意，根据中国国家统计局2011年4月28日公布，全国总人口共计十三亿七千余万，大陆接近十三亿四千万，少数民族人口1亿1379万，占全国人口8.49%。

再看美国人口普查局《2012年各国人口排名榜》。它将世界上200多个国家与地区分成六类十三级：一级是“人口超级大国”：1. 中国13亿6920万（中国大陆13亿3861万）；2. 印度11亿6607万。二级、三级是“人口大国”，二级的人口过亿：3. 美国3亿0721万；4. 印度尼西亚2亿4027万；5. 巴西1亿9873万；6. 巴基斯坦1亿7624万；7. 孟加拉国1亿5605万；8. 尼日利亚1亿4922万；9. 俄罗斯1亿4004万；10. 日本1亿2707万；11. 墨西哥1亿1121万。三级的菲律宾9797万；越南8696万；埃塞俄比亚8523万；埃及8308万；德国8232万；土耳其7680万；刚果（金）6869万；伊朗6642万；泰国6590万；法国6442万；英国6111万；意大利5812万。人口中等国、人口小国（地区）、人口超小国（地区）、人口袖珍国（百万以下的国家或地区），其人口从不到5000万至5000人不等。也就是说，中国55个少数民族的人口汇总起来的1亿1379万，数量上已经属于第二级的“人口大国”，居于世界人口第10位的日本及第

11 位的墨西哥之间。

关于少数民族的地理分布。中华人民共和国成立以后，继内蒙古自治区建立以后，相继建立了新疆维吾尔自治区、广西壮族自治区、宁夏回族自治区和西藏自治区。共建立了 159 个民族自治地方，其中自治区 5 个、自治州 30 个、自治县（旗）124 个，还有 1256 个民族乡。自治地方的土地面积达 617 万平方千米，占国土总面积的 64.3%。

比较起来，广义的西欧指欧洲西半部，包括欧洲经济共同体成员国法国、英国、德国、意大利、比利时、荷兰、爱尔兰、卢森堡、希腊、西班牙、葡萄牙和丹麦，面积约 500 万平方千米，占欧洲的一半左右。也就是说，中国少数民族自治地方的土地面积，超过了广义的西欧。如果按习惯上把广义的西欧分为北欧、西欧、南欧三部分，狭义的西欧，包括英国、爱尔兰、荷兰、比利时、卢森堡、法国和摩纳哥，面积 93 万平方千米。中国最大的新疆、西藏、内蒙古三个自治区的面积，分别是 160 万、120 万、118 万平方千米，都超过狭义的西欧面积。

这种简单的居住地面积和人口数量的对比，也许过于肤浅和表面化，但它起码可以提示，中国少数民族的人口、地理、文化、文学资源是庞大丰厚的，绚丽辉煌的，不容低估和漠视的。正是这 55 个少数民族与汉族，以及一批已经分头融入现有民族的古民族，在数千年间不断地以各种态势和形式交兵交和、交恶交欢、交手交心、交通交涉，扮演着一幕幕惊天动地、悲欢离合的历史悲壮剧，从而衍生出灿烂辉煌、多姿多彩的思想学术和审美文化创造，并最终形成了一个血肉相连、有机共生、你中有我、我中有你、互相分离不开、打断骨头连着筋的伟大的民族共同体。

而且应该看到，新中国的民族政策，是提倡民族间彼此尊重、和谐互助、团结共进的。什么是“和谐”？有人采用浅显的拆字法，说是“和”的“口”边有“禾”，有饭大家吃；“谐”字的“言”

旁加个“皆”，有话大家都来说。丰衣足食，言路畅通，也就为社会和谐创造了基本的条件。很少看见哪个国家像中国这样讲究政策上向少数民族倾斜，积极地将少数民族文学作为一项“事业”来推动，简直有点不遗余力地培养、扶植少数民族作家成长。55个少数民族在中国作家协会中会员逾千，在各地区作家组织中人数逾万。改革开放以来，从中央到地方的文学报刊喜欢打“少数民族作家群”的牌，诸如“蒙古族作家群”、“藏族作家群”、“维吾尔族作家群”、“哈萨克族作家群”、“满族作家群”、“壮族作家群”、“回族作家群”、“朝鲜族作家群”、“哈尼族作家群”，这些都是人口逾百万甚至逾千万的民族；乃至人口只有十几万、几万甚至不及一万的“景颇族作家群”、“达斡尔族作家群”、“鄂温克族作家群”、“鄂伦春族作家群”，也赫然榜上有名。他们都是举着民族的旗子，高扬着民族的特色，体体面面地行进在中国作家的行列中的。

我近年主编一部12卷的《20世纪中国文学史通论》，其中有《少数民族卷》45万字，由海南大学李鸿然教授执笔。他引用了马克思《路易·波拿巴的雾月十八日》中的话题：“他们无法表述自己；他们必须被别人表述。”认为这种情形已经被众多的中国当代少数民族作家以母语创作、双语创作或汉语创作方式，彻底改变了。他们有了自己的作家群，作为民族代言人，堂堂正正地“表述自己”，彻底结束了“必须被别人表述”的历史。李鸿然教授秉笔撰述时，为防止遗漏，自编一篇包括102人、共34句的“三字经”。开头几句是：“老沈萧，更唐包。王李端，玛金敖。尼纳巴，乌胡超……”排列的是老舍、沈从文、萧乾、更敦群佩、唐加勒克、包尔汉、王度庐、李乔、端木蕻良、玛拉沁夫、金学铁、敖德斯尔、尼米希依提、纳·赛音朝克图、巴·布尔贝赫、乌·白辛、胡可、超克图纳仁等少数民族重要作家。

其中有现代文学研究者熟悉的名字，更多的是不甚熟悉甚至闻所未闻的名字。比如，更敦群佩，1903 年生于青海热贡（今同仁县），父亲是宁玛派的一位活佛。1906 年被认定为吉美索朗多杰活佛的转世，并进入亚玛扎西齐寺学经。1928 年到拉萨，以绘画驰名。1934 年到印度，住在大吉岭，学习梵文、英文，派往锡兰，学习巴利文。在游历求学于南亚诸国 12 年中，深入考察印度社会，研究进化论、人本主义、人文主义乃至马克思主义。发表了《旅居印度的反思》、《俗语嵌套诗》、《印度诸圣地朝圣指南》，完成了《欲经》的写作。将《入行论》及藏文史学名著《青史》翻译成英文，将巴利文《法句经》译成藏文。他集合佛门奇僧、学术大师和启蒙思想家于一身，又是诗人、画家、语言学家、史地学家、民俗学家、考古学家，学养深厚，见识广博，诗文及学术著述均情采灵动。1946 年，他回到拉萨，在研究古代藏文史书，吐蕃碑铭文献，西域、敦煌文书中的大批藏文与回纥文古籍，以及两唐书《吐蕃传》史料的基础上，著成《白史》，超越了同一领域的西方权威学者。其弟子整理出版了他的讲义《中观甚深精要嘉言·龙树密意庄严论》。但他被西藏当局视为颠覆者，以莫须有的罪名判刑三年，在监狱里，与一位来自藏北的文盲牧羊女同居，酒酣耳热，偶尔为诗，抒发兴致，流露内心厌世的情绪。1950 年出狱，一年后离世。如此国宝级藏族作家，在以往的中国现代文学史中，可曾为之写上一笔？

再如我国哈萨克现代文学的奠基人之一，杰出的爱国革命诗人唐加勒克。1903 年他出生于新疆新源县一个贫苦牧民家庭。1922 年赴苏联学习三年，返回故乡后，就拿起冬不拉，游历乡村，吟诗弹唱。所作诗歌大多反对巴依和贪官污吏，同情贫苦牧民。他还创建了哈萨克民族第一个现代剧团，演出《秀哈》、《曙光》等哈萨克语话剧。1944 年，被新疆盛世才当局当作“危险分子”在伊宁逮捕，转移到迪化监狱，在狱中写了不少深刻揭露社会黑暗残暴的诗。1947 年因肺炎去世。一生著有长诗 7 部、诗体长篇小说 5 部、短诗 129 首、弹唱词 6 首、歌词 11 首。有《伊犁即景》、《青年时代的情感》、《告别家乡》、《狱中状况》、《你好，我的家乡》、《诗人的内心》等短诗，以及长诗《萨纳瓦尔》、《啊，娜撒吾列》，堪称内容丰富，寓意开阔，语言鲜活，修辞灵动，带有“阿肯弹唱”风格，吟诵着启蒙新声和期盼民族新生的草原悲愤之音。2003 年纪念他百年诞辰时，连哈萨克斯坦总统纳扎巴尔耶夫也给予他高度评价：“诗人唐加勒克是中国哈萨克文学的奠基人，他的作品在哈萨克文学中占有重要的地位，是宝贵的财富。”（见吴孝成、吴若愚《唐加勒克评传》）那么，我们的现代文学史又应如何评价这位杰出的诗人呢?

说到朝鲜族小说创作，被称为“当代朝鲜族小说三元老”的金学铁、李根全、金溶植，值得认真关注。其中金学铁成就最著，被称为“朝鲜族的鲁迅”。他 1916 年出生于朝鲜咸镜南道元山，1935 年由朝鲜逃亡至中国上海，加入了朝鲜民族革命党，被派到中央陆军军官学校（黄埔军校）学习，1938 年毕业后在武汉参加朝鲜义勇军，担任分队长。曾在部队创作演出了《曙光》、《胜利》、《灯塔》和《朝鲜义勇军追悼歌》、《故乡路》等戏剧和歌曲作品。1941 年在太行山战斗中，被洪四益（韩国人，为日军四团长）击中大腿，重伤被俘，送日本长崎刑务所服苦役，伤腿感染截肢后，被誉为“只脚作家”。1945 年获释回汉城，发表短篇小说《长虫（蜈蚣）》。1947 年任朝鲜《劳动新闻》记者、《人民军报》总编辑，因发表了一篇批判苏联掠夺的文章《是谁在破坏社会主义建设》而被辞退。1950 年到中国延边定居，到北京后在丁玲手下当中央文学研究所研究员。1954 年出版三卷本《海兰江，你诉说衷肠》，为当代朝鲜族第一部长篇小说。又有长篇小说《二十世纪的神话》、《激情时代》，中篇小说《泛滥》、《繁荣》，短篇小说集《军功章》、《乔迁》、《苦闷》、《无名小卒》，散文集《我的路》，报告文学《高峰起遗书》，传记文学《抗战别曲》，自传《最后的分队长》，以及自传体散文集《像土螺壳里面一样的世界》。“文革”期间因一部未发表的长篇小说《二十世纪神话》，于1967年以“现行反革命分子”的罪名被判刑十年。1980年恢复名誉，享受老红军待遇。2001年病逝。金学铁是将生命融入笔墨而写作的，是一种蘸着浓郁的写实性和坚挺的自我个性特征的书写。他的书写有爱之绝叫，亦有生命之坚锐，神圣与悲壮、哲理与幽默，均融会于字里行间，人性美和作家人格美跃然纸上，因而广受中、朝、韩、日各国民众的尊敬和喜爱。专家们总是讲“重写文学史”，那么为何不去深入地把中国东北、西北、雪域高原的这些少数民族的传奇人生，肝胆文学，绚丽色彩，写进文学史呢？若能如此，不是可以使我们的文学史观令人耳目一新吗？

对于当代用汉语创作的少数民族作家中的佼佼者，学术界是熟悉的，而且也将他们写入了文学史。比如老舍、沈从文，在文学史中都辟有专章专节，而且有时也提到他们是满族或苗族。但是又有几人认真研究满族或苗族的历史文化、生活方式，包括他们的群落结构、习俗、宗教、礼仪、民间信仰、娱乐方式、美学趣味？如果对这些都茫然无知，那么只提满族、苗族，除了贴贴标签之外，又能在破解民族文化基因和精神谱系上，有何作为呢？对回族作家张承志、霍达，藏族作家阿来、扎西达娃、梅卓，蒙古族作家阿尔泰、萨仁图娅、郭雪波，维吾尔族作家麦买提明·吾守尔、巴格拉西，彝族诗人吉狄马加，哈萨克族作家艾克拜尔，仫佬族作家鬼子，满族作家叶广芩、关仁山、赵玫，达斡尔族作家李陀，鄂温克族作家乌热尔图，土家族作家蔡测海、李传锋、叶梅，壮族作家凡一平，哈尼族作家存文学、哥布等，也是要从他们的民族文化基因，乡土风物的变迁，以及现代化、全球化浪潮的荡涤等丰富的维度上进行深入的关照，才可能直指心源，触及人类如何审美的本质。要深入地做到这一点，当然是对研究者原本的知识结构的考验和挑战。但是有作为的研究者应该毅然迎接考验和挑战，潜下心来，广读少数民族文学的书和文化资料，进行必要的田野调查，如此才能收厚积薄发、得心应手之功。

还有一些使用汉语创作的少数民族文人作家，大家也许并不陌生，但由于他们采取的文学表达形式被人们视为不够“现代性”，而放置于文学史的门槛之外。比如满族文人启功，家族为清朝皇室后裔，属满族正蓝旗，却明确表示不再以“爱新觉罗”或“金”为姓氏，而以“启”为姓，性情趋于“贵裔平民”。他的“诗、书、画”堪称三绝，对汉语的精深研究和自由驱遣，远非一般汉族学者、诗人所能比。人称之“国宝”，他却说：“我还有自知之明，哪敢自称国宝呢？其实，我（贴在门上）写的是这么四句话：启功冬眠、谢绝参观、敲门推户、罚一元钱。”据说这张字条当天就被“有心人”收入囊中，作为意外“淘宝”的收获。他有“老顽童”式的幽默，自撰《墓志铭》云：“中学生，副教授。博不精，专不透。名虽扬，实不够。高不成，低不就。瘫趋左，派曾右。面微圆，皮欠厚。妻已亡，并无后。丧犹新，病照旧。六十六，非不寿。八宝山，渐相凑。计平生，谥曰‘陋’。身与名，一齐臭。”启功自称“我是胡人”，他将“旗人文化”中那种尚未汉化的“胡儿气”萃取出来，又浸入汉语游戏笔墨之中，借自嘲以为幽默，确实有点出神入化了。《启功韵语》和《启功絮语》的诸多篇什，以地道的“京片子”，传达满人文士的神韵，是否也值得作为文学史上独特的文化现象，进行一番体验呢？

文学地理学、民族学的提出，旨在使文学研究从实际出发，连通“地气”，滋育文学的根系和生机，拓展文学审视的地理空间和文化资源。《周礼·考工记》就有“皆地气使然”的说法，一个

“气”字，联系着中国文化的本体论。还是《周易·系辞下》“物相杂，故曰文”那句话，无杂不成文，无杂不为大。因此文学史写作，应该实事求是地回到它的本位，深入考察和阐释文学存在的多样性、多层性、多维性，以此展开中国文学丰富多彩、五色斑斓、灿烂辉煌的文化地图。通俗小说与新小说的比翼齐飞，文言诗词与新诗的并存融合，传统戏曲与现代话剧的竞争发展，少数民族文学与汉语文学的一统多元，在中国现代文学的转型和现代性意义的获取上，都带有本体论的价值。

全国有那么多的20世纪文学研究者，如果逐年站队，几乎每年能排上百人，那又何必用一些不符合实际而颠来倒去的概念，将自己圈在一些狭小的领域，互相重复，作茧自缚呢？这个也不值得研究，那个也不值得研究，放着浩瀚的文献资源任其尘封遮蔽，这里体现的并非追求文学真谛之真诚，亦非兼容文学多样性的胸襟博大。我们是否可以获得一种共识：研究现代文学而对于与新文学处在不同层面、不同维度上的通俗小说，文言诗词，传统戏曲，尤其是少数民族文学所知有限，甚至不求博学多识，乃是一种知识结构上的重大缺失呢？全国高校和研究机构应该分工合作，对百年文学多样、多层、多维的史料资源，进行卷地毯式，或竭泽而渔的清理，然后从纷繁复杂的历史文化存在中，抽象出属于自身原创的原理、法则，用自己的声音与当代世界进行平等的深度对话，这才算尽了现代中国学人的职责。质之高明，是否如此？因为本人多年没有以主要精力研究现代文学，这些迷惑也许是杞人忧天，无的放矢，自作多情，我们的许多同行早已在这些领域、这些命题上卓有建树，那我就好好向专家们学习，并恭贺他们的成功吧。

（2012年11月18日）

元气：来自文化根脉的深处

——就先秦诸子发生学答《人民政协报》记者谢颖

一　融会古今，过程比结果更为重要

记者：在现代文学之后，近二十年您的主要研究领域都是古典文学与文化，从小说、诗学再到现在的还原诸子，这是自然的转变吗？

杨义：我从小说进入古典文学，写成《古典小说史论》、《中国叙事学》，是按照学术内在逻辑来延续的。而研究古典文学，居于主流的诗词不可回避，因而通过对楚辞、李杜诗歌的研究，对中国文化一些深在的特性就心里有数了。比如研究楚辞，就要深入考察楚文化，而研究李杜则涉及中原文明和长江文明、胡地文明的对话。从这之后，考察宋元时期多民族的文学文化，一个中华民族共同体的精神体系的感觉就出来了。于是我上溯先秦诸子，进入对中国根本思想发生学的研究当中。回到中国文化的原点，这是我的一种思维指向。诸子是怎样创造中国思想和思维方式的，这个原点蕴含的文化基因来自何处，生于何因？只有站在贯通古今、会通多域的角度上，才能揭示中华民族共同体的整个精神谱系发生、形成、发展和变异的过程。诸子学经过两千年的耕耘，已是高深的学问。因而诸子还原，应该是高智能含量的深度对话。

记者：对先秦诸子的研究可以说非常多，您为什么会想到从发生学入手？

杨义：先秦诸子的研究，是中国文化根本的研究，我们对于这种根本的研究，就要从根本入手，来清理我们作为一个大国文化的本源。那么研究先秦诸子，首先的着力点应该在哪里？我觉得，首先的着力点应该是它的发生学，探明诸子他们到底是谁，他是在什么样的情景下来展开他的思想的，他为什么把自己的书写成现在这个样子。研究先秦诸子的发生学，就是从起源上来通解中国文化史的轴心时代。

通解诸子文化需要调动多学科的知识，还原其生存情境。有必要调动区域类型、家族制度、姓氏脉络、民俗信仰、口头传统、考古发现诸多角度，以此通解诸子的思想与他们的生命体验和他们的生活形态的最原初的关联。也就是说，要把诸子作为有生命的主体，而不是一张张纸片来对待。我觉得只有这种原原本本的研究，才能够感受到他们的思想之真，为我们这个民族的文化生命，清理它最初的思想根系。

打个比方，我们如果从单打一的角度看文献记载，就像是水果摊上看水果，但是这个果子是怎么来的？通过对发生过程的多学科、多角度的综合研究，就能看到它怎么生根、长叶、开花、结果的过程。过程是生命的演习，往往比结果更为重要。

二　触摸诸子体温，破解诸子文化的 DNA

记者：发生和还原的关键点在哪儿？有什么鲜明的特点区别于以往的研究？

杨义：可以概括成两句话。一句话就是，触摸诸子的体温；第二句话，破解诸子文化的DNA。我们两千年来的诸子学史和经学史到底做了什么呢？这些要心中有数，探知虚实。这里有一个重要的问题，就是通过文本和多种材料、多种方法的相互参证的综合解读，发现前人未曾涉足甚至遮蔽了的可开发空间。

先秦诸子创造思想的时候，面对两个系统的文化资源，一是书面文献系统，但很有限，文字仅有三四千年的历史，而人类开口说话已经有十万年以上，这就形成另一个民间口头传统。过去疑古派的先生们忽视了这么一个民间传统，把这个的记录说成是假托的。诸子创造自己的思想，可以从文献中寻找依据，但是先秦时代文献很有限，史前的许多记忆靠民间口耳相传，成为诸子超越官方传统的一个重要的文化支撑点。他们不是先看了西方哲学史或者前人著作来写书，而是要解决他的家族、部族、国家存亡问题，“救世之弊”，进而体验天道、世道、人道。同时接触到许多民风民俗、口头传统，将之转化为原创的思想，这种思想不同程度地具有原型的意义。

记者：您能举例说说如何来触摸和破解吗？

杨义：庄子身份音影模糊。为何生长在宋国蒙地的庄子会具有楚国的思想？有三个千古之谜需要回答：一、为什么楚威王会请只是小小的宋国漆园吏的庄子去做大官而庄子还不愿意？二、穷困的庄子的知识从何而来？三、地位低下的庄子凭什么资格与诸侯将相打交道？庄子是谁的问题不解决，许多问题都难得要领。这就要调动各种各样的考据手段，从先秦时期家族制度、姓氏制度的角度入手解决问题。据《史记》记载，楚威王时期的将军庄蹻是楚庄王之苗裔，印证了庄姓得自于楚庄王的谥号。《通志》也说“庄氏出自楚庄王”。庄子乃是楚庄王二百年后的疏远的后代，只是后来在残酷的政治事件中，庄子的家族受到迫害，逃到宋国，所以庄子出生在宋国。时隔多年，楚威王想重新召回当年一些公族的后代为其效力，就想到了庄子，但是庄子却说："子独不见郊祭之牺牛乎？"他的意思是与其回去当一头祭祀用的牛，还不如做一只在泥地里爬的乌龟，话语中包含了对家族历史的痛苦感受。这也就解释了上述关于庄子的诸多疑问。我们考证不是为考证而考证，而是为了通解庄子整个思想是如何发生的，解决庄子思想内在的精神脉络、奥妙、文化基因。所以我说要把过程的思想变成思想的过程。

三　何必让孔子来教我们打电脑？

记者： 通过您的阐释，感觉您很强调创新性，是这样吗？能不能具体解释一下？

杨义： 对，尤其是我们在深化现代大国的文化建设时，更要以原创意识清理自己的文化根基，使古与今互通智慧。

开始研究韩非子的时候，我花半年时间读了三遍各种版本，没有感觉。前人已经把韩非子讲完了，我还能讲什么？如果没有开拓新空间的可能，作为学者硬写文章有何价值？最多是材料更细，在已有的模子中多注点水。于是再接着读，到了第四遍，一天早上我豁然开朗，终于找到切入点。比如说韩非子读过《老子》，那么他是多大年纪读的《老子》，受何人的启发去阅读，读的又是哪一个版本？这些问题解决之后，就可以顺着这条思路考察韩非著作前后期的编年问题。顺势而下，韩非子何时、何地、何故做过荀子的学生，除了《史记》中简单的交代之外，又有什么文献来证明？这些问题的清理，就可以不断地在与古代思想家们深入的对话中，触摸到他们思想神经颤动的过程。

我们现在已经具备了这么一种时代的可能性，以现代意识对诸子做多维研究方法的会通，来直接解读诸子的本质。在一个新的境界上，如何把科学精神和原创意识结合起来？我们跟清人、清以前的人，甚至跟民国时候的人，对诸子文化的态度都有诸多不同。当你把握世界的方式不一样，被你把握到的世界就不一样。

比如说，清以前的人是崇圣的，而民国时候则是疑古的，要颠覆这个传统，我们要用现代大国的心态来处理我们的历史文化的根脉，对它有足够的尊重和深刻的批判，重要的是对它有知根知底的阐释和发明，从中发现我们文化的根子及其生生不息的生命力。这样我们在与世界对话时，就手持一张美妙的文化身份证，充满文化底气地自立于世界民族之林。

记者： 能否把您所说的这种原创的态度引申理解为对待传统文化应有的态度呢？

杨义： 可以这么理解。这其实就是还古人以古人应有的伟大，同时给现代人以充分的原创空间。我们不能要求孔夫子教我们打电脑。他们的智慧我们可以吸收，但不是实用主义的吸收，只是使我们的根底深厚，元气充沛。

以现代大国的文化态度来考察先秦诸子的发生学，就是要以一种从容的、博大的、明澈的眼光，透过历史的灰尘，来看诸子的本质、本性和他们的血脉，不拔高也不扭曲，不涂饰也不遮蔽。我们是要在古今沟通、中外交融的情形下，站稳脚跟，挺直腰杆，创造我们美轮美奂的精神家园，创造我们生机勃勃的现代思想文化。我们能不能够做到这一点，能不能够从发生学和更多的学理角度，去做到这一点，也是对我们中国现代学术界的创造性的能力的重要试金石。

（2010 年 1 月 18 日）

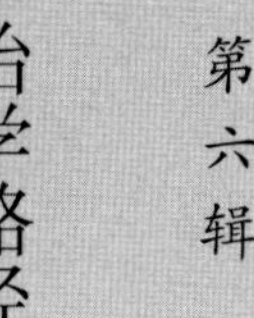

第六辑

治学路径

给中国的文化或文学发一张现代身份证
——答《中华读书报》记者舒晋瑜

【记者引言】“我本人有一个梦想，就是希望画出一幅比较完整的中华民族的文化或文学的地图。这幅地图是在对汉族文学、五十多个少数民族文学以及它们的相互关系，进行系统、深入研究的基础上精心绘制的。”2001 年 8 月初，在香山饭店召开的“文化视野与中国文学研究”国际研讨会上，杨义的演讲深深地打动着每一位在场的听众。这位著作等身的著名学者、中国社会科学院文学研究所所长、博士生导师，对学术近乎虔诚的表白以及理性的分析，赢得了阵阵掌声。

今年五十四岁的杨义是国内知名的中青年专家，他致力于中国现代文学研究和古典文学研究，几年来出版学术专著三十余本，发表论文三百篇，著有《鲁迅小说综论》、《中国现代小说史》、《20 世纪中国小说与文化》、《中国历朝小说与文化》、《中国古典小说史论》、《中国新文学图志》、《中国比较文学批评史纲》、《中国叙事学》以及《杨义文存》等三十多种。1998 年人民出版社出版了九卷十二本《杨义文存》，萧乾曾对杨义出“文存”一事说:“我很赞成杨义这样的人出文集，他古今兼通，很有成就。”前一段时间，杨义曾因“博导读博”引起学术界关注。我们的话题就从这里开始。

记者：以您的学术成就和学术职务来“攻读”博士学位，为什么？现在获得博士学位了吗？

杨义：已经在武汉大学正式获得文学博士学位了。我读博不是为了装门面，是为了圆“博士梦”，是对现行学位制度的一种尊重。我是“文革”后第一批硕士生，后因学术研究一直没有机会读博。1999 年，国务院学位委员会出台新政策，打破读博必须脱产的惯例，对特殊人才放宽条件。当年获得一个不期而至的机会，我就到武汉大学申请攻读博士学位。读博，是对学术的自省，找一位资深教授和指导团队指点着你的自省。南北朝颜之推的《颜氏家训》说：“《书》曰：‘好问则裕。’《礼》云：‘独学而无友，则孤陋而寡闻。’盖须切磋相起明也。见有闭门读书，师心自是，稠人广坐，谬误差失者多矣。”《尚书·仲虺之诰》和《礼记·学记》中的话，告诫人们要打破学习上的封闭思维，多与师友切磋，来启发聪明，拓展学境。由于学无止境，博导也应抓住各种机会“充电”、“扩容”，以博采众家之长，为自己的学术开辟出更开阔、更有智慧的天地。

记者：您的研究领域之宽，在古典文学、现代文学方面都有重要的学术专著，专家而非客串，以至于常常让人产生“两个杨义”的误会。能谈一下您在学术研究方面的成果吗？

杨义：最早我师从唐弢先生、王士菁先生进行鲁迅研究，写了一部《鲁迅小说综论》。后来研究现代小说史，阅读了两千种原始书籍报刊，紧张时一天读一本书。十年磨一剑，写就《中国现代小说史》，共三卷本，152 万字。本书不但作为国家教委教材，也是国外众多教授的教学纲领。其实这套书的写作在当时并不是重点项目，写完后到财务报销了 20 多元钱。胡绳院长说：“‘地下工程’

出了大成果。”一个初入学术领域的人，应该先下“十年磨一剑”的功夫，炼出一个“金刚不坏身”。古人说过：“能观千剑则晓剑。”遍读群书以观千剑的同时，还要专心致志地磨好一剑，才能真正“晓剑”，才有能力在学界试练锋芒。

记者：那您为什么没有沿着现代文学的道路走下去，转而研究古典文学？

杨义：下一步该研究什么，我面临新的选择。如果搞现代文学，单是写作《中国现代小说史》所掌握的材料，再随时补充一些材料，就足够写一二十本书了。但是我觉得还不是吃“老本”的时候，中国几千年的文学史，很长的曲线，很复杂的网络，取任何一小段就变曲线成直线、变网状为单线了，不可能靠短短的“直线”透视几千年文学史背后原理性的意义。所以我决定向时间漫长、幅员浩瀚的古典文学和文化进军。浩如烟海的古典文学领域，选哪个角度？学科分得很碎，从哪个门进？我认为选择古典小说，自己更占优势，首先在分析小说上自己就有基础，于是定位于“给现代文学探源”，这样的研究顺理成章，并成为国家重点学科项目。学者在建立学术优势之后，想发展这种学术优势，就应该在不舍弃原有优势的基础上，按照学术的内在逻辑扩充和发展新的优势。在学科转移的门槛上，需要头脑清明，审时度势，驾轻车上新路。对古典文学的研究后来形成著作，就是《中国古典小说史论》。进一步作内在逻辑的延伸，就是把自己对古今小说，对历史、戏剧的研究和思考上升成理论，形成世界上可以进行高度对话的体系，包括中国现代文学的话语体系、评价体系、学理体系，从而写成《中国叙事学》。学术上这“三级跳”，是上一跳为下一跳积蓄弹跳力的，不是凌虚蹈空，只有花架子的。

记者：您的学术研究分为几个部分，能概括一下吗？

杨义：一是叙事学系列，学术方法可以概括为四点：返回中国文化的原点；参照现代西方的理论；贯通古今的文史；融合以创造新的学理体系。二是诗学系列，探讨一系列中国诗歌思维方式和诗歌现象背后的本质，写了《楚辞诗学》、《李杜诗学》，对经典文本、经典作家进行文化和生命的还原性探讨。我认为诗学带有深厚的文化学和生命体验的过程。比如李白与诗酒渊源很深，他的诗学思维方式实际上是一种醉态诗学思维，即把醉态融入笔墨，变成生命方式和思维方式，这比浪漫主义更具有本质特征。尊重作家的原创性和专利权，就是尊重中华民族文化。三是图志系列，已经写出《20世纪中国文学图志》，还要写“古典文学图志”。过去把文学文本作为原始资料，其实插图及装帧也是原始资料，也是语言，是用线条、色彩、构图、情调表达的不落文字的语言方式，是要用悟性来读的，包含丰富且奇妙的信息。我们讲学术多样化，在哪里找突破点呢？开发图志系列就是重要的一个方面。

记者：《楚辞诗学》之后您又推出力作《李杜诗学》，选择李白、杜甫这一古典诗学创作的最高峰，对中国诗学研究意味着什么？

杨义：诗是一种青春的文学形式，人类最初的生命呼唤是诗，然后才是散文。《吕氏春秋·古乐篇》说：“昔葛天氏之乐，三人操牛尾，投足以歌八阕：一曰载民，二曰玄鸟，三曰遂草木，四曰奋五谷，五曰敬天常，六曰达帝功，七曰依地德，八曰总万物之极。”生产、祭祀、对天地人间的想象，就使诗歌得以发生。唐朝人是把诗作为最高的精神形式的。李白诗是青春的诗，杜甫诗是老成的诗，他们或代表诗学的潇洒，或代表诗学的沉痛，掀开了中国诗学最灿烂的一章。解读他们，实际上是解读中国文明史的诗性风采。

今年是李白诞辰1300周年，西方一些学者认为，这千年最伟大的诗人是莎士比亚，再上一千年最伟大的诗人是李白。人文学者，为什么不把文化长河中这么多精美绝伦、富有魅力的元素都调动起来，写出喜闻乐见、沁人心脾的光景，来构筑我们灿烂辉煌的文化史呢？“美人赠我锦绣段，何以报之青玉案”，赠锦报玉，才对得起杰出的诗人，如果报以土块瓦砾，就愧对古人了。

记者：《李杜诗学》出版后，北大、清华、北师大等十几个博士召开博士读书会，认为是大的气象，为中国诗歌研究打开了新的境界。

杨义：《李杜诗学》与以往研究李杜的学术著作所不同的，是摒弃了简单的模式化的分析作品思想性、艺术性的传统套路，也没有给李杜分别冠以“浪漫主义诗人”、“现实主义诗人”的名号，更没有采用给李杜划分阶级成分，或定位为法家、儒家的简单化批评方法，而是从感悟具体作品出发，认真在古代诗人与现代读者之间架起一座沟通古今心灵的桥梁，以开阔的当代世界视野和充分的现代意识，对李杜诗学进行探讨，深度剖析了李杜经典作品深层面的生命趣味和本质意义，并抛开了“抑李扬杜”或“抑杜扬李”的传统偏见，系统总结和充分肯定了李杜在中国诗歌史上的高度成就。

《李杜诗学》的逻辑起点是经典重读和个案分析。当一种具有中国风采的现代诗学开始探索和草建的时候，经典重读和个案分析，就把它的根基深深地扎在中国经验的丰厚土壤之中。伟大的个案具有千古不磨的权威性，它们以天才的敏感和深刻的体验联结着一部文明史和充满着正反经验的诗歌史。经典重读，实质上是解读中国年轮的横切面，年轮上呈现着阳光水土、风雨雷电滋育或袭击生命的痕迹。这对于理解中国文化渗透于诗学的特殊效应，对于理解中国诗人表达生命意义和世界感觉的原创性形式，对于建立现代中国诗学的理论体系，都具有实质性价值。诗学不仅要加深对生命和文化的理解，而且要由理解激发出乐趣。诗学乐诗，才能使诗的生命生生不息。清人吴乔辨析诗与文的体制辞语不同，认为“意喻之米，文喻之炊而为饭，诗喻之酿而为酒。饭不变米形，酒形质尽变”。文饭、诗酒之喻，印证了李白的醉态思维方式对于诗学具有本质的意义。

记者：您认为做学问的关键是什么？

杨义：首先要从目录学、文献学入手，摸清家底，还有哪些材料可以利用，要做到心中有数；其次，要找准自己的位置，有哪些方向可以供自己耕耘，开拓出原创的空间。比如《楚辞》有两千年的传播、注释、研究的历史，从汉武帝命淮南王刘安作《离骚传》、东汉王逸注《楚辞》以来，著述甚多，已成高深的学问。《世说新语·任诞篇》说：“名士不必须奇才，但使常得无事，痛饮酒，熟读《离骚》，便可称名士。”《楚辞》已成为一种独特的精神文化密码，嵌入中国士人的生命脉络之中。不研究《楚辞》，就很难理解中国知识者的精神人生形态。有所谓“诗人饶楚思”，“楚思入诗清”是也。作为现代学者进入《楚辞》研究领域，是否还有自己的位置，原创性的空间在哪里？笺注、考据、鉴赏，不乏炒冷饭的著作，何不以现代诗学的眼光，看看屈原在全人类的诗歌史上有些什么原创性的贡献。在把握好材料的基础上，学术很重要的问题是，以新的眼光、新的思路、新的学理贯通起来，掌灯一照，让冰冷的材料焕发出鲜活的生命力。

比如，如何使屈原与荷马同时进入世界文学史，比肩而立？就以《天问》为例，这篇三百七十四句一千五百六十字的旷古奇诗，对宇宙自然、人类起源、远古神话、夏商周历史和楚国的兴衰，纵横不羁地提出一百七十四问。开头就如奇峰自天外飞来：“曰：遂古之初，谁传道之？上下未形，何由考之？”是谁在曰？按照先秦书籍体例，是“天问曰”。以天问人，问人类尚未出现，谁知天地生成；既有人类，荒淫残暴，朝代更迭，难道都要天来负责？这些发问，就以怀疑主义解构了神秘莫名的神话观和历史观。在天的面前，人间的时空划分又何足道哉，因而随手拈来，打破历史时空秩序。王逸解释说：“屈原放逐，忧心愁悴，彷徨山泽，经历陵陆，嗟号昊旻，仰天叹息。见楚有先王之庙及公卿祠堂，图画天地山川神灵，琦玮僪佹，及古贤圣怪物行事。周流罢倦，休息其下，仰见图画，因书其壁，呵而问之，以渫愤懑，舒泻愁思。楚人哀惜屈原，因共论述，故其文义不次序云尔。”王逸是楚人，以楚地风物、风俗、思维习惯，将《天问》时空错乱的思维方式，解释为楚地壁画思维的介入，用以表达屈原惨痛纷乱的精神状态。以天问人的超现实角度，由壁画思维进入时空错乱，都是屈原在人类文学史上具有首创之功的审美形式上的发明。屈原拥有如此原创性的发明，开发了如此具有本质性价值的诗学原则，因而可以毫无愧色、甚至更有精神深度地与荷马比肩而立于人类文学史的发端期。

记者：您现在忙些什么？

杨义：目前正在撰写《中国古典文学图志》，把少数民族的文学，比如《格萨尔王传》、《蒙古秘史》、《乌古斯传》、《福乐智慧》等少数民族长篇史诗或诗剧，都写了进来。至于插图，已收集了两万多幅图，包括：1. 古籍中的木刻插图、文学插图或与文学故事有关的；2. 各博物馆所藏书法图画；3. 出土文物中与文学文化有关的，把文明史和文学史的研究融合在一起；4. 外国的一些图书馆、博物馆中所藏中国古籍书法图画；5. 全国散落各地的地方文献和作家遗迹。元好问说：“诗与画同源。”晚清蒙古族镶蓝旗画家松年的《颐园论画》；说：“书画同源，只在善用笔而已。”由双峰并峙、二水分流的两个流脉往上溯，是可以直抵人类精神的心源的。

记者：在这次的“文化视野与中国文学研究”国际研讨会上，您谈到了多元文化起源和新的文化整体理念。

杨义：不能拘泥于经学中心、中原中心的思想立场，来思考中华民族文化共同体的文学历程。要以作为一个文史学者的基本功，来下大力气搜集和整理少数民族文学和文化的资料，把它们放在中华民族文化、文学发展进程中，考察它们与中原文化、汉语文学的相互关系，从中发现中国民族文学的千古一贯性、多元互动性和边缘的活力，以此解释其经典意义和文化哲学。切忌盲人摸象，仅得一肢，以为全体。如佛教《长阿含经》卷十九所说，集合众盲人摸象，摸到象鼻说像弯曲的车辕，摸到象耳说像簸箕，摸到象背说像山包，摸到象腹说像墙壁，摸到象尾说像绳索，“各各共诤，互相是非。此言如是，彼言不尔。云云不已，遂至斗诤”。于是镜面王评判说：象身本一体，异相生是非。我们应该对中国文学史的多元一体的构成，作出整体性的把握。多元而能融合为一体，这正是中国文化能够海纳百川、有容乃大的生命力和软实力所在。

记者：您能谈谈自己的文学观点吗？

杨义：从贯通古今的视野看，我们的文学观已经历了三度变迁，也就是“文学观三世说”。古代的文学观内涵驳杂，文史不分，即《易经·系辞下》所说的“物相杂，故曰文”。20世纪初期，尤其是“五四”以后，接纳西方的纯文学观，承认文学的独立价值，强调学科的科学性和文类的周密性，把文学写作做得流派纷呈。但是天下没有玻璃试管里的文学，所谓“纯”是相对的、人为的，对文学的自然生成状态有所阉割，和中国传统文学的经验更是有所偏离。我们需要建立一种“大文学观”，以世界的视野和文化的视野重构文学的内核、内涵、外延及其与各种文化方式的联系，既融合纯文学观的严密的科学性，又融合杂文学观的博识多闻，从这里探讨带有中国特色的学术体系、话语体系，使文学在与文化结缘中舒展根系，吸取地气，激活千姿百态的活泼泼的生命。这又是《易经》所说“大哉乾元，万物资始；至哉坤元，万物资生”，资始资生，变化无穷了。

记者：学术界评价您是学术研究的战略家，每部作品都给人留下强烈的印象，您自己如何定位？

杨义：战略家是不敢当的。晋朝司马彪写过《战略》一书，大概讲的是攻城略地的兵法，不见得怎么高明。唐朝高适有一首边塞诗，说：“当时无战略，此地即边戍。兵革徒自勤，山河孰云固？”也讲的是边境战争的方略，他遥望荒凉之地而叹息。民国年间的军事学家蒋百里才用这个词语来指全局性的战争策略。当时报章文字好用“政略”、“战略”这类名词，蒋百里写的《欧战之大要及德国失败之原因》一书，这种词汇触目皆是。现在人们已经忘记百十年前的这种高谈阔论了。我做学问，是由局部拓展到全局的，开头并不见得有全局的考虑。只不过日积月累，积累多种专门之学，逐渐把它们贯通，变成“通识之学”。这个通识，就是我要给中国文学、文化发一张现代的身份证。个人写多卷本的文学史打破了集体写史的模式；进军古典文学，打破了古今分家的学科分割；撰写文学图志，打破了文学与各种艺术形式的界限；注重少数民族文学，又打破了汉语书面文学的边界。我是不断读书，不断追求，不断积累，才逐渐把中国文学、文化作为完整的智慧，把头绪纷纭的各条线索拧成一股绳，再以大文学的整体性与世界进行深度对话的。

记者：总能看到您的著作源源不断地涌现出来，而且每一部著作都是在阅读大量作品的基础上编著的，您是怎样安排自己的学习和工作时间的？

杨义：工作和读书，是人的两条腿，左腿走路，就全力负重，让右腿休息；右腿走路，就换过来右腿负重，让左腿轻松。一左一右，一张一弛，不断地向前走。其实，两条腿是互相支持，互相促进的。书读好了，有助于使研究工作获得更多的文化内涵和智慧力量；工作做好了，也有利于在读书中更深地理解人生，发现生命，把书读活。当然，不少时间是挤出来的，记得鲁迅 1924 年搬到北京西三条寓所，就在“老虎尾巴”书房的西壁，挂上集《离骚》句的楹联：“望崦嵫而勿迫；恐鹈鴂之先鸣”，作为自己珍惜光阴的座右铭。鲁迅说过：“这就是节省时间，也就是使一个人的有限的生命，更加有效，而也即等于延长了人的生命。古人说，‘非人磨墨墨磨人’，就在悲愤人生之消磨于纸墨中，而墨水笔之制成，是正可以弥这缺憾的。”（《准风月谈·禁用和自造》）我是从中国最底层的社会走出来的，深知所有的收获自耕耘而来。自小参加田间劳动的经历，使我懂得，自己读书再苦，也比不上在稻田插秧挑粪的农民父兄。我们只不过在古今书籍这块田地上深耕细作而已。其实中国底层像我一样不太笨的人很多，自己只不过是把握住时机而已。底层社会还有很多人才资源和智力资源没有充分开发起来，这是我们需要加倍努力，把人口资源开发成人才资源。既然我们在人文研究的岗位上，就要把自己的事情做得精益求精，对文学事业长期投入生命和智慧，使文学、文化成为民族精神高扬的一面旗帜，一张光鲜闪亮的身份证，一项昂扬向上、奋发有为的人心工程。

（2001 年 8 月）

聊以充数的治学经验谈

我的学术还处在进行时，还在不断地探索和开拓，因此现在谈治学经验之类为时过早。如果不得不谈，只能从我的《中国现代小说史》谈起，聊以充数。

这部小说史据说是我的成名作，也是我在学术界开始站稳脚跟的一部著作。实际上，一开始我并没有意识到这一点。我是“文化大革命”结束之后第一代研究生，现在号称“黄埔一期”的中国社会科学院那代研究生。当时条件很差，差到毕业的时候，还没有自己的校舍，只在北京师范大学借了两层旧楼，“借窝下蛋”。好处是对面就是锅炉房，打开水比较方便。但学习风气还比较好，这一代人比较刻苦，六个人住一间房，还能集中精神看书。这一代人比较能够思考一点问题，从颠三倒四的历史曲折中悟出了很多问题，多少带有思想者或社会文化观察者的气质，和前代学者不一样，跟后来的学者也不太一样。

以一个人的力量来写一部多卷本的文学史，在 80 年代还没有人这么做。那时候都“集体写史”，可能有一两个老先生带着一二十个人，或者是由好几个高校联合起来写，这样写出来后，好多人都能够评上职称。我当时是初出茅庐，才三十多岁，想独立地写一部多卷本的文学史，实在是“无知者无畏”，别人都是以怀疑的眼光看着这个项目的。它当然沾不上国家重点项目，也不是院里、所里的重点项目。在鲁迅研究室的七个项目中，它排行第七。我就是在一分钱的科研经费都没有的情况下，开始这个不算小的工程的。它没有成为“豆腐渣工程”，大概只是因为自己是农村来的孩子，一点好处就是不怕吃苦，觉得怎么辛苦也比我少年时代在农村里种地、挑粪、插秧、割稻子还要轻松一点吧，总是可以有股劲头把它做下来的。

现在回过头来看，自己也没有多少才华和科班训练，就是读起书来，心无旁骛，比较专注。小时候听过一个故事，说李白在山中读书，想半途而废，从一条山溪经过，看到一个老太婆在磨一根粗大的铁杵，问她磨来干什么，她说是要磨成绣花针，给她的孙女当嫁妆。李白由此专心读书，成了大文豪。我后来到过李白的故乡青莲乡，那里的学者指着一处陡峭的山峰说，那就是象耳山，有李白读书台，山下有磨针溪。李白是天才，我辈是不敢高攀的，却记住了老奶奶那句“只要功夫深，铁杵磨成针”的话。多年苦读的经历告诉我，专注地钻研问题，是可以水滴石穿的。毛泽东说：“世界上怕就怕‘认真’二字。”即使再蠢再笨的人，你在一个问题上不断地严肃认真地思考它，这总是心灵上的一种接力，总是一棒一棒地能够达到终点。

在写《中国现代小说史》的十年中，我没有离开北京开过一次会，也没有想过要去国外镀镀金，真是不足为训的死脑筋。为了写这三卷书，我确实是下过“十年磨一剑”的功夫，没有磨绣花针而磨剑，前前后后读了两千种书。进行一项研究，必须明白这项研究的实质，做一个明白人。做学问，一要认真，二要明白。在我的意识中，写史就应该写“信史”，把材料原原本本、尽量翔实地告诉读者，把自己的观点隐藏在体例和行文中，不是说用你的思考来代替别人的思考。哇啦哇啦地发议论，或以自己从西方捡来的一个概念去肢解历史过程的完整性，那是史论的写法，不是史的写法。

真理就存在于原本和朴实中。写史要把最原始的材料通过你的记述，通过你的结构，原本可靠而丰富翔实地交给大家，使大家从各种各样的角度都能够取得最初的知识起点，再重新去思考，重新去整合。我们有些史可能过于重自己，觉得自己采用的接受美学、女性批评或者是什么，最为高明，只要用上这些观点，我们的史重写了，就好像是突破了，又是一个新的阶段了。但是当别人对你的观点不那么感兴趣，或者潮流一过，人家再来看你这本书，将可能一无所获，或者所获甚少，因为你的所有的材料都给你染色了。所以我觉得一个史家写史，和史论家、政论家发议论有很大的不同。这是历史学家司马迁和政论家贾谊的不同。我是在大量的文献积累、梳理和分析的基础上，把小说史作为一货真价实、本色当行的史来写作。这样反而朴素、直截，能够保持它文学历史发展的整体的面貌和原始的状态，能够给读者提供更多的思考的空间和研究的可能性。

有人很纳闷，为什么我在现代文学领域取得了一定的成果，成为现代文学研究界的专家以后，忽然转入古典文学研究？人们已经习惯于古典文学、现代文学的分家，觉得“隔行如隔山”，谁要从这个山头走到那个山头，就可能引起大惊小怪。这其实也没有什么特殊，文学发展的长河原本是由古至今，源流互贯，一脉相承的。人为的学科分割，可以将每一阶段的研究做得更细致，但画地为牢，有可能失去文学演进规律的深层把握。中国文学三千年，形成漫长的曲线和网络，随意切线一个短时段，都有可能把曲线切成直线，把网状变成线状。其次，我在一个国家的研究所里工作。研究所给你提供的文化视野和学术空间，是跟在一个地方上的机构，或需要分学科教学的学校不太一样。因为不坐班，个人拥有的时间很充分，只要你愿意读书就会有时间，就不妨把学术规模设想得大一些。文学研究所的图书馆是郑振铎、何其芳、钱锺书等前辈学人建立起来的，古今藏书都非常丰富而精到。面对这样的图书馆，而不博览广涉，简直是天理难容！

古今贯通也是对原有学科格局的突破。首先要找好切入口。既然我已经写出三卷《中国现代小说史》，那么按照学术内在的逻辑，最佳的切入口就是古典小说研究。因为你已经掌握小说分析的窍门，别人对这一点也已经认可；同时你为现代小说进行探源，别人也不觉得你去夺人家的饭碗。其实我自小就读过一些古典小说，如《三国演义》、《水浒传》、《西游记》、《封神演义》、《说唐》，还有流行于民间的《五虎平南》、《薛仁贵征东》、《薛丁山征西》、《七剑十三侠》之类，至于《红楼梦》则是大学时从同学手中借来看的。小时候记忆力好，对古典小说不算一无所知。由于按照学术内在逻辑，选择了这么一个切入口，你也就自然而然地获准了国家社会科学基金的项目。

其次的问题，在于找好切入口后，如何下手。既然进入了一个相对陌生的领域，进入了一种需要重新耕耘和思考的学术领域，就要从新整装，准备吃苦。从新整装，就是找古典文学领域值得钦佩的学者，看一看最初的文稿。我找了本所的曹道衡先生、沈玉成先生。他们读了我一两篇稿子，说了一些鼓励的话，也指出一些按照古典文学研究应该如何表述之处，使我注意到古典文学研究的一些套数。准备吃苦，就是在新的领域大量读书。必须特别严格地要求自己，越是走到一个新的原是别人的研究领域，就越是要自重。别人出一分的力量，你就出五分的力量；别人出五分的力量，你就出十分的力量，把文章写得严谨扎实，像模像样。学术是没有止境的，是一个不断当学生的过程。我进入古典文学领域之后，即便当了所长之后，上台发言的第一句话，总是说，我是转行搞古典文学的，是一个后来者，是一个学生，是向大家学习来的。在具体研究时，则全力投入，务求有所斩获。

在写《中国古典小说史论》的几年，我确实认真地下了一番狠功夫，也因此创造了一个小小的纪录。《中国古典小说史论》这本书，居然有六篇文章是在《中国社会科学》上发表的，有两篇是在《文学评论》、《文学遗产》上发表的。四十多万字的书，中国人民大学的剪报资料竟然转载了将近三十万字。韩国、新加坡都有教授认为："中国有两个杨义，一个研究现代文学，一个研究古典文学，都有出色的成果。"《中国古典小说史论》，被1995年底召开的中国古典文学博士点联席会议，推举为"近年成就斐然的小说史研究"七部书之首。所以，我觉得迈进古典文学的这一脚是沉重的，但也是踏实的，绝对不是儿戏的。在开拓一个新领域的时候，更要注重自己的学术姿态。首先要思考有没有立足的空间，开展原创性学理建构的空间。不是一般地为某个领域的一百本书增加一本书，变成一百零一本，而是在这个领域开辟了新的思路、新的境界。就是说，我不是跟着前人亦步亦趋地去写一本书，而是走上一个新的审视台阶上，一个新的视境上，写下第一本书。不妨设想一下，这些史论文章为什么在《中国社会科学》、《文学评论》上都能够发表呢？因为它们观察到的文化价值、审美方式，是别人没有看到的；讲出来的理念、见解，是别人还没有讲过的。比如说，20世纪的古典小说研究，是接纳了西方的小说观念，来解释中国小说史现象和小说经典的价值的。西方的小说观念对我们当然有启发作用，但也潜伏着与我国本土原有的小说概念、小说经验、小说智慧的错位，不能完全吻合。二者有相通的地方，又有差异的地方，有合而不合的地方。深刻的研究，不是从随声附和开始的，而是从发现差异、发现问题开始的。这就需要对使用多年、使熟手的西方的小说观念和理论的拐杖，进行检讨和反思，这是一种"了解后的反思"，反过头来对西方理论的概念、内涵、外延和科学论证的方式，以中国的经验和智能进行验证和对质，该接纳者融合之，该扬弃者扬弃之，该调整者调整之，更为关键的是该新创者新创之。从而在新的中西平等的文化对话中，扔掉陈旧的拐杖，回到中国本身的小说观念、经验、智慧当中，进行一番还原研究，在还原中实现深刻的理论思想创新。

有人注意到我研究《中国叙事学》和中国诗学的时候，有一个很别开生面的特点。《中国叙事学》被中国大陆或台湾的一些教授称为“建构中国化的叙事学理论原则和操作规程”的力作或里程碑。这些溢美之词，虽或不敢当，但也反映了我做学问，不像某些当代学者直接套用西方的叙事学和诗学理论，只拿中国的作品当例子。我的著作，包括我的《楚辞诗学》、《李杜诗学》，都是从文学经典中体验自身理论生成的内涵和方式。虽然有些观点具有探索性，未必能够很快地被某些学者接受，但它们是新鲜的，不是人云亦云的。这可能主要是与自己的学术经历有关系，说明我是先从一个文学史家变成一个文化学者，有自己知识生成的立足点和出发点。我是从文学史家大量阅读中国典籍的经验中，去思考中国文学与中国文化的身份认证、话语设定、评价体系和学理体系的。这样在接触西方理论时，我总是采取一种对话的、既借鉴又质疑的姿态。比如说，在阅读西方叙事学的时候，就没有忘记我的优势是读过几千本中国古今的叙事文学，包括古典小说、现代小说和史学，甚至一些戏剧。既然读了这么多文献，就总觉得它应该有自己的一个解释体系和话语体系，用它来和西方的理论进行深层次的对话。

对于西方理论，我不仅注意到它的术语和观点，更注意到它的知识发生和智慧发展的过程。过程是一种生命形态，更能透视理论与历史、文化、思潮、时尚及个人趣味的关系。比如说诗学，西方的诗学是怎样产生今日的学理体系呢？我就在剑桥大学图书馆、牛津大学博德兰图书馆，普查了一千九百多种以“诗学”为关键词的西方著作，对它们存在的类型和学理脉络，进行统计学的分析。巴赫金是怎么样产生“对话诗学”和“狂欢理论”的？他显然是对陀思妥耶夫斯基和拉伯雷的作品进行经典重读和个案分析，也就是面对原本的审美生命，以经典作品的权威性支撑理论的说服力。我们直接面对经典，从中产生出同样话题，在同一个思维层面上进行新的生命体验，然后去跟西方对话，这是一种非常重要的学术思路。这个学术思路要求我们超越陈陈相因的文学史框架，超越简单刻板地讲时代背景、作家身世、思想性、艺术性、作家影响这种“五段式”，因为这个思路很难一下子突进经典作品的生命的本原。我们的祖先留下这么多的资源这么多的智慧，我们为什么不能直接面对资源和智慧，以之同西方理论对质，从而产生新的学理体系呢？是的，西方所有的理论书需要读，中国古代所有的诗评诗论诗话也都要读，力求把它们读懂读通，以便使我们的现代智慧拥有深厚的基础。但是在我们读的时候，不能束缚和遮蔽我们的感觉、悟性和原创能力，而是要保留我们自己去直接面对艺术作品的原本生命的阅读权。所以，学术研究实际上也是一种生命的存在，需要我们的生命和精神的投入。投入之后，让它形成一个生命的有机体。这是一种智慧，它包括经典重读，包括古今文化的丰富资源，以及对古今资源的重新认识和重新组合，形成现代中国的立足点，并展开一个原创性的理论世界。学术如果要做出属于自己的新境界，就需要有生命和智慧的深度投入。

我接触少数民族文学，开头是因为职业的需要，因为 1998 年以后我既是文学研究所的所长，又是少数民族文学研究所的所长，有责任去了解少数民族文学，思考少数民族文学在整个中国文学的历史地位和发展动力。我是以学者的身份出任所长，接触新的学术领域的，不满足于讲套话。由于有备而来，少数民族文学研究所的专家说：你真正地进入了角色。该所最优秀的一批专家对我的学术讲话，兴趣很浓。这个所长我做得相当辛苦，除了行政工作之外，还要阅读大量的材料，从大量原始材料开始涉足新的学术领域。比如《蒙古秘史》结尾说："此书大聚会着，鼠儿年七月，于客鲁连河阔迭额阿剌勒地面处下时，写毕了。"由此考定此书于蒙古阔窝台十二年（1240年）写成，至2000年召开七百六十周年纪念会。我就从该书开头的汉语译音对应译成的"当初元朝的人祖，是天生一个苍色的狼，与一个惨白色的鹿相配了"，谈到《国语·周语上》及《史记·周本纪》记载的周穆王征犬戎，"得四白狼、四白鹿以归，自是荒服者不至"，以及《北史·突厥传》、《周书·异域传》、《隋书·北狄传》，分析了北方游牧民族的"狼图腾"，以及蒙古族以狼、鹿为始祖的凶猛与仁慈合构的民族性格。由于我是全国"格萨（斯）尔领导小组"组长，在第一次会议上，我就提出了"《格萨尔》属于江河源文明"，并对江河源文明作为高山文明，作为东亚、中亚、南亚文明结合部，藏族、蒙古族文明结合部，以及丝绸之路一侧所形成的复杂文化要素做了分析，从而把地域性的文明纳入中华总体文明的大格局。

少数民族文学的研究，对于中华民族文学的整体性研究，具有不可或缺的本质意义。中国文学史不应该停留在少数民族文学缺席的状况，那只是汉语文学史，是不符合中国多民族的多元一体的文化结构和文学发展过程的。在中国文学史中，必须形成汉语文学和少数民族文学共生互动的命运共同体的总体形态，唯有如此，才能深刻地揭示存在于其间的文化哲学和审美哲学。因此我在2001年北京香山会议上提出："我本人有一个梦想，就是希望画出一幅比较完整的中华民族的文化或文学的地图。这幅地图是在对汉族文学、五十多个少数民族文学以及它们的相互关系，进行系统、深入研究的基础上精心绘制的。这样的地图相当直观地、赏心悦目地展示中华民族文学的整体性、多样性和博大精深的形态，展示中华民族文学的性格、要素、源流和它的生命过程。"2003年，我在剑桥大学当客座教授时，又发表了《重绘中国文学地图与文学地理学、民族学问题》的讲演。当一个学者跨越了现代文学和古典文学、叙事学和诗学、汉语文学和少数民族文学的广阔领域时，他必然会思考，我的学术中“一以贯之”的精神线索是什么？它不应该是一个杂货摊，而应该有一种相互贯穿的价值结构和学理体系，形成一个富有生命力的知识共同体。在这种贯通性思维中，我提出了“大文学观”和“重绘中国文学地图”的命题，希望这种文学地图成为中华民族与当代世界进行平等的、深度的文化对话的身份证。

我做学问，往往不是采取单线延伸的方式，而是多线交互推进。因此在学术路径上，我提出“眼学、耳学、手学、脚学、心学”综合运用的“五路径”说。其中“脚学”，即多做田野调查，值得说一说。自古有“读万卷书，行万里路”的传统。最近七八年，我借外出开会或讲学的机会，考察全国各地的古代文化遗址和作家遗迹，大概有一二百处。除了搜集地方文献，及与当地文化人交流之外，我随便搜集与古典文学相关的图画，包括遗址图谱、作家图录、古籍插图、出土文物照片、家族谱牒、博物馆收藏图画集，已经积累了图片两万种以上。积累多了，就形成规模效应。比如说明清以前的关于《楚辞》和屈原、宋玉的图片有四百多种；关于王维的书画图片就有一百多种；关于李白、杜甫的图片有六百多种；关于苏东坡的书画图片就有五百多种；关于蒲松龄和《聊斋》的图片有三百多种，这就可以对它们之间的渊源变化，它们所反映的文学接受的历史，及各个朝代的士人风习，做一番比较研究了。我著有《20世纪中国文学图志》、《中国古典文学图志》，收录的各类图片有一千余种。

图志式的文学研究的关键，在于把图也当成文学史的原始材料，看到图中蕴含着的丰富的信息量，图也是一种语言，以构图、线条、色彩、风格传达出来的不着文字的超语言。图与文学史叙述形成图文互动，构成可以多重解读的互文性。如此形成的文学图志的基本特征，就是把文学史、艺术史、文明史相互沟通。这样的文学史就不再是一个封闭的系统，而是文史掩映，图文互释，用文字、图画、文物、实景照片等多种语言方式，来激活阅读过程中的情感、理智、感觉和悟性。1923 年，俞平伯、朱自清同游南京秦淮河，后来在《东方杂志》上发表同题散文，成为一时美文的模范，传为文坛佳话，这是研究现代文学的人早就熟悉的。然而游罢秦淮河，二人南京分手前，俞平伯寄给朱自清一张明信片，正面图为南京夫子庙秦淮河景色，背面则有俞平伯题诗《秦淮初泛呈佩弦兄》："灯影劳劳水上梭，粉香深处爱闻歌。柔波解学胭脂晕，始信青溪姊妹多。"如果把这张明信片的图像和俞氏手迹，与对二人游记美文的评述相配搭，自可窥见现代文人未脱传统士大夫的神韵风流。岁历一个甲子之后，俞平伯为诗文集《秦淮恋》作序说："我与佩弦兄的同题散文能流传至今，实在是借了秦淮河的魅力，并非我们有什么神奇的功力……"青溪灯影犹在，故人已逝，情何以堪？

再比如，张爱玲小说集《传奇》的增订本，1946 年 11 月由上海山河图书公司出版，封面由炎樱设计。张爱玲如此交代："封面是请炎樱设计的。借用了晚清的一张时装仕女图，画着个女人幽幽地在那里弄骨牌，旁边坐着奶妈，抱着孩子，仿佛是晚饭后家常的一幕。可是栏杆外，很突兀地，有个比例不对的人形，像鬼魂出现似的，那是现代人，非常好奇地孜孜往里窥视。如果这画面有使人感到不安的地方，那也正是我希望造成的气氛。"那么，所谓"晚清的一张时装仕女图"，出自何人之手？经过查证，原来是晚清吴友如《海上百艳图》之《以永今夕》。但是原图的画面已被切去三分之一，切去坐在床前矮凳上、手引长绳牵动风扇的婢女，安在屋顶的风扇钢架和长方形的扇叶也删去了。墙上仿绘得相当拙劣的蒙娜丽莎画像，被换成从屋顶垂下的华丽的烛檠。窗上已去除半卷的竹帘，却特地寥寥数笔添上一个裸体蒙面的绿色鬼形，即张爱玲所说的“现代人”，以居高临下的姿势，凭栏探身内窥。窗户上鬼形侵入，隐喻着来势汹汹、有时又是畸形的洋风内扇，给一个古老的民族、一个温暾的家庭，带来了吉凶莫测的危机感。《传奇》封面，在平平无甚足观的晚清洋场仕女画上，以神来之笔三下五除二，便改造了其画品画格，于寂寞的闺阁风俗味中增添了令人感慨多端的文化动荡感和哲理性。如此封面，与张爱玲洋场传奇的小说相对照，令人感受到一股现代挟持传统，纤敏携带着苍凉，时髦激化了失落的上海香港浮世绘的复杂滋味。

引图入史，是要使文学史变得多重折光，美轮美奂，洋溢着人文情怀。西方世界讲文明史，总离不开绚丽多彩的古希腊雕塑和文艺复兴的绘画，中国“以图、书并称，凡有书必有图”，这是清人叶德辉《书林清话》中的话。既然如此，我们在叙述自己灿烂辉煌的文学史时，为何总舍不得把眼光超出方块字以外呢？文献功夫是不可怠慢的，不仅如此，还应该在古代文献中读出新的意义、新的思想、新的趣味、新的生命，这是不容置疑的。但是这么大的一个国家，总应该有一批学者采取新的形式、新的方法，包括借助这种已成专家之学的文学与图画互动的方式，从文明史的角度考察文学的意义生成和历史进程，使以审美为对象的研究闪射出审美的魅力。我不是说过吗？——衡量一个文明的发展水平，一要注意它的原创能力，二要注意它的共享程度。如果能够以一种文史掩映、图文互释的现代方式，把文学史的现代意义阐发得别具精神、别有滋味，以原创性学理带动共享性的魅力，这不也是我们梦寐以求的一种学术境界吗？

（2008 年 11 月谈话记录，2014 年 2 月修订）

治学的五条路径

治学讲究法门。做学问的五个路径可以概括为眼学、耳学、手学、脚学和心学。眼学强调阅读经典和原始文献，耳学是通过听讲扩展视野、交流思想，手学要求勤于动手找材料记笔记，脚学是通过田野调查亲临文学文本发生的现场，心学指用心体会研究对象内在的生命及意义。五学并举，多维互参，实现材料的博采与学科的综合，将学问推向新的境界。

一　眼学和耳学之辨

学问是一个汪洋大海，苍茫无际，深不可测；但有时学问又是薄薄的一层纸，一点就破。问题是如此诡异，关键在于方法。方法是进行有效性的学术研究，能否在茫茫无际中点破窗户纸的不可或缺的重要手段。从方法论上说，治学有五条路。“五路治学”的标举，与章太炎先生的一个说法有关。1924 年，章太炎批评当时的大学教育只重“耳学”，就是指用耳朵去听讲的这路学问，而不重“眼学”，不读原始著作。章太炎的原话是：“不寻其根柢，专重耳学，遗弃眼学，卒令学者所知，不能出于讲义。”〔1〕他提出学问首先要用眼学，读原始经典。他是把眼学作为进入学术的第一法门的。

其实，学术途径很多，除了眼学、耳学之外，起码还有“手学”，要用手去找材料；有“脚学”，读万卷书，行万里路，用脚去做田野调查；此外还应该有“心学”，用心去体验、去辨析、去思考，实现学理上的开拓和创造。应以心灵头脑来统筹调动手、脚、眼、耳学，才能够把学问做深、做透、做大。进一步总结，就是做学问的五个途径：眼学、耳学、手学、脚学、心学。

眼学是做学问的基础，就是要多读原始文献和经典，回到中国文化原点。人们常说，眼睛是心灵的窗户。眼睛居于大脑的近前方，成为人类观察世界、摄取知识的最重要的器官。据统计，眼睛作为从外部世界获得信息的重要通道，它获取的外部世界的信息量，约占人类感知这个世界的十之七八。所谓“耳听为虚，眼见为实”，眼睛除了目验事物之外，还可以考察事物的各种细节，使之释放出文字以外的更多信息。任何一个想把自己的学问做得扎实牢靠的学者，都应该以眼学对文本和材料亲自经目，于此建立真功夫或硬功夫。这就是东汉王充讲的：“须任耳目以定情实”。[2]眼学具体来说，又包括卷地毯式、打深井式、砌台阶式和设计园林式四种方法。

一是卷地毯式的方法，根据研究题目，按照阅读书目把作家著作和相关材料，逐一阅读，发现问题就进一步追踪线索。比如我写《中国现代小说史》就采取了这个方法，通读了“五四”以后三十年间的小说两千余种，而不仅仅只读代表作家的代表作品。通过卷地毯式的阅读，就可以分辨出作家的异同，流派的组合分散，时代风气的发生、发展和蜕变，理出材料的层次，认识到它们的独特性和整体性。这样就可以把握全局，把握诸多细节在全局中的意义。发现问题，就可以和作家及其后人通信请教，甚至难得的孤本书也可以在作家私藏中获得阅读的机会。比如“五四”女作家凌叔华的父亲凌福彭，有的海内外词条，说他是保定知府。知府以上的官职，在《清代职官年表》中是有反映的，一查就发现，他是光绪乙未科的进士，当过直隶布政使、顺天府尹，也就是北京市长。再依据他的籍贯，查光绪年间编修的《番禺县续志》，即可明白凌叔华的曾祖父、祖父有些什么记载。这些信息，我曾经致函旅居伦敦的凌叔华，她回函说，不少材料她也是第一次听说，又叙说了晚年的生活处境。

二是打深井式阅读，选一个比较小的难题或学术空白点，穷尽所有资料。研究文学史的人或许知道：楚辞无梅，杜诗无海棠。王安石《赋梅花》诗云："少陵为尔牵诗兴，可是无心赋海棠。"〔3〕苏东坡贬谪到黄州，以文章游戏三昧，黄州歌伎李宜，色艺都好，但别的歌伎都在酒席上得到过苏东坡的诗曲，只有她未能获得，很丢面子。苏东坡要离开的时候，她就在告别宴席上求诗，哀鸣力请，喝得有几分醉的苏东坡就作了一首："东坡居士文名久，何事无言及李宜？恰似西川杜工部，海棠虽好不吟诗。"〔4〕王安石、苏轼的诗都拿"杜诗无海棠"来说事。杜甫在成都和夔州居留了将近十年，蜀中素有"香海棠国"之誉，海棠的花事是很有名的。为何他不写海棠，这就成了令人迷惑的问题。宋人也就说：杜甫的母亲小名海棠，因此杜甫忌讳写海棠。事情果真如此吗？这是找不到证据的推测，宋元时期就有人怀疑它是穿凿之论。李渔《闲情偶寄》也做了调侃："王禹偁《诗话》云：'杜子美避地蜀中，未尝有一诗及海棠，以其生母名海棠也。'生母名海棠，予空疏未得其考，然恐子美即善吟，亦不能物物咏到。一诗偶遗，即使后人议及父母。甚矣，才子之难为也。鼎革以前，吾乡杜姓者，其家海棠绝胜，予岁岁纵览，未尝或遗。尝赠以诗云：'此花不比别花来，题破东君着意培。不怪少陵无赠句，多情偏向杜家开。'似可为少陵解嘲。”[5]难题的解决，需要搜集材料，加深对唐宋时期海棠意象的发生学考察。杜诗无海棠，李白诗也无海棠，韩愈、柳宗元、元稹、白居易诗也无海棠。盛中唐时期，只有王维作了一首《左掖梨花》诗：“闲洒阶边草，轻随箔外风。黄莺弄不足，衔入未央宫。”[6]《文苑英华》把它的题目改为“海棠花”，《全唐诗》卷一二八说：“一作海棠。与丘为、皇甫冉同作。”[7]也就是王维和这两位同事，在宫城正门的左边小门的门下省值班，一起唱和，但是当时的海棠，还叫“梨花”或“海棠梨”。

海棠意象进入诗词，是在中晚唐，王建《宫词一百首》第九十二首说：“元是我王金弹子，海棠花下打流莺。”[8]这份情境非常秀美，但只是情境，还不能说是意象。到了晚唐的薛能、郑谷、韩偓、温庭筠之辈，才逐渐把海棠意象写火了。如郑谷的《蜀中三首》：“扬雄宅在唯乔木，杜甫台荒绝旧邻。却共海棠花有约，数年留滞不归人。”[9]又有“吟残荔枝雨，咏彻海棠春”[10]这类诗句。薛能于唐末咸通七年作《海棠》诗序说：“蜀海棠有闻而诗无闻，杜工部子美于斯有之矣，得非兴象不出，殁而有怀。何天之厚余，获此遗遇，谨不敢让，用当其无。因赋五言一章二十句，学陈梁之紫，媲汉魏之朱，不以彼物择其功，不以陈言踵其序。或其人之适此，有若韩宣子者，风雅尽在蜀矣，吾其庶几。”[11]宋人更是把海棠做大了，宋真宗御制后苑杂花十题，以海棠为首章，赐近臣唱和，可知海堂足与牡丹抗衡。最有名的是苏轼的《海棠》诗：“东风袅袅泛崇光，香雾空蒙月转廊。只恐夜深花睡去，故烧高烛照红妆。”[12]从杜甫的“海棠虽好不吟诗”，到苏东坡的“故烧高烛照红妆”，中国诗中的海棠意象生长发育三百年，终于成为一个姣好清丽的名花意象。盛唐人重视的意象，是苍鹰、骏马、牡丹，是崇高遒劲、英姿勃勃的意象；中晚唐以后，诗人的情感转向细腻缠绵，略带几分感伤，因而娇美的海棠也就成了情感寄托的极佳选择。这个历史时段，正是词的文体逐渐成长，进入诗学中心的时期。从这种意义上说，曲子词是诗歌领域的海棠，海棠是名花意象中的曲子词。意象生成史，折射着诗人的精神史。

三是砌台阶式阅读，将整体性的学术设想进行规划，分成若干台阶，分阶段完成。起步的研究应该成为下一步研究的基础，逐层递进，有如“接力跑”，有如“三级跳”。把一系列的研究成果，通过其内在的有机联系，格局互补，共同构成一个总体的大分量。比如，我以十年研究现代小说史，接着以三四年研究古代小说，又在古今贯通的基础上进行西方叙事学著作的阅读，在中西对证中进行理论思辨，形成中国叙事学的基本框架和思路。这就在十五六年间，陆续写出《中国现代小说史》三卷、《中国古典小说史论》、《中国叙事学》三部前后铺设台阶、后先相互映照的总体学术格局。

然而学术的轨道，并不总是逐级推进，径情直遂的，它存在着许多曲折、许多回环、许多变数。这就引导卷地毯式的阅读，出现第四种方式，就是设计园林式，错落有致，迂回曲折，着眼总体的布局。从台阶式到园林式，就是从时间维度转换为空间维度，蕴含着学术理念和方法论维度的本质性的更新。中国园林将人工美融合于自然美之中，“虽由人作，宛自天开”。清人钱泳《履园丛话》说：“造园如作诗文，必使曲折有法，前后呼应，最忌堆砌，最忌错杂，方称佳构。”〔13〕园林中假山湖水，花草树木，以及亭台楼阁堂榭，采取借景、分景和隔景的方法，布置成小桥流水，曲径通幽，景随步移，每步都转出一个别具一格的风景，在有限的空间中，创造出无限的意境来。我在叙事学研究之后，转入诗学研究，写了《楚辞诗学》、《李杜诗学》，已经是我开始担任中国社会科学院文学研究所所长，兼少数民族文学研究所所长的时候了。本来叙事学、诗学的转移，是文体性的，或智慧形式的转换；但是由汉语文学延展到少数民族文学，就是文学空间意识的巨大拓展了。这就需要提出“重绘中国文学地图”的命题，及对文学进行民族学、地理学的研究。在文学地图的多种风光中，既要“隔景”，进行专题研究，又要“分景”，在每个景物中分辨出它们的位置性的价值。比如提出黄河文明与长江文明的“太极推移”，探讨巴蜀文化和吴越文化这两个“太极眼”，提出格萨尔属于“江河源文明”，等等。这些都需要景随步移，以清新的眼光注视各种各样的风景，在特定空间的定位定性中，开发出无限的文化意义来。

耳学就是听讲之学。听课有助于拓展视野和交流思想，如果不参与思想交流，就很容易陷入闭门造车的孤陋状态，容易陷入《礼记·学记》所说的“独学而无友，则孤陋而寡闻”〔14〕的困境。听研究有素的老师讲学，能使我们获得扎实的知识、敏锐的思想或者新鲜的研究方法，以及相邻学科领域的关联。思想是要共享的，碰撞才能够擦出思想火花。听一些有真知灼见的讲座，能让我们思想活跃，从旁的学科或者其他的研究者那里得到新的角度，拓展整个知识背景和思想的维度。比如文学研究所的老所长何其芳在60年代，与中国人民大学合办文学理论班，就遍请全国的名家来讲课。本来文学所是有相当出色的戏曲研究专家的，但他花了飞机票钱，专门从广州的中山大学把王季思教授请来讲课。主要的不是要学生在一堂课中学到多少知识，而是使学生都能亲炙名家的风采。实际上，一堂精深的讲座，有两三个同学，在一两个问题上有所触动，启动他们的思想发条，甚至影响他们一段时间的学术关注，就是很大的成功。所谓“百世之师难遇，亲炙为荣”〔15〕，“古人所以贵亲炙之也”。〔16〕亲炙，意思是亲近而受熏炙，亲听名家讲座，是短暂的亲炙；长时间的亲炙，是指进入名师之门受教诲，那就会深层次地影响你的学术方向、方法和风格了。

但是，我们不要忘记，中国古代有“耳食”一词，用耳朵来吃东西，怎么能够消化呢？轻信传闻，不加思考，只能让一些似是而非的知识蹂躏自己的脑袋。这就是章太炎为何对大学教育只重耳学，发出不满的批评的原因。有眼学，没有耳学，学问容易变得简陋；有耳学，没有眼学，学问容易流于空浮。要将眼、耳之学结合起来，相互补充，相互促进。古代有一个词，就是“耳视”，以耳视物。《列子·仲尼篇》说：“老聃之弟子有亢仓子者，得聃之道，能以耳视而目听。……亢仓子曰：‘传之者妄。我能视听不用耳目，不能易耳目之用。’”亢仓子又说：“我体合于心，心合于气，气合于神，神合于无。其有介然之有，唯然之音，虽远在八荒之外，近在眉睫之内，来干我者，我必知之。乃不知是我七孔四支之所觉，心腹六脏之所知，其自知而已矣。”〔17〕这个能耐实在匪夷所思，以心气神运行于有无之间，达到了不仅是七窍、四肢的感觉，而且兼及五腑六脏的认知，都浑然一体地沟通起来。在《文子·道德篇》中，还记载了老子的另一个弟子文子向老子问道。老子回答说：“学问不精，听道不深。凡听者，将以达智也，将以成行也，将以致功名也，不精不明，不深不达。故上学以神听，中学以心听，下学以耳听。以耳听者，学在皮肤；以心听者，学在肌肉；以神听者，学在骨髓。故听之不深，即知之不明；知之不明，即不能尽其精；不能尽其精，即行之不成。”〔18〕听讲演，是存在着不同的层次的，有“耳听”、“心听”、“神听”之别。听到的讲演只停留在耳朵上，是容易成为耳边风的；它必须通过生理上的耳朵，进入到心理上、精神上的心和神的深层次，才能变成刻骨铭心的记忆。听一次讲演之后，应该进行整理和反刍，与自己原有的思想意识进行对质，如果能够由此获得一二点刻骨铭心的启发，日积月累，就可提升自己的知识水平和思想能力。

二　手学和脚学兼用

手学是一门古老的做学问的方法，就是要勤于动手找材料，勤于动手做笔记，不断地在一段时间内按照特定的目标，逐层深化地积累材料。材料是分散在各处的，靠你用一条、两条线索把它们贯串起来。经过贯串的材料，才是有联系的材料，联系就是材料意义的新发现。西汉刘向的《说苑·政理篇》说："夫耳闻之不如目见之，目见之不如足践之，足践之不如手辨之。"[19]以脚去践行，以手去分辨，是耳闻、目见这两个认识过程的延伸和深化。用手找材料，存在着一个分辨的过程。古代的出版与流通不方便，很多人做学问都要去藏书阁抄书，抄什么书，是整本抄，还是摘录式、提要式来抄，这都要分辨。韩愈在《后汉三贤赞》中说："王充者何？……师事班彪，家贫无书。阅书于肆，市肆是游。一见诵忆，遂通众流。闭门潜思，《论衡》以修。"[20]这种"阅书于肆，市肆是游"的阅读，既是通览，又有选择。现代有计算机浏览和储存的便利，但以笔记来积累素材的方式还是非常重要。在抄的过程中加深记忆，梳理脉络，深化体验，这也是一种做学问的古老方法。张之洞说过：读十遍不如抄一遍。

比如"蚕马"的故事，集中地反映了古代中国的蚕神崇拜。中国是发明蚕丝的国家，考古发现，大概五千年前，先民已经知道利用蚕丝。到了商代，蚕丝业已很发达，甲骨文已有"桑"、"蚕"、"丝"、"帛"以及"丝"字旁的许多字。因此对蚕神崇拜的研究，可以透视中国风俗思想的某种原型及轨迹。这就需要我们动手搜集散布于各种文献和考古发现中的材料，包括上古神话、诸子百家到现代的新诗的相关文献，从中追溯到这个母题的精神谱系，通过做笔记或卡片，梳理出其中变化的层次。较早而又较完整的蚕神崇拜材料，出自东晋干宝《搜神记》的记载：太古的时候，有一位父亲出外征战，家里只留下一个女儿，养着一匹公马。女儿孤身一人，精神苦闷，就对那匹马开玩笑地说："如果你能帮我把父亲接回来，我就嫁给你。"马听了这话，就发起性子，挣断缰绳，一直奔跑到父亲那里，父亲见马心喜，就骑上了马。马回望来路，悲鸣不已。父亲感到大概是家中有什么变故，就急忙骑马回来了。为了感谢那匹公马，他特意精心饲养。谁料公马却不吃不喝，等着成其好事，每次看到姑娘出入，都兴奋得又蹦又跳。父亲感到奇怪，暗自追问女儿。女儿就一五一十地告诉了父亲，必是由于先前戏言的缘故。父亲就说："别对外说了，恐怕有辱家门，也不要到处走动了。"于是埋伏在暗处，用弓箭射杀公马，把马皮晾在院子里。父亲再度外出，女儿和邻居女孩在马皮附近玩，还用脚踹着马皮说："你是畜生，还想娶人当媳妇吗？招惹杀身剥皮，干啥自找苦头！"话还没说完，只见马皮腾空而起，卷着姑娘飞起来。邻居女孩害怕，不敢搭救，跑去告诉女儿的父亲，父亲回来寻找，已经不知去向。过了几天，发现就在大树枝那里，姑娘和马皮化成了蚕，吐丝在树上，蚕丝粗壮，和平常的蚕不同。邻近妇女取回饲养，收获几倍的蚕丝。因此把这种树叫做"桑"，桑者，丧也。从此百姓争着养蚕，就是现在养的那种。这实际上是古代蚕神崇拜的神话，蚕神是女儿神，马首搭配少女的柔软的身子。

荀子创造了赋的隐语形式，专门为礼、知、云、蚕、针作赋，"蚕赋"中称赞蚕丝"功被天下，为万世文"[21]，是"身女好而头马首者与"[22]，"食桑而吐丝，……蛹以为母，蛾以为父"[23]。在有限的几则赋中，就专门有一篇蚕赋，可见蚕丝业的重要性和普遍性。其中讲了蚕是女身和马首的结合，这是中国古民的一种原始想象。因此《周礼·夏官·马质》郑玄注中，引用《蚕书》说："蚕为龙精，月直大火，则浴其种，是蚕与马同气。"贾公彦疏解为："蚕与马同气者，以其俱取大火，是同气也。"〔24〕这里把先民的原始想象，与宇宙精气联系起来了。蚕神的形象，《山海经·海外北经》描绘成"欧丝"女子，"欧丝之野在大踵东，一女子跪据树欧丝"〔25〕，以吐丝作为这个女儿神的特征，这种联系是非常原始的。

其后民间宗教渗入蚕神信仰，就称呼蚕神为马头娘、马明王、马明菩萨、蚕花娘娘。《太平广记》卷四七九引《原化传拾遗》说："蚕女者，当高辛帝时，蜀地未立君长，无所统摄。其人聚族而居，递相侵噬。蚕女旧迹，今在广汉，不知其姓氏。其父为邻邦掠去，已逾年，唯所乘之马犹在。女念父隔绝，或废饮食，其母慰抚之。因告誓于众曰：'有得父还者，以此女嫁之。'部下之人，唯闻其誓，无能致父归者。马闻其言，惊跃振迅，绝其拘绊而去。数日，父乃乘马归。自此马嘶鸣，不肯饮龁。父问其故，母以誓众之言白之。父曰：'誓于人，不誓于马。安有配人而偶非类乎？能脱我于难，功亦大矣。所誓之言，不可行也。'马愈跑，父怒，射杀之，曝其皮于庭。女行过其侧，马皮蹶然而起，卷女飞去。旬日，皮复栖于桑树之上。女化为蚕，食桑叶，吐丝成茧，以衣被于人间。父母悔恨，念之不已。忽见蚕女，乘流云，驾此马，侍卫数十人，自天而下。谓父母曰：'太上以我孝能致身，心不忘义，授以九宫仙嫔之任，长生于天矣，无复忆念也。'乃冲虚而去。今家在什邡、绵竹、德阳三县界。每岁祈蚕者，四方云集，皆获灵应。宫观诸化，塑女子之像，披马皮，谓之马头娘，以祈蚕桑焉。稽圣赋曰：'安有女，感彼死马，化为蚕虫，衣被天下是也。'"〔26〕这则记载，前半近于《搜神记》，而多了一个母亲；后半则把神话衍变为仙话，给蚕神起名为“马头娘”。

蚕神崇拜被神仙化的材料，散布于唐宋以后的各种笔记和类书。宋人戴埴的《鼠璞》有“蚕马同本”条目，说：“唐《乘异集》载：蜀中寺观多塑女人披马皮，谓马头娘，以祈蚕。”〔27〕明代郎瑛《七修类稿》卷十九则记载：“《皇图要记》曰：伏羲化蚕为丝，又黄帝四妃西陵氏始养蚕为丝，而干宝《搜神记》以为古有远征者女……化蚕。故《乘异集》载：蜀中寺观，多塑女人披马皮，谓之马头娘，以祈蚕也。予意化蚕之说荒唐，而西陵氏养蚕者为是，但世远不可稽也。若干宝所记，但因马头娘一事，遂驾空而神其说。所谓马头娘者，本荀子《蚕赋》‘身女好而头马首者欤’一句。……但蚕乃马精所化，故古人禁原蚕，恐伤马也。白殭蚕擦马齿，马即不食，可见矣。欲祀其神，古者后妃享先蚕。先蚕，天驷也，非马之精而何？汉旧仪又曰：‘蚕神，菀窳妇人，寓氏公主。据此，则始于西陵氏可知，故世以蚕为妇人之业也。’”〔28〕由此蚕神庙也散布于朝野各地。明人张岱《西湖梦寻》卷二说，杭州西湖西路“北高峰在灵隐寺后，石磴数百级，曲折三十六湾……山半有马明王庙，春日祈蚕者咸往焉”。〔29〕

“五四”以后的新诗，形式上借鉴西方，但蚕神依然留下灿烂的身影。冯至于1925年写成《蚕马》一诗，共有三叠一百二十行一千四百余字，是被朱自清誉为新诗中“堪称独步”的四部叙事诗之一。冯至的《蚕马》分三叠来书写，每段开头的咏叹调，属于第一个叙事层次，抒写一个青年弹着琴，对心上人表达爱情。他从早春唱到春末，从“溪旁开遍了红花”，唱到“蚕儿正在三眠”，一直唱到“黄色的蘼芜已经凋残”，“蚕儿正在织茧”。他所唱的属于第二个叙事层次，是源自《搜神记》的少女化蚕的故事，古今映照，是那么忧伤，又是那么热烈。那位射杀公马的父亲再度远离之后，“壁上悬挂着一件马皮，是她唯一的伴侣”，在她的孤寂恐惧中，马皮里发出沉重的语声：“亲爱的姑娘，你不要凄凉，不要恐惧！我愿生生世世保护你，保护着你的身体！”这就使“她的心儿怦怦，发儿悚悚；电光射透了她的全身，皮又随着雷声闪动”。弹唱的青年最后说：“我的琴弦已断；我惴惴地坐在你的窗前，要唱完最后的一段，一霎时风雨都停住，皓月收了雷和电；马皮裹住了她的身体，月光中变成了雪白的蚕茧！”从远古到现代，蚕神被神仙化、民俗化之后，又被心理化和人性化了。但它作为原型意象，都以小小的吐丝之蚕，联结着女儿与骏马。

脚学指的是田野调查。古人做学问的一个传统，叫做“读万卷书，行万里路”。清人龚自珍赠送给魏源的楹帖，就是：“读万卷书，行万里路；综一代典，成一家言。”我主张文学研究也要做田野调查，迈开双脚走到历史曾经发生的现场，身临其境地领略文学文本产生的空间、作者生存的环境，体验其胸次豁然而得江山之助、心与境会的妙处。同时，可以获得地方文人编撰的很多资料、书籍、图册，这是一般的书店、图书馆都没有的。包括那里搜集到的族谱、碑文、建筑风格等，都会启发新鲜独到的思路，而且使这些思路连通“地气”。例如，我到曾巩故居查看族谱，发现曾家与王安石家有亲戚关系，这就对他们的“变法”的立场，以及王安石变法和司马光反正的南北家族背景，有了更深切的认识。我到河南、陕西、山西、山东、江苏、江西去过几十趟，去过很多文化遗址，把人文地理引入文学研究，能够穿越历史从现场里面去思考很多问题，还搜集了很多地方文献，包括族谱、家谱和民间故事。

研究古典小说史的时候，我接触到一位“古今女将第一”的人物。这就是清代褚人获《隋唐演义》第一回所说，隋朝起兵伐陈，“其时各处未定州郡，分遣各总兵督兵征服。川蜀、荆楚、吴赵、云贵，皆归版图，天下复统于一。惟岭南未有所附，数郡共奉高凉郡石龙夫人洗氏为主。夫人陈阳春太守冯宝之妻，冯仆之母也。闻隋破陈，夫人亲自起兵，保全四境，筑城拒守，众号‘圣母’，谓其城曰‘夫人城’。隋遣柱国韦洸，安抚岭外。夫人拒之，洸不得进。晋王遣陈主遗夫人书，谕以国亡，使之归隋。夫人得书，集首领数千人，尽日恸哭，北面拜谢后，始遣其孙（冯）盎，率众迎洸入广州。夫人亲披甲胄，乘介马，张锦伞，引彀骑卫从，载诏书称使者，宣谕朝廷德意，历十余州，所至皆降。凡得州三十，郡一百，县四百。封盎为仪同三司，册夫人为宋康郡太夫人……智勇福寿，四者俱全。年八十余而终，称古今女将第一。”[30]想不到两三年后，我回家乡广东省电白县参加荔枝节，竟发现这位“古今女将第一”，是电白县山兜村人。她的坟地很大，墓碑基座的赑屃之大，可能只有南越王才能承受。墓地旁边有“娘娘庙”，前墙的砖石从下往上分别呈现隋唐、宋元、明清几个朝代的建筑风格。我又查了一些地方志材料，知道冼太夫人（亦作“冼夫人”）就是《北史》和《隋书》中专门有传的“谯国夫人”。郑振铎 1931 年写的《梅村乐府二种跋》中说：“《临春阁》《通天台》杂剧二种，吴伟业撰。……伟业诗文负一时重望，诗与钱谦益、龚鼎孳并称江左三大家。所作于诗文集外，有《秣陵春》传奇一种及《临春阁》等杂剧二种，诸剧皆作于国亡之后，故幽愤慷慨，寄寓极深。《临春阁》本于《隋书·谯国夫人传》，以谯国夫人冼氏为主，而写江南亡国之恨。陈氏之亡，论者每归咎于张丽华诸女宠，伟业力翻旧案，深为丽华鸣不平，此剧或即为福王亡国之写照欤。以‘毕竟妇人家难决雌雄，则愿你决雌雄的放出个男儿勇’云云为结语，盖骂尽当时见敌则退之诸悍将怯兵矣。”[31]值得注意的是，吴梅村的《临春阁》杂剧，写冼太夫人起兵勤王，有“岭南道、岭北道各州刺史进见”及“缅甸国、扶南国、真腊国使臣禀谒”。这说明冼太夫人作为岭南少数民族女将军，认同中原王朝政权，使隋唐建国只在北方开疆拓土，几乎不须在岭南用兵，她对于国家的统一和隋唐盛世的出现，发挥了无以代替的重要作用。

冼太夫人是见于正史记载的真实存在的来自少数民族的女大将军，并非花木兰、穆桂英那样多是民间想象虚构的。这是应该引起研究中华民族共同体的发生发展的文史学者高度重视的。由此查阅《隋书》卷八十：“谯国夫人者，高凉冼氏之女也。世为南越首领，跨据山洞，部落十余万家。夫人幼贤明，多筹略，在父母家，抚循部众，能行军用师，压服诸越。每劝亲族为善，由是信义结于本乡。越人之俗，好相攻击，夫人兄南梁州刺史挺，恃其富强，侵掠傍郡，岭表苦之。夫人多所规谏，由是怨隙止息，海南、儋耳归附者千余洞。……后遇陈国亡，岭南未有所附，数郡共奉夫人，号为圣母，保境安民。……晋王广遣陈主遗夫人书，谕以国亡，令其归化，并以犀杖及兵符为信，夫人见杖，验知陈亡，集首领数千，尽日恸哭。遣其孙魂帅众迎洸，入至广州，岭南悉定。”〔32〕《北史》卷九十一与此略同，记载“谯国夫人冼氏者，高凉人也。世为南越首领，部落十余万家。夫人幼贤明，在父母家，抚循部众，能行军用师，压服诸越。每劝宗族为善，由是信义结于本乡。越人俗好相攻击，夫人兄南梁州刺史挺恃其富强，侵掠傍郡，岭表苦之。夫人多所规谏，由是怨隙止息，海南儋耳归附者千余洞”〔33〕云云。司马光《资治通鉴》卷一百七十七记隋文帝开皇十年（590 年）冼太夫人平定番禺夷王仲宣的叛乱，救援广州；后来番州诸俚、獠多亡叛，冼太夫人代表朝廷招抚宣慰，十余州的俚、獠少数民族都归顺了。从地方材料中可知，冼太夫人以八十高龄招抚宣慰海南岛的少数民族，死在海南岛，该岛至今还有娘娘庙二百余座。她对海南岛的回归和南中国海的开发，做出了历史性的贡献。当她从海南岛归葬电白的山兜之原时，路上竖立起一排帆形的石柱，石柱至今犹存。

对于这样的真实的女大将军，其后的笔记、小说、兵书都有记述，如宋代《太平广记》卷二七〇“妇人类”，明代赵釴《晏林子》卷五，冯梦龙《智囊》“闺智部”，唐顺之《武编》，均有记述，多少根据正史加以演绎。清初屈大均《广东新语》卷八则追述俚人部族在西汉时期的踪迹：“冼氏，一在尉佗时，保障高凉，有威德。其知名又在侧、贰之先，故论越女之贤者，以冼氏为首。冼氏，高州人，身长七尺，兼三人之力。两乳长二尺余，当暑远行，两乳辄搭肩上。秦末，五岭丧乱，冼氏集兵保境，蛮酋不敢侵轶。及赵佗称王，冼氏乃赍军装物用二百担入觐，佗大欢悦，与论时政及兵法，智辩纵横，莫能折。乃委其治高梁，恩威振物，邻郡赖之。今南道多冼姓，皆其枝流云。”〔34〕这就追踪了八百年前冼氏部族的踪迹，然后再叙述冼太夫人在南朝梁、陈及隋朝的势力和功绩，谓“夫人智勇兼备，至老未尝败衄，每战辄锦伞宝幰，敌望见以为神，诸蛮皆称锦伞夫人”。〔35〕李调元的《南越笔记》卷四记载：“冼夫人庙在高州。……其家世为南越首领，辖部落十余万。……罗州刺史冯融闻其贤，为子宝求娶焉。侯景反，高州刺史李迁仕召宝，冼止之曰：‘刺史无故不当召，欲邀君共反耳。’既而迁仕果反，冼自将千余人袭击，大破之，遂与陈霸先会于赣右。……及隋继陈，隋高祖遣韦洸安抚岭外，冼因陈主遗之书，令其归化，遂遣孙暄迎洸，岭南遂安。未几，番禺王仲宣反，又遣孙盎进兵攻破仲宣。冼被甲领彀骑巡抚诸州。高祖异之，册为谯国夫人。”〔36〕

尤为可贵的是，冼太夫人在南朝、隋朝开创的这个认同中原政权的传统，成了她的将门家族的传统。《资治通鉴》卷一百九十记载，唐高祖武德五年（622 年）秋，冼太夫人之孙“隋汉阳太守冯盎承李靖檄，帅所部来降，以其地为高、罗、春、白、崖、儋、林、振八州，以盎为高州总管，封耿国公。先是，或说盎曰：‘唐始定中原，未能及远，公所领二十余州地，已广于赵佗，宜自称南越王。’盎曰：‘吾家居此五世矣，为牧伯者不出吾门，富贵极矣。常惧不克负荷，为先人羞，敢效赵佗自王一方乎！’遂来降。于是岭南悉平。”〔37〕唐人吴兢《贞观政要》卷九记载：“贞观初，岭南诸州奏言高州酋帅冯盎、谈殿，阻兵反叛。诏将军蔺谟发江、岭数十州兵讨之。秘书监魏徵谏曰：‘中国初定，疮痍未复，岭南瘴疠，山川阻深，兵远难继，疾疫或起，若不如意，悔不可追。且冯盎若反，即须及中国未宁，……此则反形未成，无容动众。陛下既未遣使人就彼观察，即来朝谒，恐不见明。今若遣使，分明晓谕，必不劳师旅，自致阙庭。’太宗从之，岭表悉定。……太宗曰：‘初，岭南诸州盛言盎反，朕必欲讨之，魏徵频谏，以为但怀之以德，必不讨自来。既从其计，遂得岭表无事，不劳而定，胜于十万之师。’”〔38〕《资治通鉴》卷一百九十三又记载，贞观五年（631 年），“高州总管冯盎入朝。未几，罗窦诸洞獠反，敕盎帅部落二万，为诸军前锋。獠数万人，屯据险要，诸军不得进。盎持弩谓左右曰：‘尽吾此矢，足知胜负矣。’连发七矢，中七人。獠皆走，因纵兵乘之，斩首千余级。上美其功，前后赏赐，不可胜数。盎所居地方二千里，奴婢万余人，珍货充积。然为治勤明，所部爱之。”〔39〕因而清人屈大均《广东新语》卷七说：“冯盎者亟以二十州县归唐，皆可谓能知天命者也。”〔40〕这个家族在武则天朝，被诬告谋反而遭灭门之灾，孑余者据说有高力士。《新唐书》卷二百七说：“高力士，冯盎曾孙也。圣历初（698 年），岭南讨击使李千里上二阉儿，曰金刚，曰力士，武后以其强悟，敕给事左右。坐累逐出之，中人高延福养为子，故冒其姓。”[41]据阮元考证，杨贵妃好吃荔枝，与高力士有关，电白荔枝中有“妃子笑”品种。这就是杜牧《过华清宫》绝句所形容的：“长安回望绣成堆，山顶千门次第开。一骑红尘妃子笑，无人知是荔枝来。”[42]

三　心学是最终的关键

心学指的是要用心去感受、体验研究对象，思考和发现其内在的生命及意义，达到超越的学理上有所建树的效果。《孟子·告子上》：“心之官则思，思则得之，不思则不得也。”[43]心学讲究的就是“思则得”，发挥心思的功能是个关键。所以朱熹《论语集注》注解《为政篇》中子曰“学而不思则罔，思而不学则殆”，就说：“不求诸心，故昏而无得；不习其事，故危而不安。”[44]又引程子的话：“博学、审问、慎思、明辨、笃行五者，废其一，非学也。”[45]博、审、慎、明、笃五个字，就是用心运思的五种方式。这里有两个原则值得注意：一是要重视第一印象，对所读的书有了第一印象有所感悟之后，会产生新的思想萌芽，这些萌芽可能跟原来的一些解释不同，这就出现了对话的空间，其中蕴含着超越前人进行创造性思维的可能性。如果能够这样，就可以打破“矮子观场”局面，野地看戏，高个子站在前面，矮个子被挡在后面，后面的并没有看见戏台上的表演，看见前面在喝彩，就跟着前面的人喝彩。在学术上这样做，必然会有人云亦云、以讹传讹的成见和陋习。清代纳兰性德的《原诗》一文，讽刺当时诗人随风倒的从众心理，说是：“十年前之诗人，皆唐之诗人也，必嗤点夫宋。近年来之诗人，皆宋之诗人也，必嗤点夫唐。万户同声，千车一辙。其始，亦因一二聪明才智之士，深恶积习，欲辟新机，意见孤行，排众独出。而一时附和之家，吠声四起。善者，为新丰之鸡犬；不善者，为鲍老之衣冠。向之意见孤行、排众独出者，又成积习矣。盖俗学无基，迎风欲仆，随踵而立，故其于诗也，如矮子观场，随人喜怒，而不知自有之面目，宁不悲哉！”〔46〕因此直接面对原始经典，得出自己的第一印象，然后再反过头来与前人的解读进行对话，是排除“矮子观场”之弊的重要方法。

比如杜甫的七绝，以《赠花卿》最是脍炙人口：“锦城丝管日纷纷，半入江风半入云。此曲只应天上有，人间能得几回闻？”〔47〕由于有“千家注杜”的说法，前面已经有许多高个子发表过对这首诗的说法了。明朝正德年间的状元公杨慎在《升庵诗话》卷十三就说：“杜子美七言绝近百，锦城妓女独唱其《赠花卿》一首，……盖花卿在蜀，颇僭用天子礼乐，子美作此讽之，而意在言外，最得诗人之旨。”〔48〕明朝万历年间的状元公焦竑因循了杨慎的说法，认为花卿恃功骄傲。杜公此诗讥其僭用天子礼乐也，而含蓄不露，有风人言之无罪，闻之者足以戒之旨。公之绝句百余首，此为之冠。与此二人相前后还有一个科场不甚得意、学问却下过一番工夫的胡应麟，他在《艺林学山》中说：“杜子美七言绝近百，当时妓女独唱其《赠花卿》一首，……盖花卿在蜀，颇僭用天子礼乐，子美作此讽之，而意在言外，最得诗人之旨。当时妓女独以此诗入歌，亦有见哉。杜子美诗诸体皆有绝妙者，独绝句本无所解，而近世乃效之而废诸家，是其真识冥契犹在唐世妓人之下乎？”〔49〕竟然全部抄袭杨慎的意见，反而嘲讽别人的见解“犹在唐世妓人之下”。这种意见由明清及于近代，已经成了反复沿袭的成见。所谓“僭用天子礼乐”之说，乃是古人有忠君情结，又拘于礼乐等阶制度的见解。

一旦解除忠君情结和礼乐制度的焦虑，直接面对《赠花卿》这首清新美妙的七绝，就会感受到杜甫的写作心理是轻松的，明朗的，并无焦灼忧郁之气。此前杜甫还写过一首《戏作花卿歌》："成都猛将有花卿，学语小儿知姓名。用如快鹘风火生，见贼唯多身始轻"[50]，花卿是如此大名鼎鼎，用兵是如此迅雷不及掩耳。他的刚猛令人惊心动魄："子章髑髅血模糊，手提掷还崔大夫"，杜甫称赞"人道我卿绝世无"，并且反问："既称绝世无，天子何不唤取守京都?"[51]他竟然在质问"天子"为何不起用这样的绝世将才，去把守京都，平定安史之乱？在严武尚未到成都当节度使之前，流寓成都的杜甫未免有点类乎"骑驴三十载，旅食京华春"的落拓感，戏作歌诗向大名鼎鼎的花敬定将军表达好感，是可以理解的。这位将军大人看到有这么一位老诗人在夸奖自己，就摆设歌舞盛宴招待他，如果此时杜甫被盛情款待，却写诗讥讽主人"僭越"了礼乐制度，那简直就是违背常情，故意闹别扭了。

对于杜甫这首诗的理解，应该将之置于更为宏大的唐诗演变脉络中加以考察。根据《旧唐书·音乐志》的记载，"（唐）玄宗又于听政之暇，教太常乐工子弟三百人为丝竹之戏，音响齐发，有一声误，玄宗必觉而正之。号为皇帝弟子，又云梨园弟子，以置院近于禁苑之梨园"。[52]梨园子弟和极其辉煌的音乐，是大唐盛世的一个标志。安史之乱后，"梨园弟子，半已奔亡。乐府歌章，咸皆丧坠"。[53]因此诗人往往以梨园弟子的流散，对于无可挽回地衰落破败下去的开元天宝盛世，奉献上一曲哀婉的挽歌。本来"此曲只应天上有"，只能在长安梨园听见，"人间能得几回闻"，我竟在成都的宴席上听见了，盛唐的衰败已是不堪回首。思维方式相似的杜诗，还有《观公孙大娘弟子舞剑器行》，它回忆当年长安的乐舞："昔有佳人公孙氏，一舞剑气动四方。观者如山色沮丧，天地为之久低昂。……先帝侍女八千人，公孙剑器初第一"[54]；谁曾想"五十年间似反掌，风尘倾动昏王室。梨园子弟散如烟……”。[55]而我又在“瞿唐石城草萧瑟”的白帝城，观看到公孙大娘的弟子“妙舞此曲神扬扬”呢，因此只能在“乐极哀来月东出”的时候，发出一声“感时抚事增惋伤”的长长叹息了。想不到数年后又在更遥远的地方，遇上当年梨园唱歌第一、善打羯鼓的李龟年，“明皇时，张野孤觱篥，雷海青琵琶，李龟年唱歌，公孙大娘舞剑”[56]并列竞美，后来也流落江南，在地方官员的酒席上唱唱王维所作的“红豆生南国，秋来发几枝。愿君多采撷，此物最相思”[57]一类梨园名曲了。因此杜甫又写了《江南逢李龟年》：“岐王宅里寻常见，崔九堂前几度闻。正是江南好风景，落花时节又逢君。”[58]这也是怀念已经失落了的光荣盛唐的绝唱，令人感慨于“弹尽凄凉天宝曲，江南愁杀李龟年”[59]了。这种借梨园之音怀念盛唐的沉没，在中晚唐不绝如缕，形成一个传统，如白居易《长恨歌》的“梨园子弟白发新”，《琵琶行》的“同是天涯沦落人”，又有《梨园弟子》诗云：“白头垂泪话梨园，五十年前雨露恩。莫问华清今日事，满山红叶锁宫门。”[60]它们都是杜甫“此曲只应天上有，人间能得几回闻？”的回响，而杜甫这首《赠花卿》实际上开拓了一个以梨园音乐怀念失落了的盛唐的诗歌传统。

心学的另一个原则，是对文本材料获得第一感觉之后，强化感悟和思辨的互动互渗，寻找自己可能的创造空间，深度开发材料内蕴的生命表达和意义密码。《周易·系辞下》说：“《易》之为书也，原始要终，以为质也。”[61]清人王念孙《读书杂志》认为，“质，本也。”[62]这就是说，原始要终，要求学者从事理的本原初入手，寻其根脉枝叶，使学理发现能够进入生命的过程和存在的本质。在原始要终这一点上，本人有切身的体会。在撰写《韩非子还原》之前，本人把各种版本的《韩非子》读过五遍，在读前三遍时没有找到感觉，也就是说，我感觉到的，前人也感觉到了，不能以独到的角度切入事物的原本，建立自己创造性的体系，也就没有必要再写什么了。就在精神焦虑至极的时候，一天早上我坐在案前遐思，突然觉得“如击石火，似闪电光”，豁然开朗，然后再读第五遍，将材料重新梳理思考。

我想到了《韩非子》两次记载的一个神秘人物：堂溪公。一是《外储说右上》所载：“堂溪公谓昭侯曰：‘今有千金之玉卮而无当，可以盛水乎？’昭侯曰：‘不可。’‘有瓦器而不漏，可以盛酒乎？’昭侯曰：‘可。’对曰：‘夫瓦器至贱也，不漏可以盛酒。虽有千金之玉卮，至贵而无当，漏不可盛水，则人孰注浆哉！今为人主而漏其群臣之语，是犹无当之玉卮也。虽有圣智，莫尽其术，为其漏也。’”〔63〕这里堂溪公自比价廉物美的不漏的瓦罐，可以为国君保守机密；而那些贵值千金的玉杯却漏酒，使国君的权术都泄露出去了。韩昭侯于公元前362—前333年在位，堂溪公是瓦罐，并非贵族，他起码要二十五六岁以上才能见到韩昭侯，那么即便见面发生在韩昭侯最后一年，他的生年应在公元前358年以前。然而《韩非子·问田篇》记载堂溪公对韩非说：“臣闻服礼辞让，全之术也；修行退智，遂之道也。今先生立法术，设度数，臣窃以为危于身而殆于躯。何以效之？所闻先生术曰：‘楚不用吴起而削乱，秦行商君而富强，二子之言已当矣，然而吴起支解而商君车裂者，不逢世遇主之患也。’逢遇不可必也，患祸不可斥也。夫舍乎全遂之道而肆乎危殆之行，窃为先生无取焉。”〔64〕根据我的考证，韩非大概生于韩襄王末年（公元前296年），那么他二十岁时，堂溪公已经八十二岁，也就是说，堂溪公是在韩非二十岁左右与他对话的，不然，年岁不饶人了。而堂溪公与韩昭侯对话的思路，是附和死去不久的韩相申不害的思路的；与韩非的对话却针对他推崇商鞅、吴起的法家思想，可能招致杀身之祸，而劝他接受“服礼辞让”、“修行退智”的“全遂之道”，这带有明显的黄老之术的意味。

这就使得我们有必要对堂溪公的身世，寻其根脉。《左传》鲁定公五年（公元前505年）记载，吴王阖闾率师攻入楚国首都后，秦国发兵救楚，这年九月，阖闾之弟夫概先回吴国，自立为王，被阖闾打败，逃亡到楚国，被安置在堂溪，他的子孙也就以堂溪作为姓氏。这条材料也被《史记·吴太伯世家》和《楚世家》采用了。从夫概封于堂溪，到《韩非子》的堂溪公，已经近二百年，起码是夫概的六世孙了。东汉王符《潜夫论》卷九说：“阖闾之弟夫概王奔楚堂溪，因以为氏。……堂溪，溪谷名也，在汝南西平。”〔65〕堂溪古城，春秋属楚，战国属韩，地在今河南省西平县西。此地往东是老子的家乡鹿邑县，往西是范蠡的家乡南阳市，这一带是黄老道的发祥地。

考证清楚这一点，对于《韩非子》已经具有原始要终的关键性。它告诉我们，韩非受堂溪公的启发，于二十岁前后关注黄老之术，写成《解老》、《喻老》二篇。这就使《史记·韩非列传》所说的“韩非者，韩之诸公子也。喜刑名法术之学，而其归本于黄老”〔66〕，得到落实。首先，我们发现，《解老》、《喻老》对《老子》篇章的诠释，都是从《德经》诸章开始的，占引述《老子》篇章的八成五；然后才诠释《道经》诸章，只占一成五。因此可以判断，韩非研读的《老子》，是《德经》部分在前，《道经》部分在后，与今本不同，属于黄老之术的系统。其次，《解老》、《喻老》与韩非成熟期对法、术、势为核心的思想体系，存在着一些值得注意的差异。胡适等人以此断定，《解老》、《喻老》“另是一人所作”，不是韩非的作品。但是一个思想家二十岁时的思想，怎么可能与四五十岁时完全一致呢？探索，是思想家趋向成熟和深刻的基本手段，从这个意义上说，思想家是一个过程，没有过程，就没有思想家。韩非是韩国诸公子，他早年的正规教育不能摒弃诗书礼乐；同时申不害掺杂着法术和黄老的学问，是韩国的“国学”，他钻研黄老的青年期，夹杂着这些思想元素，不足为怪。当我们在《解老》、《喻老》中，清理出对儒家核心概念、对历史人物评价尺度、关于民心民智思想、关于国家社会家庭伦理的思想态度，存在着与他晚期核心思想的不同，又发现这些不同在前中期文章里，存在着逐渐蜕变的现象，我们就可以把《韩非子》五十五篇，进行早期、前期、中期偏前、中期偏后、后期、晚期的大体编年划分。思想的生命，生长在过程之中。韩非因汲取黄老而使法家变杂，却又因汲取黄老而使法家变大，他由此而成为法家集大成式的思想家。心学是为了寻找研究者存在的空间、原创的空间。心学强调思辨与感悟的融通，直接掘进事物之原本，探赜索隐，尽究精微，开拓原创之可能。

治学五路的提出，旨趣在于充分调动和激发研究者主体的感觉思想能量，多渠道、多路径、多层面地打开研究对象的本源、特征，及其皱褶、脉络。虽然对于“五学”，前面是分而言之，但是掌握“五学”，更重要的是对之综合运用，多维互参，实现材料的博采与学科的综合，将学问推向新的境界。眼学的特点在于明，耳学的特点在于聪，手学的特点在于勤，脚学的特点在于实，心学的特点在于创。五学的综合效应，是实事求是，天道酬勤，聪明敏悟，达至原创。创造性，是一切研究之魂。天赐人类五官具备，是需要灵魂来统领的，为什么不以追求创造的灵魂把它们充分调动起来呢？清人赵翼对史籍中多种感官并用，作了梳理，指出《北齐书》：“唐邕手作文书，口且处分，耳子听受，此三官并用也。”《南史》：“宋刘穆之目览词义，手答笺牍，耳行听受，口并酬应，不相参涉，悉皆赡举，此四官并用也。”《隋书》：“刘炫能左画圆，右画方，口诵、目数、耳听，五事同举，此五官并用也。”[67]既然多种感官在日常生活中能够配合使用，那么它们在更深广的范围内的综合使用，就具备起码的生理学基础。

清人徐珂《清稗类钞》记载：“萧山毛西河检讨奇龄，生有异禀，能五官并用。尝以右手改弟子课作，左手拨算珠，耳听弟子背诵经书，目视小僮浇花，口又答弟子之问难，间与其妇诟谇焉，不稍紊也。”[68]这一传闻，也被易宗夔在民国年间出版的《新世说》所记述，说毛奇龄“少有异禀，读书过目不忘。在京师时，尝僦居屋三间，左右庋图史、寓眷属，而中为客次。先生日著书其间，笔不停挥，请业者环坐，问随答，井井无一误。夫人在室中，时或诟詈，公复还诟之，殆五官并用者。……琉球使者过杭州，以兼金购文集，且求见公，其名动海外若此”。[69]五官并用，是一种勤勉，将勤勉转化为创造，还须激活五官五学的深层功能。如果不调动和激活深层功能，就可能落入忙忙碌碌的事务主义，如晚清吴趼人《俏皮话》中所调侃的：“一人无论办何事，必躬必亲，一人独任，绝不肯假手他人。一日诸事麇集，几至调排不开。而此人遂忙甚，手做、口说、眼视、耳听、心想、脚行，五官并用，四体不停。因告人曰：‘我今日忙极，连吃饭睡觉的工夫都没有。’或曰：‘何不请人代劳？’此人曰：‘做事岂可请人作代？或者请一个人代我吃饭，或代我睡觉，倒可以商量。’”[70]五官并用需要创造性的灵魂加以节制。灵魂需要沉观默察，不可手忙脚乱，才能透过繁芜的现象，窥见事物的本质在微笑，令人有会于心，原始要终，直抵本原。

毋庸置疑，五学并举是一个复杂的系统工程。这种综合性方法论的思路牵动了多学科的知识领域，应用得好，就颇有一点经纬天地、错综群艺的效应。这令人联想到《周易·系辞上》所说：“参伍以变，错综其数：通其变，遂成天地之文；极其数，遂定天下之象。非天下之至变，其孰能与于此!"[71]朱熹言《易》，有“参伍以变错综其数说”，他是这样说的:“参，以三数之也。伍，以五数之也，如云‘什伍其民’，如云‘或相什伯’，非直为三与五而已也。盖纪数之法，以三数之，则遇五而齐；以五数之，则遇三而会。……《易》所谓参伍以变者，盖言或以三数而变之，或以伍数而变之，前后多寡更相反覆，以不齐而要其齐。……然错综自是两事，错者，杂而互之也；综者，条而理之也。参伍、错综，又各是一事。参伍所以通之，其治之也简而疏；错综所以极之，其治之也繁而密。"[72]三条思路或五条思路各自变化，又互相汇合，反复纠结。对复杂的事物关系加以条理，整治繁密而归于疏简，要言不烦地对复杂的事物关系加以贯通，揭示千头万绪、千变万化的事物关系和发展过程的内在通则，如此探究，把握通则而揭示本原，出现“风云会处千寻出，日月中时八面明”[73]的境界。

然而这种宏观方法论操作的系统工程，在具体运用的时候，又是可以分析，或者拆解的。应该注意到，五学路数的参伍错综，可以形成多种多样的组合方式，有时以一种方法为主，其他方法起着辅助的作用，甚至潜伏待机，从而使方法组合达到恰到好处、极其有效的结果。这样才可能有针对性地突破常规，出奇制胜，选准新的学术生长点和学术生长程序。如果不找准突破口，连学术方向都茫无头绪，就无法发挥自己的长处并弥补前人的不足，结果很可能是勤奋读书一辈子也没有跨入学术门槛，登堂入室。因而研究的视野要开阔，思路要有大模样，例如，对待历史上最有成就的清朝学问，既要看到它在文献、文字、版本、辑佚等领域的精深建树，看到清初学术之大、乾嘉学术之精、晚清学术之变，同时也要提高胆识，揭示清朝学问在民族问题、民间问题和考古材料方面的不足。反思前代学术的缺陷，是为了给当代学术寻找创造的空间。《礼记·学记》有一句话:“知不足，然后能自反也。"[74]这个"反"，可以同《老子》四十章"反者道之动"相参照。学术的开拓，往往需要在相反的方向着力，如果这个相反的方向是以往学术的薄弱环节，就会收到事半功倍的效果。学术研究最怕抬头不起，转身不得，这就需要我们掌握新的学术制高点。在前人的丰厚成果面前，"竿头更进"和"竿头转身"，都是具有学术战略意义的。要"百尺竿头，更进一步"，固然困难，但是这种困难还可以有所借鉴。至于讲到"百寻竿上转身难"，那么这里的难度就在于新的学术姿态、新的思想方法的发明，才能在竿头高处转向开拓前人未曾注意的领域，发前人所未发。《入楞伽经》卷一说："智者如是观：一切诸境界，转身得妙身，是即佛菩提。"[75]竿头转身，是可以激发学术五途径重新组合的潜力的。尤其是在知识的全球化和多样化背景中，五学并举的综合效应，由于登高望远，摆脱遮蔽，就可以得到成倍的放大，就会在各种思想思潮的对撞中迸射出创造新思想的火花。建立现代大国的学术风范，既是非常之事业，就须在总览中外、贯通古今中，启动五学综合这种非常的方法论，"竿头更进"亦可，"竿头转身"亦何妨，抛弃拾人牙慧的猥琐，磨锐辨析疑义的眼光，增强解释经典的能力，构筑一种可以和当代世界进行平等的深度对话的学理体系和话语体系。在这种非常的学术事业上，治学的五条路子，可以条条都成为洒满阳光的百货集散的通衢大道。

（2008年4月在深圳大学、中山大学的讲演，2014年1月整理补充）

注　释

〔1〕　章太炎：《救学弊论》，《章太炎文选》，上海远东出版社1996年版，第541页。

〔2〕　黄晖：《论衡校释》卷第二十六，中华书局1990年版，第1084页。

〔3〕〔4〕〔12〕 傅璇琮等编《全宋诗》，北京大学出版社 1995 年版，第 6630 页，第 9622 页，第 9332 页。

〔5〕 李渔：《闲情偶寄》，杜书瀛评注，中华书局 2007 年版，第 239 页。

〔6〕〔7〕〔8〕〔9〕〔10〕〔42〕〔47〕〔50〕〔51〕〔54〕〔55〕〔57〕〔58〕〔60〕〔73〕 彭定求等编《全唐诗》，中华书局 1999 年版，第 1303 页，第 1303 页，第 3443 页，第 7806 页，第 7823 页，第 5997 页，第 2448 页，第 2311 页，第 2312 页，第 2361 页，第 2361 页，第 1304 页，第 2559 页，第 4966 页，第 7764 页。

〔11〕 陈尚君辑《全唐诗补编》，中华书局 1992 年版，第 1170—1171 页。

〔13〕 钱泳：《履园丛话》，中华书局 1979 年版，第 545 页。

〔14〕〔74〕 郑玄注、孔颖达疏：《礼记正义》卷三十六，阮元校刻本。

〔15〕 赵鼎臣：《竹隐畸士集》卷十，四库全书本。

〔16〕 陈荣捷：《近思录详注集评》，华东师范大学出版社 2007 年版，第 122 页。

〔17〕 杨伯峻：《列子集释》，中华书局 1985 年版，第 117—119 页。

〔18〕 王利器：《文子疏义》，中华书局 2000 年版，第 218 页。

〔19〕 刘向：《说苑校证》，向宗鲁校证，中华书局 1987 年版，第 158 页。

〔20〕 韩愈：《韩昌黎文集校注》，马其昶校注，上海古籍出版社 1986 年版，第 59 页。

〔21〕〔22〕〔23〕 王先谦：《荀子集解》，中华书局 1988 年版，第 477 页，第 478 页，第 479 页。

〔24〕 郑玄注，贾公彦疏：《周礼注疏》卷三十，阮元校刻本。

〔25〕 郝懿行：《山海经笺疏》卷八，巴蜀书社 1985 年版。

〔26〕 李昉等编《太平广记》，中华书局 1986 年版，第 3945 页。

〔27〕 戴埴：《鼠璞》，百川学海本。

〔28〕 郎瑛：《七修类稿》卷十九，清刻本。

〔29〕 张岱：《西湖梦寻》，中华书局 2007 年版，第 148 页。

〔30〕 褚人获：《隋唐演义》，华夏出版社 2008 年版，第 8 页。

〔31〕 郑振铎：《中国文学研究》，《郑振铎全集》第四卷，花山文艺出版社 1998 年版，第 732 页。

〔32〕 魏徵、令狐德棻:《隋书》，中华书局1982年版，第1800—1802页。

〔33〕 李延寿:《北史》，中华书局1974年版，第3005页。

〔34〕〔35〕〔40〕 屈大均:《广东新语》，中华书局1985年版，第256页，第257页，第221页。

〔36〕 李调元:《南越笔记》，广陵书社2003年版，第207—208页。

〔37〕〔39〕 司马光:《资治通鉴》，中华书局1976年版，第5953页，第6092页。

〔38〕 吴兢:《贞观政要》，上海古籍出版社1984年版，第260页。

〔41〕 欧阳修、宋祁:《新唐书》，中华书局1975年版，第5858页。

〔43〕〔44〕〔45〕 朱熹:《四书集注》，中华书局1983年版，第335页，第57页，第57页。

〔46〕 纳兰成德:《纳兰成德诗集诗论笺注》，马乃骝、寇宗基编注，山西人民出版社1988年版，第209页。

〔48〕 杨慎:《升庵诗话》卷十三，丁福保辑本。

〔49〕 胡应麟:《少室山房笔丛》，中华书局1958年版，第259页。

〔52〕 刘昫等:《旧唐书》，中华书局1975年版，第1051页。

〔53〕 段安节:《乐府杂录》,《唐宋史料笔记》，中华书局2012年版，第113页。

〔56〕 曾慥:《类说》卷四十一，明天启六年岳钟秀重刊本。

〔59〕 沈德潜:《清诗别裁集》，河北人民出版社1997年版，第587页。

〔61〕〔71〕《周易》，岳麓书社2002年版，第369页，第336页。

〔62〕 王念孙:《读书杂志》第十一册，北京市中国书店1985年版，第96页。

〔63〕〔64〕 王先慎:《韩非子集解》，中华书局2003年版，第321页，第396页。

〔65〕 王符:《潜夫论》卷九，述古堂影宋写本。

〔66〕 司马迁:《史记》，中华书局1959年版，第2146页。

〔67〕 赵翼:《陔馀丛考》，商务印书馆1957年版，第877页。

〔68〕 徐珂:《清稗类钞》，中华书局1984年版，第3413页。

〔69〕 易宗夔:《新世说》卷二，台湾文海出版社1968年版，第18页。

〔70〕 吴趼人:《俏皮话》，蒋氏心矩斋校本。

〔72〕 朱熹:《朱熹文集》卷五十四，明嘉靖十一年福州府学本。

〔75〕 菩提留支译.《入楞伽经》卷一，大正藏本。